애프터
해러웨이

애프터 해러웨이
: 포스트휴먼의 다른 이야기 짓기

발행일
초판 1쇄 2025년 7월 15일

지은이
김애령

펴낸이
김현경

펴낸곳
봄날의박씨
주소. 서울시 종로구 사직로8길 34 307호(내수동, 경희궁의아침 3단지)
전화. 02-739-9918
팩스. 070-4850-8883
이메일. bookdramang@gmail.com

ISBN
979-11-92128-60-3 93160

Copyright© 김애령
저작권자와의 협의에 따라 인지는 생략했습니다.
이 책은 지은이와 출판사의 독점계약에 의해 출간되었으므로
무단전재와 무단복제를 금합니다.
잘못 만들어진 책은 서점에서 바꿔 드립니다.

인문교양의 싹을 틔우는 봄날의박씨는 북드라망의 자매브랜드입니다.

애프터 해러웨이

포스트휴먼의
다른 이야기 짓기

김애령
지음

『일러두기』

1. 이 책에 실린 글들 중 2부와 3부 글들의 원 출처는 이 책 뒤 '출전들'에 모두 함께 밝혀 놓았습니다.
2. 인용 서지의 표기는 해당 서지가 처음 나오는 곳에 지은이(출판 연도), 서명, 출판사, 인용 쪽수를 모두 밝혔습니다. 이후 다시 인용할 때는 괄호 안에 (지은이, 출판연도: 쪽수) 식으로 간략히 표시했습니다. 참고한 서지와 자료 등은 책 말미 '참고문헌'에 따로 정리해 두었습니다.
3. 단행본·정기간행물의 제목에는 겹낫표(『』)를, 단편·논문·기사 등에는 홑낫표(「」)를, 영화·미술 작품 등에는 홑화살괄호(〈〉)를 사용했습니다.
4. 외국 인명·지명 등의 고유명사는 2017년에 국립국어원에서 개정한 외래어표기법을 따라 표기했습니다.

차례

들어가는 말: 초대 8

1부 읽기

1장 사이보그와 자매들 24
1. 사이보그 선언 25
   "사이보그 선언으로 시작하자" 25 | '실제적인 것'과 '형상적인 것'의 만남 27
2. 사이보그의 등장 31
   "우리는 사이보그다" 31 | 탄생 배경 ─ '군사주의와 가부장적 자본주의의 사생아' 34 | '사이보그 페미니즘', 아이러니한 정치신화 36 | 반향 39 | 아이러니 읽기 41
3. 글쓰기 테크놀로지로서의 형상화 전략 45
   형상들 45 | 크로노토프 50 | 형상적 리얼리즘 51
4. 제2 천년 말의 겸손한 목격자들 59
   세기말의 기술과학적 세계 읽기 59 | 이메일 주소와 특수 구문부호들 62 | 겸손한_목격자@제2의_천년 64 | 첫번째 겸손한 목격자: 로클랜드 병원 실험실의 사이보그 70 | 여성인간©_앙코마우스™를_만나다 73 | 실뜨기 놀이와 회절 78

[보충] 상황적 지식 ─ "은유를 바꿀 때" 84
페미니스트 과학학과 '객관성'의 문제 84 | 하딩의 '강한 객관성' 89 | 객관성의 은유 바꾸기 93 | 행위자로서의 세계 ─ 코요테 담론 99

2장 다른 세계 짓기—쑬루세 이야기 102

1. 반려종 선언 103
    새로운 선언, 새로운 주인공 103 | 사이보그에서 반려종으로 106 | 반려종 선언 108 | '소중한 타자성' 114
2. 종과 종이 만날 때 117
    복수종의 관계 윤리—'책임'의 문제 117 | 고양이의 시선—데리다의 출발점 119 | 동물의 고통과 윤리적 책무 122 | 데리다는 무엇을 놓쳤는가?—'응답과 존중이라는 게임' 126 | 생명정치와 생태정치의 교차 132
3. 이야기 바꾸기, 세계 다시 짓기 136
    이야기 바꾸기 136 | 트러블과 함께하기—불안정하게 머물기 139 | 트러블의 시대를 명명하기—인류세, 자본세, 플랜테이션세 141 | 쑬루세 145 | 심포이에시스—함께 만들기 148 | 쑬루세의 SF 153

2부 쓰기

1장 [사이보그] 글쓰기 기계와 젠더 160

"여성의 자리는 타이프라이터다" 161 | 키틀러의 매체이론과 '기록체계 1900'—축음기, 영화 그리고 타이프라이터 166 | 글쓰기 기계와 젠더 171 | 글쓰기 기계의 지위 175 | "우리의 생각은 우리의 글쓰기 도구와 함께 작업한다" 178 | 음성-문자-글쓰기 기계 180 | 키틀러의 탈체현적 매체이론과 성별이라는 에크리튀르 183 | 타이프라이터—탈체현이라는 거짓 문제를 폭로하는 사이보그 187

2장 [겸손한 목격자] 상업적 대리모, 기술생명권력의 겸손한 목격자 190

'구글 베이비'—글로벌 생식 시장의 출현 191 | 신생식기술의 회로 속, 여성의 몸 193 | 생식 외주화의 조건 198 | '상업적 수태 대리모'에 대한 페미니스트의 개입 관점 201 | '재생산 권리' 207 | '아기 만들기'와 '어머니 되기'의 의미 변화

210 | '상업적 대리모'라는 틈새를 통해—회절 패턴 읽기 214 | 기술생명권력 체제에서의 '모성' 221

3장 [포스트젠더] 변형의 시도—페미니스트 SF의 글쓰기 양식 224

SF라는 장르 225 | '소년들의 오락물'은 어떻게 '여자들의 놀이터'가 되었나? 228 | SF, 사이보그 테크놀로지 231 | '제임스 팁트리 주니어'는 누구인가? 233 | 팁트리 주니어의 세계 237 | 라쿠나 셸던의 세계 241 | '포스트젠더' 글쓰기와 변형의 시도 244 | SF의 실행 247 | 다시, 장르와 젠더 249

4장 [자연문화] 청계천, 도시의 '자연™' 252

청계천의 생태 253 | 청계천을 둘러싼 서울 도시계획의 역사적 변곡점들 255 | '도시 위생'이라는 공간표상 261 | 쟁점이 된 '자연-생태' 263 | '자연™'의 생태계 274

3부 엮기

1장 [테라폴리스Terrapolis] 미지와의 조우—앵무새 280

2장 [심포이에시스Sympoiesis] 알아차리기의 예술—떡갈나무 302

3장 [퇴비Compost] 난지도 쓰레기 매립지의 두터운 현재—억새와 야고 314

출전들 334 | 참고문헌 336 | 찾아보기 352

들어가는 말
초대

1.

제정 말기 러시아, 볼가강 연안의 작은 도시에서, 소년 뻬쉬코프는 가난한 외조부모와 함께 살고 있다. 물이 스며 썩어 들어가는 어머니의 모래 무덤에 어린 동생까지 묻고 난 며칠 뒤, 소년은 할머니와 함께 숲으로 땔감을 주으러 간다. 버려진 숲에서 낙엽을 긁어 모으고 버섯을 따서 가난한 살림에 보태려고 할머니는 "땅에 대고 인사를 하는 것처럼" 허리를 굽힌다. 활기찬 목소리로 나무와 풀, 개구리, 하나님과 이야기를 나누던 할머니는 소년에게도 말을 건다.

    온갖 풀잎으로 뒤덮인 칙칙한 땅바닥을 향해 허리를 굽히면서, 옛날 옛날에 하나님이 노하셔서 홍수를 내려 모든 생물이 물에 잠기게 했노라는 이야기를 들려주었다.
    "하지만 성모 마리아께서 모든 씨앗을 거두어 숨겨 놓으셨단다. 그런 다음 해님에게 부탁하셨지. '지상의 모든 땅을 말려 주세요. 그러면 사람들은 모두 그대를 찬양할 것이오'라고 말이야. 해님이 땅을 모두 마르게 하자 성모께서는 감추어 둔 씨앗들을 지상에 뿌렸단다. 하나님이 지상을 내려다보니 지상에는 다시 모든 생물이 소생하지 않았겠니! 풀도, 가축도, 사람들도 모두 다시 살아났더란 말이야…."

그래서 이게 과연 누구 짓이냐, 누가 내 뜻을 거역하여 이런 짓을 하였느냐고 물으셨지. 그러자 성모께서 고백하셨단다. 하지만 하나님도 이미 황폐한 지상을 내려다보시고 마음이 언짢으시던 터라 '잘했소!' 하고 말씀하셨던 거야."[1]

이 이야기가 소년의 마음에 들지만 그것은 그가 배운 것과는 다르다. 그래서 할머니에게 성모는 대홍수가 난 오랜 후에 태어나지 않았느냐고 묻는다. 학교에서, 신부님에게서, 책으로, 그렇게 배웠다고 말하는 소년 앞에서도, 할머니의 이야기는 결코 흔들리지 않는다. "바보들이나 그런 생각을 해내는 거란다! 하나님이 계신데 그 어머니가 안 계시다니, 원! 그럼 하나님은 어떻게 태어났단 말이람?"

막심 고리키(Maxim Gorky)의 자전 소설 『세상 속으로』에 담긴 이 에피소드는, 내게 '좋은' 이야기가 무엇인지 알려 준다. 가난, 폭력, 분노, 어떤 희망도 숨 쉬지 못할 것 같은 그 황폐한 세계에서, 이 이야기는 세계를 다르게 보는 관점을, 세계를 다르게 지어 낼 힘을 남겨 준다. 세계를 다시 살리는 이야기, 홍수로 벌하는 '아버지 하나님'이 아니라 젖은 땅을 말리고 다시 씨앗을 뿌리는 '하나님의 어머니'가 생명을 되살리는 이 이야기가 할머니의 세계를 지탱해 준다. 할머니의 이야기는 '책 따위에' 실려 있는 허황된 이야기들과 다르다. 어떤 이야기는 다른 이야기들보다 더 아름답다. 이야기는 세계

---

1 막심 고리끼(1996), 『세상 속으로』 이강은 옮김, 이론과실천, 66쪽.

를 이해하게 하고 세계 안에서 살아갈 수 있게 하는 '허구적' 장치이지만, 쓰러진 나무, 낙엽, 버섯, 개구리들의 버려진 숲을 생명이 생동하는, 살아 있는 장소로 바꾸는 '실제적' 힘이기도 하다.

지금까지 이 세상을 지배해 온 이야기들보다 더 나은 이야기가 있을 수 있고, 그 더 나은 이야기가 망가져 가는 세계를 다르게 다시 만들어 가는 힘이 될 수 있으리라는 희망, 그것을 나는 해러웨이(Donna Haraway)를 읽고 쓰면서 배웠다.

2.

「사이보그 선언」이 실려 있는 『영장류, 사이보그 그리고 여자』, 『겸손한_목격자@제2_천년.여성인간©_앙코마우스™를_만나다』, 「반려종 선언」이 담긴 『해러웨이 선언문』, 『종과 종이 만날 때』, 그리고 『트러블과 함께하기』까지 해러웨이의 많은 책들이 번역되어 있고, 활발히 읽히고 있다. '사이보그, 반려종, 겸손한 목격자, 쑬루세' 같은 낯선 단어들이 다양한 방식으로 쓰이고 있고, 여성철학, 여성학, 예술 및 문학 등의 분야에서 많은 글이 발표되고 있으며, 해러웨이의 이론과 주장을 친절하게 소개하고 알리려고 하는 좋은 입문서들도 여럿 출판되어 있다. 이 책은 그 모든 것들이 펼쳐져 있는 사이로 조금 늦게 도착했다.

"해러웨이는 미국 페미니스트 과학기술학자이자 과학사학자이다." 이 소개는, 모든 짧은 소개들이 그런 것처럼, 틀린 것은 아니지만 많이 부족하다. 그녀는 1944년에 태어났고, 60년대 페미니스트 제2의 물결 안에서 과학자이자 활동가가 되었고, 후에 캘리포니아 대학의 교수로 재직하면서 많은 글을 썼고, 여전히 활동적이다. '생물학 박사, 산타크루즈 캘리포니아 대학 의식사학과 및 여성학과 교수'라는 짧은 이력으로는 포괄하지 못하는 해러웨이의 지적 여정, 관심, 생각을 알고 싶다면, 그녀의 친구인 구디브(Thyrza Nichols Goodeve)와의 대담을 엮은 『한 장의 잎사귀처럼』을 읽어 보아야 한다. 이 책에서 해러웨이는 자신의 삶과 사적인 관계, 학자로서의 경험과 관심, 연구에 대해서 어떤 경계도 없이 털어놓는다. 그리고 "'사이보그'가 당신에게 구체화된 계기가 무엇인가?"라는 물음에, 그녀가 "내가 얼마나 한 장의 잎사귀와 흡사한가를 상상하게 된 것이, 하나의 계기였다"고 답한 것을 읽을 수 있다. '사이보그'라는 '최첨단'의 아이디어를 '한 장의 나뭇잎'과 연결짓는 그 독특한 감각이, 우리를 독특한 해러웨이의 글로 초대한다.

'영장류학'에 담긴 은유를 읽는 작업에서 「사이보그 선언」으로, 그리고 20세기 말의 기술생명권력(technobiopower)을 비판적으로 분석한 과학기술학 연구를 거쳐, '인류세'의 위기에 맞서 '다른 세계 짓기'의 이야기를 건네는 「반려종 선언」에 이르기까지, 해러웨이는 늘 구체적인 대상 안에 자신의 관심을 뿌리내린다. 구체적인 관심거리로부터, 그것이 어떤 역사와 맥락과 얽힘의 과정을 거쳐 만들어진 문제상황인지를 밝혀낸다. 그녀의 작업은 추상적 이론보다는 다양한 자료들이 얽힌 미로 사이로의 실질적 탐사를 경유한다.

해러웨이는 체계적 이론을 수립해 전체로서의 세계를 설명하려는 의지를 가진 이론가가 아니다. 그녀는 체계화를 목적으로 글을 쓰거나 주장을 명제화하여 표명하지 않는다. 그렇다고 그녀의 글이 촘촘하지 않거나 불친절한 것은 아니다. 해러웨이는 다양한 용어들을 만들어 활용하면서 물음과 사유를 드러내고, 특정한 상황에 개입하여 다층적이고 맥락적이며 역사적인 관점에서 그 상황을 분석하면서 그것이 지닌 의미를 깊이 이해하도록 돕지만, 그 상황의 구체성을 건너뛴 일반화는 경계한다. 혼탁하고 불투명한 실제적 현실을 선명하게 갈라내는 범주화에 포획되지 않으려고 애쓰면서, 나아가 그것이 복잡하게 얽힌 어떤 연관성들 안에서 발생하는지 찬찬히 살피면서 그 현실에서 무슨 일이 벌어지는지, 거기서 누가 이익을 얻고 누가 고통을 당하는지를 보여 주려고 한다. "누구를 위해?(Cui bono?)"라는 이 단순한 질문을 잊지 않음으로써, 그 현실에 대한 책임을 회피하지 않으려 한다. 따라서 그녀의 텍스트는 체계적 이론을 파악하고 분석하는 방식으로 충실히 읽을 수 없다. 해러웨이 이후, 해러웨이를 따라, 이 책에서는 활용 가능한 방식으로 그녀의 텍스트를 읽고 쓰고 엮으려 한다.

해러웨이의 글에서 받은 자극, 통찰력, 아이디어를, 지금, 여기, 우리의 상황에서 어떻게 활용할지가 이 책의 가장 큰 관심이다. 따라서, 해러웨이 식으로 말하자면, 건네진 한 가닥의 실을 새롭게 엮어 누군가에게 건네주는 실뜨기 놀이(string figures)에 참여하는 것을 꿈꾼다. 실뜨기 놀이는 실가닥으로 형상을 만들고, 그 형상에 이야기를 입혀 전달한다. 이기고 지는 것이 없는 게임, 창발적인 개입, 실험적인 엮기, 장난기 어린 웃는 얼굴로 건네는 작은 실마리를 놓치지 않고, 또 다른 누군가에게 건네고자 시도한다.

3.

내가 해러웨이를 읽고 썼던 첫번째 글은 2014년 『한국여성철학』에 발표한 「사이보그와 그 자매들: 해러웨이의 포스트휴먼 수사 전략」이다. 당시 나는 해러웨이의 아이러니하고 유머러스한 글쓰기 방식에 고무되었고, 「사이보그 선언」에 이어 『겸손한_목격자@제2_천년.여성인간©_앙코마우스TM를_만나다』를 읽으면서 어떤 힌트를 발견했다고 느끼고 있었다.

그 힌트는 '수사 전략'이라는 주제와 연관된 것이다. 해러웨이 텍스트의 매력은 그 글쓰기 양식과 수사적 표현들에 있고, 그 장치들이 그녀가 말하고자 하는 바를 재미있고 풍부하게 읽어 내는 데 중요한 출발점이 된다고 생각했다. 오랫동안 은유와 이야기, 글쓰기와 세계 사이의 관계, 그리고 다의적 텍스트의 해석학적 읽기 등을 다루고 연구했던 시간이 도움이 되었다. 해러웨이가 '형상적인 것'과 '실제적인 것' 사이의 관계라는 관심으로 영장류학의 은유들을 분석하고, '사이보그, 겸손한 목격자, 앙코마우스TM, 반려종 등'의 형상(figure)을 가져와 거기 얽힌 이야기들을 풀어내면서, 아이러니한 글쓰기로 페미니스트 정치학을 제시할 때, 또는 SF들로 '다른 이야기 만들기'를 시도하고 그것으로 다른 세계를 지을 수 있다고 주장할 때, 그녀가 말하려는 것이 무엇인지 쉽게 이해할 수 있을 것 같았다. 그래서 내가 그랬던 것처럼 그녀의 텍스트를 유머이자 진지한 이야기, 형상이자 실제, 수사적 표현이자 정치학으로, 또 좋은 이야기이자 세계 짓기의 방식으로 읽을 수 있도록 소개하고 싶었다.

은유나 비유는 단지 표현을 꾸며 주는 장식에 불과한 것이 아니라, 기존 개념체계의 범주화를 흔들고 그 바깥에서 세계를 새롭게 보게 하는 장치이기도 하다. 그러나 살아 있는 은유의 강력한 힘은 문자 그대로의 의미로 풀어지고(釋義, paraphrase) 나면 약화되거나 사라진다. 따라서 은유를 읽을 때는 뜻을 풀어내어 문자 그대로의 의미로 환원하는 작업보다는 그 강렬한 힘을 따라가려는 노력이 필요하다. 은유를 이해하기 위한 좋은 길은 그 은유를 살게 하는 이야기를 따라가는 것이다.[2] 해러웨이의 비유적 형상들도 마찬가지다.

다른 한편, 문체(style)는 단지 전달하고자 하는 내용에 덧붙여진 치장이 아니라 저자가 자신의 사유를 전달하기 위해 선택해야 하는 글쓰기 기술(technology)이다.[3] 해러웨이는 자신만의 문체를 의식적으로 활용한다. "다른 관념들을 사유하기 위해 어떤 관념들을 가지고 사유하느냐가 중요하다"는 스트래선(Marilyn Strathern)의 말을 인용하면서, 해러웨이는 그것을 "어떤 이야기들이 이야기들을 이야기하는지가 중요하다"는 말로 확장한다. 지금까지의 세

---

[2] 김애령(2013), 『은유의 도서관: 철학에서의 은유』, 그린비.

[3] 사라 코프만(Sarah Kofman)은 니체의 비유적 문체와 잠언이라는 글쓰기 전략에 대해, 다음과 같이 쓴다. "간결함과 밀도에서 잠언은 춤에의 초대이다: 그것은 권력에의 의지의 생생한 글쓰기이며, 긍정적이고 밝고, 또한 무고한 글쓰기이다. 그것은 놀이와 진지함 사이의, 표피적인 것과 깊이 사이의, 형식과 내용 사이의, 자발적인 것과 고려된 것 사이의, 즐김과 언어 사이의 대립을 지우는 글쓰기이다." Sarah Kofman(1988), "Nietzsche und die Dunkelheit des Heraklit", *Nietzsche Heute. Die Rezeption seines Werkes nach 1968*, hrg. von Sigrid Auschinger u. a., Bern·Stuttgart : Francke Verlag, S.91. "양식의 문제는 니체 해석에서 중요한 지위를 점한다. 그것은 니체에게 있어서 양식이 언어의 수사적 사용일 뿐 아니라, 언어의 전략적 사용을 의미하기 때문이다." 김애령(2004), 「니체의 은유이론과 문체의 문제」, 『철학연구』 제65집, 141쪽. 니체의 문체 문제에 대한 이러한 이해는 해러웨이의 수사학과 문체에도 적용될 수 있다.

계를 지배해 온 이야기들과는 다른 이야기를 들려주려면, 어떤 이야기들을 이야기하는지, 그리고 그것을 어떻게 이야기하는지가 중요하다. 그래서 그녀에게 비유적 형상이나 문체는 단지 수사적 장치나 '말장난'이 아니라 자신의 생각을 설득하기 위한 전략적 도구다. 그래서 이 책의 '해러웨이 읽기'는 비유적 형상(figures)과 형상화(figuration)로부터 시작한다.

4.

나의 해러웨이 읽기와 쓰기의 시작은 '수사 전략'이었고, '부적절하게도' 거기에는 '포스트휴먼(posthuman)'이라는 수식어가 붙어 있었다. 해러웨이는 여러 자리에서 자신은 '포스트휴머니즘(Posthumanism)'이라는 용어를 좋아한 적이 없다고 말한다. 이 용어에 담긴 비판적 문제의식 자체를 완전히 거부하는 것은 아니지만, 그녀가 보기에 '포스트휴먼'은 '불합리한' 용어이다. 그녀가 '포스트휴먼'을 좋아하지 않는 이유는, 이 용어에서는 여전히 나쁜 방향으로 규정된 '휴먼', 즉 스스로를 세계의 중심이자 지배자로 인식하는 남근적 [남성] 인간(Man)이 버려지지 않기 때문이다. "포스트휴머니스트가 아니라 퇴비(Not Posthumanist But Compost)"라고 스스로를 정체화하는 해러웨이가 보기에, 서구 근대 휴머니즘에 담긴 인간예외주의와 개체주의를 해체할 힘은 '포스트휴먼'보다는 '반려종'이나 '촉수를 가진 크리터들'에게서 찾을 수 있다.

아이러니하게도 내가 '포스트휴머니스트가 아닌' 해러웨이의 텍스트를 읽게 된 것은 포스트휴머니즘 연구를 통해서였다.[4] 그리고 아이러니하게도 해러웨이가 없었다면 나는 그렇게 쉽사리 포스트휴머니즘 연구에 합류하지 못했을 것이다. 20세기 말 정보기술과 생명공학의 발달로 인해 인간과 동물, 기계와 유기체, 물질과 비물질의 경계가 내파되었다는 「사이보그 선언」의 그 진단이, 바로 내가 이해하는 '포스트휴먼 조건'에 대한 가장 명료한 설명이었다. 나아가 서구 휴머니즘의 나쁜 휴먼의 이야기를 비판적으로 해체할 가능성을 해러웨이에게서 발견할 수 있었고, 그것이 내가 이해한 '비판적 포스트휴머니즘'의 출발점이었다.

포스트휴머니즘에 거리를 두는 해러웨이가 '포스트휴먼'이라는 개념을 적용하여 썼던 글은, 1992년 발표한 「이 사람을 보라, 나는 여자가 아닌가, 그리고 부적절한 타자들: 포스트-휴머니스트 풍경 속의 인간」이 유일하다.[5] 이 글에서 해러웨이는 소저너 트루스(Sojourner Truth)의 유명한 연설 「나는 여자가 아닌가?」(Ain't I a Woman?)를 다룬다.[6] 남성의 보호를 받아야만 하는 여성들은 스스

---

[4] 2010년경, 내가 속한 연구소에서 '포스트휴머니즘' 연구를 시작하면서, 나는 해러웨이를 진지하게 읽기 시작했다. 그러나 해러웨이의 텍스트 「사이보그 선언」을 처음 접한 시점은 그보다 앞선다. 독일 베를린에서 1995년 즈음 여자 유학생 친구들과 '포스트모던 페미니즘' 논쟁을 추적하는 세미나를 시작했는데, 과학기술사를 전공하는 친구가 "Cyborg Manifesto" 읽기를 제안했다. 그때 그 글을 읽기는 했지만 거의 이해하지 못했던 것 같다. 흥미롭고 전복적인 어떤 아이디어가 거기 있다고 생각했지만 그게 뭔지는 몰랐다. 그리고 '포스트휴머니즘 연구'를 시작하면서, 이 텍스트를 다시 읽었다.

[5] Donna Haraway(1992), "Ecce Homo, Ain't(Ar'n't) I a Woman, and Inappropriate/d Others: The Human in a Post-Humanist Landscape", *Feminists Theorize the Political*, Judith Butler and Joan W. Scott(eds), New York: Routledge, pp. 86~100.

[6] 소저너 트루스(2001), 「저는 여자가 아닙니까?」 조애리 옮김, 『여성의 몸, 어떻게 읽을 것인가?』

로 정치적 대리자를 선출할 수 없다고 주장하며 여성참정권에 반대하는 한 '신사'의 발언을 반박하면서, 소저너 트루스는 흑인 여성 노예였던 자신이 감당해야 했던 혹독한 생산/재생산의 육체노동, 신체적 박탈과 박해를 언급하면서, 그 신사가 언급한 그 '여자'는 누구인지, 모든 '보호'의 밖에 놓인 자신과 같은 존재는 '여자'가 아닌지 묻는다. 누가 여자인가? 누가 여자가 되는가? 누가 여자 또는 인간이 될 수 있는가? 누가 여자 또는 인간 되기에 적절하거나 부적절한가? 이 질문들로 해러웨이는 '포스트-휴머니스트'의 자리를 표시했다. 그리고 바로 그 자리, 서구 근대의 남근중심주의적 휴머니즘에 대한 비판, 대문자 여성 내부의 차이에 대한 유색인 여성의 물음, 휴머니즘의 언어를 박탈당한 '부적절한 타자들'의 관점이 얽힌 바로 그 자리에서, 나는 '비판적' '포스트-휴머니즘'의 문제의식을 발견할 수 있었다.

그리고 이제 비판적 포스트휴머니즘과의 합류 지점에서 시작했던 해러웨이 읽기와 쓰기는 '포스트휴먼'이라는 개념 도식을 계속 끌고 갈 필요를 느끼지 않는다. '근대 서구 남근중심주의적 휴머니즘 해체'라는 당위는 이미 문턱을 넘었고, 따라서 더 이상 선언적으로 되풀이되어야 할 이유가 없고, 해러웨이 읽기와 쓰기는 다른 목적을 향한다. 그 다른 목적은 복수종의 책임, 응답-능력(response-ability)에 입각한 '더 나은', '다른 이야기'를 짓고 퍼뜨려 '다른 세계 짓기'로 나아가는 것이다.

케티 콘보이·나디아 메디나·사라 스탠베리(편), 유효녕 외 옮김, 한울, 141~142쪽.

「반려종 선언」 이후 해러웨이는 '다른 이야기' 짓기에 관심을 기울인다. 남성지배적 자본주의, 발전과 진보에 대한 맹신, 인간 이외의 모든 대상들을 생산의 재료로 환원시키는 인간예외주의, 타자를 거울삼아 자신을 재생산하는 개체주의, 이 모든 지배적 이야기들이 어떤 세계를 지어 왔는지 밝히면서, 해러웨이는 더 나은 이야기의 가능성을 향해 몸을 돌린다. 인간예외주의와 개체주의는 존재 세계의 실재를 왜곡하는 나쁜 관점이자 나쁜 이야기를 떠받치는 잘못된 믿음이다. 실재의 세계, 인간과 비인간 존재자들, 크리터들이 서로 얽혀 함께 만들어 가는 '두터운 현재'의 사건들과 현실에 대한 감각을 가지고, 우리는 더 나은 이야기를 시작할 수 있고, 그 이야기를 바탕으로 복수종의 정의가 실현되는 더 나은, 다른 세계를 지을 수 있다.

5.

해러웨이를 흥미롭게 읽고 활용하고자 하는 많은 사람들, 페미니스트 이론가와 활동가, 과학학자와 과학철학자, 예술가와 예술 기획자, 문학이론가와 비평가들이 있다. 처음엔 더 그랬고 이후엔 점차 줄어들기도 했지만 여전히 그녀의 텍스트들에 대한 과도한 해석과 오독들이 있다. 그런가 하면 친절하고 명쾌한 해설서와 참고문헌들도 있다. 그리고 충실하고 눈 밝은 독자들에 의해 이루어진 정당하고 날카로운 비판들이 있다. 그러나 이 책에서는 그 해석이나 비판들을 직접 언급하거나 다루지는 않는다. 해러웨이의 주장을 독창적으로 읽어 낼 수 있다고 생각거나, 어떤 비판에도 흔들리지 않을 만큼 지지해서 그런 것은 아니다. 이 책의 관심은 다른 곳에 있다. 조심스럽게 잘 읽고자 했지만, 이 책이 그보다 더 기대하는 것은 잘 '쓰는' 일이다. 해러웨이 이후, 해러웨이를 따라, 무엇을 할 수 있을지 실험하는 일, 이 책의 2부 '쓰기'는 그런 시도들이었고, 이 책을 기획하게 한 출발점이었다. 다소 어설픈 이 '쓰기'들은 해러웨이를 읽으면서 내가 즐겁게 했던 작업들이다. 그 경험을 바탕으로, 해러웨이가 건네는 실마리들이 이후에 다른 손가락들로 넘겨져, 더 나은, 더 확장된, 더 즐거운, 새로운 쓰기로 이어지기를 기대하면서, 내가 읽고 소개하는 '해러웨이 읽기'를 1부에 덧붙였다. 3부의 '엮기'는 덧대어진 더 자유로운 활용편이다.

*
**

    신자유주의적 자본주의, 기술이 모든 문제를 해결해 주리라는 맹목적 발전주의, 그것과 함께 동시에 퍼지는 통제를 벗어난 기술과 환경위기에 대한 휴머니스트들의 암울한 미래 전망, 인간 이외의 모든 존재자들을 대상화하고 도구화하는 것을 당연시하는 나쁜 이야기들이, 여전히 이 세계를 지배하고 힘을 발휘하고 있다. 이 암울한 상황에 바깥은 없는 것 같다. 그러나 해러웨이는 나쁜 낡은 이야기를 해체하는 데 집중하기보다 좋은 다른 이야기들을 수집하고 전달해서 더 나은 세계 짓기를 상상하자고 제안한다. 그러기 위해

지상의 크리터들을 연결하는 실뜨기 놀이와 상상력을 자극하는 촉수 사유에 몰두한다. 그렇게 해러웨이의 글은, 손상된 지구의 소용돌이치는 트러블 한가운데서 우리는 지금 무엇을 할 수 있을지 생각하게 한다. 해러웨이 이후에, 해러웨이를 따라, 이야기를 바꾸는 일을 시작할 수 있기를, 더 나은 이야기를 만들고 그것을 퍼뜨려 더 나은 세계를 지어 가는 실천적 놀이에 참여할 수 있기를, 그리고 이 모든 것이 단지 막연한 낙관적 희망이 아니기를…. 나쁜 낡은 이야기들이 지배하는 이 세계가 더 이상은 지속가능하지 않다는 것을 알고 있기에, 우리에게는 더 나은 이야기가 필요하다.

1980년대 중반부터 해러웨이는 '사이보그'를 통해 자연적인 것과 인공적인 것, 유기체와 기계, 인간과 비인간 사이의 경계가 내파된 현실을 효과적으로 가시화했다. 사이보그는 냉전과 우주개발 경쟁, 지구적 자본주의의 지배와 노동 재편, 기술생명권력에 비판적으로 개입할 페미니스트 정치학을 상상하게 했다. 그러나 해러웨이에 따르면, 이제 사이보그는 21세기의 현실을 묘사하기에 더 이상 적합한 도구로 보이지 않는다. (……) 제3 천년기의 위기상황을 직시하고 헤쳐 나가기 위해 사이보그보다는 반려종이 더 유용한 형상이 될 수 있을 것이라고, 해러웨이는 주장한다.

1부
읽기

1장.
사이보그와 자매들

보충
상황적 지식 —"은유를 바꿀 때"

2장.
다른 세계 짓기 — 쑬루세 이야기

⟨해파리처럼 느끼라⟩, W. Camille, 2025.

1장
사이보그와 자매들

1. 사이보그 선언

"사이보그 선언으로 시작하자"

1999년 덴마크에서 열린 한 학술대회에 기조강연자로 초청되었던 해러웨이와의 인터뷰를 시작하면서 대담자들은 이렇게 제안한다.[1] 인용부호도 없이 언급된 그 '사이보그 선언'은 1985년 『사회주의 평론』(*Socialist Review*)에 발표되었던 에세이를 말한다. 이 에세이는 후에 『영장류, 사이보그 그리고 여자』(*Simians, Cyborgs and Women*, 1991)에 수정 보완된 형태로 재수록되었다.[2] 이 글이 처음 출간되고 14년이 지난 1999년에 그랬던 것처럼[3], 39년이 흐른 지금 우리도

---

[1] 리케(Nani Lykke), 마르쿠센(Randi Markussen) 그리고 올슨(Finn Olesen)과 진행했던 이 인터뷰는, 『해러웨이 선집』(*The Haraway Reader*)에 실려 있다. "Cyborgs, Coyotes, and Dogs: A Kinship of Feminist Figurations and There are Always More Things Going on Than You Thought! Methodologies as Thinking Technologies", *The Haraway Reader*, Donna Haraway(2004), New York·London: Routledge, pp. 321~342.

[2] Donna Haraway(1985), "Manifesto for Cyborgs: Science, Technology, and Socialist Feminism in the 1980's", *Socialist Review*, no. 80, pp. 65~108; Donna Haraway(1991), "A Cyborg Manifesto: Science, Technology, and Socialist Feminism in the Late Twentieth Century", *Simians, Cyborgs and Women: The Reinvention of Nature*, London: Free Association Books[도나 해러웨이(2023), 『영장류, 사이보그, 그리고 여자: 자연의 재발명』, 황희선·임옥희 옮김, 아르테].

[3] 그리고 21년 후인 2006년에도 니컬러스 게인(Nicholas Gane)은 이제 막 성년이 된 '사이보그 선언'을 언급하면서 인터뷰를 시작한다. "'사이보그 선언'은 1985년 『사회주의 평론』에 처음으로 발표되었습니다. 2006년, 그 글은 스물한 살이 되었네요. 이 에세이를 쓴 당신의 목적과 동기는 무

'사이보그 선언'에서 시작하려고 한다.

해러웨이 읽기를 「사이보그 선언」에서 시작하려는 이유는, 이 짧은 에세이가 널리 읽히고 회자되면서 강력한 영향력과 상징성을 지닌 해러웨이의 대표작이 되었기 때문이다. 이 글은 출간된 후 계속 널리 읽혔고, 폭넓은 반향을 일으켰으며, 해러웨이를 세상에 알렸다. 이전 작업들과 완전히 단절된 것은 아니지만, 「사이보그 선언」과 더불어 해러웨이는 '독창적인' 이론가로 연구의 새로운 단계에 접어들었다. 1978년부터 1989년 사이에 쓴 글들을 모아 묶어 『영장류, 사이보그 그리고 여자』를 출판하면서, 해러웨이는 서문에서 「사이보그 선언」을 즈음하여 겪은 변화에 대해 다음과 같이 고백한다.

> 저자는 1970년대 어느 시점, 서구 근대가 원숭이, 유인원, 여성을 어떻게 설명하는지 논의하려는 글을 쓰려고 과학사학자가 되었다. 그때 그는 호미니드 사회주의 페미니스트인 미국인 백인 여성에 딱 들어맞는 사람이었다. 그는 스스로 깨닫지 못했을지언정, 불평등한 권력의 지원을 받지 않으면 유지될 수 없는 이상한 범주, 이른바 '표지가 없는(unmarked)' 범주에 속해 있었다. 하지만 마지막 논문을 쓸 무렵에는 여러 낙인이 새겨진 사이보그 페미니스트가 되어, 20세기의 마지막 사반세기라는 어두운 시대를 살아가는 와중에도 정치적

엇이었나요?" Nicholas Gane(2006), "When We Have Never Been Human, What Is to Be Done?: Interview with Donna Haraway", *Theory, Culture & Society*, vol. 23, no. 7-8, p.135.

감각과 비판적 기능을 잃지 않으려 애쓰게 되었다.(해러웨이, 2023: 9)

'세기말', 미국과 소련 간의 군비경쟁, 신자유주의적 자본주의 경제체제로의 전환, 그로 인한 노동시장의 재편, 그리고 페미니스트 진영 내의 탈식민주의/포스트모던 페미니즘 논쟁의 와중에 「사이보그 선언」은 세상에 나왔다. 그리고 이 짧고 강렬한 텍스트는 정치적 참여와 철학적 키워드들을 재개념화하면서, 해러웨이 사유의 전환점이자 중심축이 되었다.[4]

'여러 낙인이 새겨진' 사이보그 페미니스트의 글쓰기는, '표지 없는 범주에 속하는' 과학사학자의 그것과는 확연히 달라졌다. 이후 해러웨이는 뚜렷한 목적을 가지고 자신의 메시지를 전달하는 데 가장 적합한 자신만의 글쓰기 양식을 실험하기 시작했다. 그래서 「사이보그 선언」에서 시작한다는 것은, 해러웨이의 글쓰기가 제공하는 난해하고 도전적인 텍스트의 세계에 직면하는 것을 의미하기도 한다.

'실제적인 것'과 '형상적인 것'의 만남

극적이고 가시적인 문체의 전환에도 불구하고, '표지 없는 범주에 속하는 과학사학자' 시절부터 훗날 SF라 칭하게 될 '사이보그 글쓰

---

[4] Harrasser(2011), "Donna Haraway: Natur-Kulturen und die Faktizität der Figuration", *Kultur, Theorien der Gegenwart*, Stephan Moebius und Dirk Quadflieg(Hrg.), Wiesbaden: VS Verlag, S. 586~587.

기'를 자유롭게 구사하게 되는 작업에 이르기까지 해러웨이의 일관된 관심은 '실제적인 것(the actual)과 형상적인 것(the figural)의 만남'에 있었다. 「사이보그 선언」과 그 이후의 작업들이 주로 비유적 형상과 수사적 문체로 쓰여진 것과 달리 초기 작업은 비교적 전통적인 과학적 서술 형식을 유지하고 있었지만, 그 당시에도 그녀의 관심은 '비유적 형상이 어떻게 사실과 이론을 구축하는가'에 있었다. 해러웨이의 초기 저작들은 발생생물학 혹은 영장류학의 이론들이 어떤 은유에 의거해 서사를 구축하는지, 그리고 그 은유들이 어떻게 과학이론의 성립에 강력한 영향을 미치는지를 밝히는 데 집중되어 있었다.

박사논문이자 첫번째 저서였던 『크리스탈, 직물, 그리고 장(場): 20세기 발생생물학 안에서의 유기체론 은유들』(*Crystals, Fabrics, and Fields: Metaphors of Organicism in Twentieth-Century Developmental Biology*, 1976)에서 해러웨이는 "생물학의 모든 이론 체계가 얼마나 중심적인 은유에 의존하고 있는지"를 밝히고자 했다.[5] 그러면서 해러웨이는 "세계가 생물학적으로 작용하는 방식과 세계가 은유적으로 작용하는 방식"을 겹쳐 읽고자 했다.(해러웨이, 2005: 58) 해러웨이는 생물학에 대해 토론할 때 자신은 다음 두 가지 양상을 강조해 왔다고 말한다. 그 하나는 **"우리는 생물학 세계 '로서' 그리고 생물학 세계 '속에서' 친밀하게 살고 있다"**는 것, 그리고 다른 하나는 **"생물학은 담론이지 세계 그 자체가 아니라는 것"**이다.(해

---

[5] 해러웨이(2005), 『한 장의 잎사귀처럼: 사이어자 N. 구디브와의 대담』, 민경숙 옮김, 갈무리, 50쪽.

러웨이, 2005: 60) 이 초기 연구에서 그녀는 20세기 초 물활론과 기계론이라는 대립적 관점의 대안으로 제시되었던 유기체론의 설명 모델들이 각기 어떤 은유로 발생학에 접근했는지 살핀다. 이것을 통해 해러웨이가 읽어 내고자 한 것은, 유기체를 설명하는 데 쓰였던 "복잡한 완전체들과 복잡한 과정들을 다루는 은유들"인 크리스탈, 직물, 장은 모두 비-환원적인 의미를 담은 은유들이었고, 이것들은 유기체의 비-원자적이고 비-미립자적인 특징을 드러낸다는 점이었다.(해러웨이, 2005: 93)

해러웨이의 두번째 저서인 『영장류의 시각: 근대과학 세계에서의 젠더, 인종 그리고 자연』(Primate Visions: Gender, Race, and Nature in the World of Modern Science, 1989)[6]은 「사이보그 선언」과 비슷한 시기에 발표된 작업이지만, 글쓰기 양식에 있어서는 차이를 보인다. 「사이보그 선언」이 '신성모독의 아이러니한 정치 신화'를 다시 쓰는 사이보그 페미니스트의 글이었다면, 『영장류의 시각』의 저자는 여전히 스스로를 '과학사학자'로 정체화한다. 이 과학사학자는 과학서사의 은유와 재현 체계라는 주제에 관심을 기울였다. 해러웨이는 영장류학을 하나의 재현 체계로 읽을 수 있다는 것, 즉 영장류학의 서사 안에 있는 "'동물', '자연', '몸', '원시적', '여성' 등등의 용어에서 서양이 자기(self)를 구성하는 방법에 대해" 살필 수 있다는 것, 그리고 제3세계에 대한 인종주의적 담론과 영장류학이 직

---

[6] Haraway(1992), *Primate Visions: Gender, Race, and Nature in the World of Modern Science*, London·New York: Verso.

접적으로 연관되어 있음을 발견할 수 있다는 것에 주목했다. 해러웨이는 『영장류의 시각』은 애초부터 식민주의 및 포스트식민주의와 관련되어 있다는 것을 간파했고, 영장류학이 여러 종류의 인종적·국가적 담론에 어떻게 연루되어 있는지 읽어 내는 데 관심을 가지고 있었다.(해러웨이, 2005: 98~99)[7]

은유가 세계 해석의 중요한 축이며 은유 없이는 실재하는 세계를 포착하고 설명하기 위한 이야기를 구성할 수 없다는 해러웨이의 생각은, 이후 더 정교해지면서 '물질-기호'나 '자연문화' 같은 개념 안에 정착했다. 이후 해러웨이는 주어진 은유 체계와 이야기를 읽어 내고 분석하는 데 머물지 않고, 기성 과학의 은유를 바꾸고 기존 과학서사의 주인공들을 재형상화하면서 지배적인 이야기와는 '다른' 이야기를 짓기 위해 노력해 왔다. 「사이보그 선언」은 그 첫 시도다. 그러므로 우리는 해러웨이 작업의 독창성, 새로운 주제의식과 연구 방법론을 이해하기 위해, 그 시발점이 되었던 바로 그 '사이보그 선언'에서 시작해야 한다.

---

[7] 해러웨이는, 이 책이 영장류학자들에게 '공격당하고 배제되었다는 느낌'을 야기하는 불쾌한 책으로 받아들여졌음을 인정한다. 그리고 이후 많은 영장류학자들과의 직접적인 대화와 교류를 통해 자신의 주장을 해명하는 한편, 자신의 작업을 교정할 기회를 가질 수 있었다고 회상하면서, 이 책을 다시 쓰게 된다면 현장에서 더 많은 시간을 보내는 참여적 방식으로 연구를 진행하여 "영장류학자들을 이 책 속으로 초대하며 안심시키는 수사학적 장치에 더 많은 시간을 할애할 것"이라는 말을 한다.(해러웨이, 2005: 100~104)

2. 사이보그의 등장

"우리는 사이보그다"

강렬했던 첫 등장과 달리 오늘날 '사이보그' 형상의 파괴적인 힘은 수그러든 듯하다. 「사이보그 선언」이 발표되던 당시 '사이보그'는 사회적 실재로서 경험되기보다는, SF 소설이나 영화의 상상력 속에서나 발견되던 낯선 것이었다. 그러나 등장 이후 39년의 시간이 흐르는 사이, 괴물 퀴어 사이보그는 낡아 빠진 클리셰이자 군사주의와 거대자본에 잠식된 사회적 실재가 되었고, 그것이 지녔던 전복적 힘을 상실한 채 현실 속에 자리 잡았다. 1995년 『사이보그 안내서』(The Cyborg Handbook)가 출간되었고,[8] 미국의 몇몇 대학에는 '사이보그학과'가 설립되었으며, 적지 않은 수의 자칭 '사이보그학자'가 등장했다.(Harrasser, 2011: 582) 사이보그가 자연스럽게 세계 안에 자리 잡게 된 데에는 해러웨이의 기여도 적지 않을 것이다.

1985년 '선언'이라는 형식에 담아 시대적 소용돌이의 중심부로 사이보그 형상을 내보낼 때, 해러웨이 자신도 사이보그에 대해 정밀한 이해나 확고한 전망을 가질 수 있었던 것은 아니었던 것 같

---

[8] Gray(ed.)(1995), *The Cyborg Handbook*, New York·London: Routledge.

다. 그러나 「사이보그 선언」이 발표된 이후의 반응들──열광과 냉소, 오해에서 출발한 왜곡된 전유와 재해석들이 이 형상을 더 깊이 성찰하게 했고 정교하게 다듬게 했다. 그 과정 속에서 해러웨이의 사이보그는 계속 성장했다. 사이보그는 사이보그 페미니스트 해러웨이와 함께 나이 들어 갔고 변형되었다. 갈라진 해석과 오독, 페미니스트 진영 내부에서의 비판[9]에도 불구하고 해러웨이는 '사이보그'라는 '오염된 유산'을 버리지 않았다. '여성인간©, 앙코마우스™, 반려종…' 같은 '자매 형상들'을 불러내어, 사이보그의 소진되지 않을 유용성을 재의미화하고자 했고, 그것을 통해 확장되고 변형된 관점으로 기술과학의 복잡한 현실을 더 복잡하게 묘사하고자 했다.[10] 그러나 처음에는 모든 '이후'의 과정을 짐작조차 하지 못한 채, 사이보그는 다음과 같이 소개되었다.

---

[9] 해러웨이의 사이보그는 흔히 "우리가 지금 거주할 수 있는 포스트젠더(postgender)의 상징"으로 받아들여졌다. 박진희(2005), 「페미니즘과 과학기술: 현대 기술에 대한 세 가지 입장을 중심으로」, 한국과학기술학회 강연 자료, 56쪽. 그 근거는 텍스트 내부에 있다. 해러웨이는 이 선언에서 "사이보그는 포스트-젠더 세계의 생산물"이라고 썼다. 이 문장은 "사이보그 기술 덕분에 여성들은 생물학적 신체의 경계를 넘어설 수 있게 되었고, 스스로를 역사적 범주인 여성 밖에 있는 다른 대상으로 재정의할 수 있게 되었다"는 의미로 받아들여졌다. 그러나 이 같은 낙관적 전망의 반대자들은 사이보그의 재현 이미지들이 여전히 젠더 이분법으로부터 자유롭지 못하다는 사실을 지적했다. "할리우드 공상과학 영화에서 시각적으로 재현된 사이보그들은 서구에서 정형화된 젠더, 인종, 신체적 차이에 거의 도전하지 않는다." 뿐만 아니라 오히려 "사이보그 이미지는 기술이 가져다주는 구원에 대한 낭만적 서사의 일부로서 전통적 이원론 속에 다시 각인되기 쉽다." 와이즈먼(2009), 『테크노페미니즘』, 박진희·이현숙 옮김, 궁리, 149~150쪽.

[10] 해러웨이는 사이보그가 비판적 작업을 지속할 도구가 되기 위해서는 '비판적 형상화의 전(全) 친족 시스템'이 필요한 것 같다고 말한다. 사이보그 형상이 통속화되는 것을 막아 줄 이 친족 시스템에는 경계를 허무는 다양한 퀴어 형상들이 속하게 될 것이다. "그러나 그것[그 퀴어 괴물 형상들]도 [사이보그가 그랬던 것처럼] 빠르게 진부해지고, 주류가 되고, 위안이 될 수 있다. [반면에 낡은 형상인] 사이보그는 기술과학적 부르주아 형상을 만드는 알리바이가 될 수도, 혹은 비판적 형상이 될 수도 있을 것이다."(Haraway, 2004: 327)

우리 시대, 신화의 시대인 20세기 후반, 우리 모두는 기계와 유기체의 잡종으로 이론화되고 제작된 키메라다. 한마디로, 우리는 사이보그다. 사이보그는 우리의 존재론이며, 정치는 여기서 시작된다.(해러웨이, 2023: 273)

처음 소개될 때부터 사이보그는 경계 위반을 표시했다. "인공 두뇌 유기체인 사이보그는 기계와 유기체의 잡종으로, 픽션의 존재일 뿐 아니라 사회 현실 속 존재다."(해러웨이, 2023: 272) 상상의 산물이자 사회적 실재인 사이보그의 존재는 이제까지 의식·무의식적으로 견고하게 자리 잡아 온 경계를 폭로하고 해체할 중요한 관점을 제공했다. 그리고 이 경계 해체는 미래의 사건으로 전망된 것이 아니라 이미 일어나고 있는 일이다. 1980년대 말 해러웨이가 간파한 것은 '우리는 사이보그가 되어야 한다'거나 '사이보그가 될 수밖에 없다'는 것이 아니라, '우리는 이미 사이보그'라는 사실이다. 그것이 우리의 존재론이며, 그것이 우리에게 정치를 가르친다.

1985년의 첫 선언에서 사이보그는 이분법의 신화를 깨뜨리는 혼종적 경계 위반의 존재로 소개되었다. 사이보그는 인간과 동물, 유기체와 기계 그리고 물리적인 것과 비물리적인 것 사이의 경계가 이미 해체되었다는 사실을 폭로한다. 경계 위반을 표시할 혼종적 괴물 계보에 속하는 사이보그는 경계 짓기를 통해 강화되어 온 지배적 가부장제와 남성중심적 위계를 교란하는 '여성'이다.

서구 사유는 그 출발점에서부터, 그리고 근대 이후 더욱 강화된 형태로, 정신과 육체, 영혼과 물질, 인공/기술/문명과 자연/자원/야만…을 가르는 이분법에 기대어 인간과 세계, 관습과 윤리를 상상해 왔다. 그리고 이 이분법에는 '성별'이 각인되어 있다. 이분법을 구성하는 정신/영혼/기술/문명…과 육체/물질/자연/자원…은 각기 성별(남성성-여성성)를 나누어 갖는다. 또한 이 두 축은 동등한 '다름'이 아닌 위계화된 '차이'를 갖는다. 그에 따라, 어느 한쪽은 자율적 '주체'의 자리를, 또 다른 쪽은 구속된 '타자/대상'의 위치를 점유한다. 이 이분법이 가부장적으로 성별화된 윤리 및 정치를 정당화해 왔다. 육체/물질/자연/자원…을 타자화하고 배제하면서 오로지 정신/영혼의 자유와 초월로 스스로를 표명하는 '표지 없는 주체의 자리'를 차지하는 '남성(성)'의 신화과 달리, '낙인 찍힌 몸/물질/자연…의 일부'로 치부되어 온 '여성(성)'은 존재 그 자체가 전통적인 이분법을 의심하면서 경계를 가로지르는 '괴물'로 형상화된다. 이 혼종적 괴물 계보의 끝에 '사이보그'가 있다. 혼탁하고 불순하며 위험한 혼종적 존재자의 형상──사이보그는 퀴어 여성이다.

탄생 배경──'군사주의와 가부장적 자본주의의 사생아'

「사이보그 선언」은 1980년대 미국이라는 특정한 시공간 안에 겹쳐진 사회·정치·경제적 조건을 배경으로 탄생했다. '정체성의 정치학'을 둘러싼 페미니즘 논쟁, 사이버네틱스와 정보과학 테크놀로지의 영향력 확대, 그리고 '신산업혁명'이 야기한 자본주의의 전 지구적 재편이 사이보그 형상을 탄생시킨 시대적 조건이다. 이 조건들은 각기 다른 양상으로 사이보그가 이 시대 정치신화의 주인공으로 선언되어야 함을 보여 준다.

첫째, 1960년대 서구 페미니즘 제2의 물결을 지나면서, '여성'이 고정된 '하나의' 정체성으로 묶일 수 없다는 사실이 점차 명확해졌다. 1980년대에 들어서면서 탈식민 유색 페미니스트들은, 계급·섹슈얼리티·인종 등의 정체성이 교차하면서 만들어지는 여성들 간의 차이에 주목하기 시작했다. 그러면서 1세계 백인 페미니스트 정치학이 '자매애'라는 구호 아래 여성 내부의 소수자들을 어떻게 배제해 왔는지 비판하기 시작했다. 누가 '우리'로 간주되는가? '우리'는 누구인가? 해러웨이는 '[대문자]여성'이라는 '가상의' 정체성을 바탕으로 단일한 페미니스트 정치전선을 형성하는 일이 불가능해졌다는 것, 여성들 간의 차이를 포용하는 '새로운 연대의 가능성'이 필요하다는 것을 강조한다. 그리고 "사이보그 페미니스트라면 '우리'는 자연적 단결 기반을 더 이상 원치 않으며 총체적 구성 같은 것은 없다고 주장해야 한다"고 쓴다.(해러웨이, 2023: 286)

둘째, 20세기 후반에 정보기술의 발전이 사회 관계의 근본적인 변화를 추동하기 시작했다. 정보기술은 세계를 코드화의 문제로 번역하면서 커뮤니케이션 과학과 현대 생물학을 '공통언어'에 종속시킨다. 그 공통언어는 모든 이질성을 분해, 재조립, 투자, 교환의 체계에 종속시킨다. 그 결과 서구 담론을 지배하던 유기체적·위계적 이원론은 "재조립되기 위해 해체되었다."(해러웨이, 2023: 297) "전자공학은 노동을 로봇공학과 워드프로세서로, 성을 유전공학과 생식기술로, 정신을 인공지능과 의사결정과정으로 번역하는 과정을 매개한다." 그 결과 커뮤니케이션 과학과 생물학은 기계와 유기체의 차이가 완전히 모호해진 "자연-기술적 지식 대상의 구성물"이 되었다.(해러웨이, 2023: 300) 사이보그는 이 세계의 주인공이다.

사이보그 정치신화의 세번째 배경은 글로벌 자본주의의 구조 변화와 신기술로 인한 노동의 재편이다. "'신산업혁명'은 새로운 섹슈얼리티 및 민족성과 함께 노동계급을 새로운 형태로 생산하고 있다."(해러웨이, 2023: 301) 극단적으로 유동화된 자본의 흐름과 국제적 노동분업은 젠더 중립적이지도, 인종 중립적이지도 않다. 젠더·인종·계급에 따라, 혹은 그것들의 교차에 따라, 첨단기술의 발전과 노동 및 자본시장의 세계화가 만들어 내는 영향력은 각기 다르게 작용한다.

이러한 변화 양상들이 페미니스트 정치의 변화를 요구한다.

완벽하게 진실한 언어를 향한 꿈, 경험을 완벽히 충실하게 명명한다는 가능성을 향한 꿈과 마찬가지로 공통언어를 향한 페미니스트의 꿈은 전체주의적이며 제국주의적인 꿈이다. 모순을 해결하려 하는 변증법 역시 그런 의미에서 꿈의 언어다. 우리는 아이러니하게도, 동물 및 기계와의 융합을 통해 서구 로고스의 체현인 (남성)인간이 되지 않는 방법을 배울 수 있을지도 모른다.(해러웨이, 2023: 313~314)

'사이보그 페미니즘', 아이러니한 정치신화

「사이보그 선언」은 "페미니즘과 사회주의, 유물론에 충실한 아이러니한 정치신화"를 세우려 시도한다. "여기서의 충실함은 존경의 마음을 담은 숭배나 동일시보다는 신성모독(blasphemy)의 충실함이다."(해러웨이, 2023: 271) 해러웨이에게 신성모독은 믿음을 저버리는 일이 아니다. 신성모독으로 충실한 새로운 정치신화는 공동체의 필요성을 주장하면서도 공동체의 다수파를 절대화하지 않는 '최선의 입장'을 유지한다. 그 신화는 아이러니로 쓰여야 한다.

아이러니는 "변증법조차 더 큰 전체로 통합할 수 없는 모순, 양립 불가능한 것들이 모두 필연적이고 참되기 때문에 그대로 감당할 때 발생하는 긴장과 관계"를 유지하는 수사적 장치이다.(해러웨이, 2023: 271) 아이러니는 종합과 지양을 거부하면서 모순과 긴장과 역설을 유지한다. 총체적인 앎의 불가능성을 역설하는 아이러니는 '상황적 지식(situated knowledges)'[11]을 기록할 수 있는 가장 좋은 전략적 도구이다.

전통 수사학에서 아이러니는 "말하는 내용과 반대되는 의미를 전달하고자 할 때 사용하는 비유적 표현"으로 정의되어 왔다.[12] 그러나 이 정의는 아이러니의 특질을 모두 설명해 주지는 못한다. 아이러니는 단지 반어적 표현만을 의미하지 않기 때문이다. 예를 들어 '반어적 비유'라는 아이러니의 정의는 '소매치기 당한 전문 소매치기'가 보여 주는 아이러니한 상황 같은 것을 포괄하지 못한다.[13] 따라서 아이러니가 이해되기 위해서는 무엇보다도 기대가 뒤집히

---

11 이 글 뒤에 실린 「[보충] 상황적 지식—"은유를 바꿀 때"」 참조.
12 벨러(2005), 『아이러니와 모더니티 담론』, 이강훈·신주철 옮김, 동문선, 90쪽.
13 뮈크(1986), 『아이러니』, 문상득 옮김, 서울대학교출판부, 20쪽.

는 상황적·맥락적 배반이 함께 작동해야 한다. 다양한 실존적, 상황적, 언어적 아이러니들을 작동시키는 장치는 바로 이 '외양과 실체의 대조'이다.(뮈크, 1986: 23)

아이러니의 첫번째 중요한 요소는 '가장(假裝)'이다.(뮈크, 1986: 46) 아이러니스트는 '순진함'을 가장한다. 아이러니의 대가인 소크라테스는 플라톤의 대화편에서 "무지를 가장하여 자신의 재능을 축소함으로써 상대를 당혹스럽게 하며 동시에 상대를 올바른 사고로 이끄는, (……) 세련되고 인간적이며 유머러스한 자기비하의 모습으로 등장한다."(벨러, 2005: 93) '가장'이, 아이러니의 두번째 요소인 '외관과 실체의 대조'를 야기한다. 드러난 외관이 실체와 일치하지 않는 곳에서 아이러니가 발생한다. 그리고 이 두 요소는 유머와 거리두기라는 아이러니의 다른 요소들과 연결된다. 아이러니한 서술의 내적 진지함은 수미일관한 것이 아니라 '외관과 실체의 차이'와 '가장'을 함축하기에, 아이러니는 다시금 심각한 현실로부터 거리두기, 객관성, 유머, 유희 같은 효과로 이어진다.(뮈크, 1986: 59~60)

아이러니에서 "모든 것은 유희이며 동시에 진지하고, 솔직하게 드러나면서 동시에 깊이 숨겨져야 한다."(벨러, 2005: 89) 이것이 바로 해러웨이가 아이러니를 자신의 사이보그 정치신화를 위한 서사전략으로 채택하는 이유이다. 지양되지 않는 대립과 중개되지 않는 차이를 내포하는 아이러니는 해러웨이에게 새로운 페미니즘 정치를 수립하기 위해 요청되는 '총체화를 거부하는 상황적 지식'과 '차이의 역사'를 기록하기 위한 이상적인 장치이다. 그러므로 해러웨이의 정치적 제안이 의도하는 바를 제대로 따라가기 위해서는,「사이보그 선언」을 아이러니로 읽을 수 있어야 한다.

반향

「사이보그 선언」 이후, 해러웨이의 글쓰기 테크놀로지는 독자들에게 일종의 도전이 되었다. 진의를 파악하기 어려운 아이러니한 표현들, 수사적 장치들, 독특한 문체와 형식은, 이해 못지않은 오해를, 열광적 지지 못지않은 비난을 야기했다. 1999년의 인터뷰에서 해러웨이는 「사이보그 선언」이 발표된 직후의 반응들이 "매우 뒤섞여 있었다"고 전한다. 『사회주의 평론』의 편집진 사이에서도 상반된 평가가 있었고, 일부는 그것을 출판하고 싶어 하지 않았다. 독자들의 반응 역시 마찬가지여서, "그것[사이보그 선언]을 일종의 도취적인, 기술-숭배적 열광을 퍼뜨리는 엄청나게 반-페미니즘적인 것으로 여기던 사람들도 있었다." 그런가 하면 과학학자들은 이 에세이에서 페미니즘을 탈각시키고 그것을 온전히 기술에 대한 분석으로만 받아들이기도 했다. "사이보그는 포스트-젠더 세계의 피조물이다", "나는 여신보다는 사이보그가 되겠다"와 같은 문장들이 그같은 읽기를 불러왔다. 해러웨이가 처음부터 밝혔고 또 강조했음에도 불구하고 많은 독자들은 여기 담긴 아이러니를 간과했다. 그 결과 해러웨이는, 아이러니가 '위험한 수사 전략'이라는 사실을 깨닫게 되었다.(Haraway, 2004: 325) 실제로 아이러니스트는 청중이나 독자가 자신과 같은 지적 감각을 가지고 이중으로 깔아 놓은 '가장'과 '외관과 실체 사이의 간극'을 읽어 내면서 거리두기와 유머가 건네는 유희에 참여해 주기를 기대한다. 그러나 모든 독자가 이 기대에 부응할 수 있는 것은 아니다.

반면 총체성을 방해하는 아이러니가 만들어 내는 지적 자극은 더 확장된 읽기와 쓰기를 가능하게 한다. 아이러니가 초대하는 유희에 참여할 수 있을 때, 독자는 단지 제공된 비유적 표현을 풀어 독해하는 것을 넘어서 새로운 무언가를 엮어 만드는 방식으로 반응할 수 있다. 「사이보그 선언」에도 젊은 페미니스트 독자들이 만들어 낸 흥미롭고 확장적인 수용의 역사가 있었다. 해러웨이는, 젊은 페미니스트들이 사이보그를 그들이 원하는 방향으로, 그들 자신의 목적에 맞게 사용하고 오용했던 것을 기쁘게 기억한다. 전혀 다른 역사적 배경을 가진, 전혀 다른 국면의 사회주의 페미니즘을 경험하고 있는 이 젊은 페미니스트들은 「사이보그 선언」을 퀴어 섹슈얼리티나 특정한 기술과학 퀴어이론에 적용할 가능성을 찾아냈다. 해러웨이는 이들에게서 기대치 않은 방식으로 자신의 청중을 발견할 수 있었다. 그에 대해 해러웨이는 다음과 같이 평가한다.

> 젊은 페미니스트들은 나 자신의 의도와는 다른 방식으로 선언을 다시 썼습니다. 그러나 나는 그들이 무엇을 하고 있는지 알 수 있었어요. [그들이 읽어 낸 것이] 정말 내가 쓴 것은 아니었지만, 나는 그것을 정당한 읽기라고 생각하고, 그것을 좋아합니다.(Haraway, 2004: 325)

"그러나, 어쨌든", "어려움이 하나의 이슈"다. 하지만 다른 한편으로 해러웨이는 아카데믹한 훈련 없이도, 어려움이 전혀 문제가 되지 않는 방식으로 자유롭게 읽는, 훌륭한 독자들을 만났다.(Haraway, 2004: 326) 그렇게 「사이보그 선언」은 널리 읽혔고, 현대 고전이 되었고, 해러웨이의 사랑받는 반려가 되었다.

아이러니 읽기

'신성모독의 충실함으로 사회주의 페미니즘에 헌신하는 사이보그 정치신화'를 쓰려고 시도하면서 해러웨이가 '의도했던' 메시지는 무엇인가? 해러웨이의 '사이보그'를 유기체와 기계의 결합을 통한 신체적·인지적 증강이나 섹스 및 젠더 초월의 유토피아적 꿈으로 해석하는 것은, 아이러니가 만들어 내는 날카로운 모순과 긴장과 역설을 간과한 읽기이다. 해러웨이에게 '사이보그'는 '유토피아적인 꿈이 아니라 현장에서 작업하기 위한(on-the-ground working) 기획'이었다.(Gane, 2006: 137)

"사이보그는 부분성, 반어법, 친밀성, 도착성에 투신한다."(해러웨이, 2023: 271) 사이보그에 순수함 따위는 없다. 해러웨이에 따르면, "군사주의와 가부장적 자본주의의 사생아"인 사이보그는, "너무하다 싶을 만큼 자기 근본을 배신할 때가 많다."(해러웨이, 2023: 274) "사이보그는 경건하지 않다. 사이보그는 조화로운 세계를 기억하지도 못하고 바라지도 않는다." 불순한 사이보그 세계에 잃어버린 기원이나 구원 이후의 낙원 같은 것은 없다. 사이보그는 오이디푸스적 가족모델에 따르는 공동체 같은 것을 꿈꾸지 않을 뿐 아니라, 동물이나 기계와 혼탁한 가족관계를 맺는 것을 두려워하지 않는다. 사이보그는 "영원히 부분적인 정체성과 모순적인 입장을 두려워하지 않은 채 살아가는 사회적·신체적 현실과 결부될 수 있다."(해러웨이, 2023: 281) 바로 그렇기 때문에 사이보그가 오늘날의 세계에서 대안정치의 가능성을 열어 줄 수 있다고, 해러웨이는 생각한다. 그렇게 '괴물적이고 불법적인' 사이보그 연합체, 전체론을 경계하는 연결의 정치가, 전위 없이 공동전선을 만들 수 있다.

정보기술의 지배로 인해 증대하는 사회적 불안정성, 문화적 박탈, 노동의 취약화를 분석하고 지적한다는 점에서 철저히 비판적이지만, 해러웨이는 첨단 기술과학에 적대적 입장을 내세우지는 않는다. 그녀는, 사이보그를 통해 '순전히 우울하지는 않은' 가능성, 즉 기술과학의 지배가 전통적인 '기술/문화 대 천연/자연'의 위계적 이분법이 해체하고 난 이후의 '혼탁하지만 흥미로운 가능성'을 발견해 낸다. 사이보그가 보여 주는 '가능성' 중 하나는, 그것이 우리에게 '이원론의 미로'에서 탈출할 출구를 보여 줄 수 있다는 데 있다.

서구 전통에서는 특정 이원론들이 유지되어 왔다. 이 이원론 모두는 여성, 유색인, 자연, 노동자, 동물—간단히 말해 자아를 비추는 거울 노릇을 하라고 동원된 타자—로 이루어진 모든 이들을 지배하는 논리와 실천 체계를 제공했다. 이 골치 아픈 이원론에서는 자아/타자, 정신/육체, 문화/자연, 남성/여성, 문명/원시, 실재/외양, 전체/부분, 행위자/자원, 제작자/생산물, 능동/수동, 옳음/그름, 진실/환상, 총체/부분, 신/인간과 같은 것이 중요하다. 지배되지 않는 일자(the

One)이며, 타자의 섬김에 의해 그 사실을 아는 것이 자아다. (……) 하지만 일자가 된다는 것은 환상이며 (……) 반면 타자됨은 다양해지는 것, 분명한 경계가 없는 것, 너덜너덜해지는 것, 실체가 사라지는 것이다. 하나는 너무 적지만 둘은 너무 많다.(해러웨이, 2023: 321)

첨단기술은 전통적인 이원론을 해체한다. 이제 "인간과 기계의 관계에서 누가 생산자이고 누가 생산물인지 불확실하다. 코딩 작업으로 구성되는 기계에서는 무엇이 정신이고 무엇이 육체인지 분명치 않다."(같은 곳) 우리는 이미 사이보그, 하이브리드, 모자이크, 키메라다. 정보기술의 지배는 위협적이지만, 우리는 거기서 사이보그 정치의 가능성을 발견할 수 있다. 그리고 이 사이보그 정치는 "공통언어를 향한 꿈이 아니라 불신앙을 통한 강력한 이종언어(heteroglossia)[14]를 향한 꿈"을 꾼다. 그것은, 페미니스트 방언의 상상력, "기계, 정체성, 범주, 관계, 우주 설화를 구축하는 동시에 파괴하는 언어이다."(해러웨이, 2023: 328)

사라진 낙원에의 꿈, 이질적 언어들이 공존하는 공동체, 경계가 무너지고 이분법이 내파된 세계, 혼종성과 불순함을 끌어안고 현실의 문제들을 헤쳐 나가기에 이상적인 형상은, 순수한 기원을 간직한 '여신'이 아니라 괴물 계보의 일원인 하이브리드 '사이보그'

---

14 바흐친(Mikhail Bakhtin)에 따르면, 언어는 하나의 통일적 규범체계가 아니다. 하나의 지배적인 단일한 '언어'체계가 아니라, 언제나 언어'들'로 존재한다. "항상 매우 다양한 말하기 방식이, 즉 사회적 경험과 사회적 개념화 및 사회적 가치의 다양성을 반영하는 수많은 '언어들'이 있다는 것이다." 그것이 바흐친이 말하는 '이종언어, 헤테로글로씨아'이다. 모슨·에머슨(2020), 『바흐친의 산문학』, 오문석·차승기·이진형 옮김, 앨피, 260쪽.

다. 해러웨이는 그 사이보그에게서 20세기 후반의 위험한 세계를 뚫고 나갈 대안정치의 가능성을 본다. 그래서 그녀는 이렇게 선언한다. "나선의 춤에 갇혀 있다는 점에서는 마찬가지지만, 나는 여신보다는 사이보그가 되겠다."(해러웨이, 2023: 328)

3. 글쓰기 테크놀로지로서의 형상화 전략

"손에 올리면 낱알이 되는 말들"[15]

형상들

해러웨이의 텍스트들은 은유와 비유적 형상들(figures)로 가득 차 있다. 그녀는 비유적 형상들을 활용해 자신의 주장을 가시화한다. 독특한 문체의 텍스트들에 흩뿌려져 있는 '영장류, 사이보그, 겸손한 목격자, 여성인간©, 앙코마우스™, 반려종…' 같은 형상들은 각기 다른 시대의 문제의식, 연구 방법론과 개념화, 정치와 그것을 구체화하는 물질성 등을 압축적으로 드러낸다. 해러웨이는 훗날 이 다종의 형상들을 '형상화 작업의 이동 동물원'[16]에 속해 있는 '퀴어 가족(queer family)'이라고 부른다. 1985년 아이러니한 정치신화의 주인공으로 소개했던 '사이보그'는 이 가족을 대표하는 첫번째 구성원 중 하나다. 사이보그와 같은 시기에 탄생한 자매 '영장류'도 있지만, 형상화 작업의 영향력과 그것을 통한 글쓰기 테크놀로지의

---

15 해러웨이(2019), 「반려자들의 대화」, 『해러웨이 선언문』, 황희선 옮김, 책세상, 338쪽.
16 "당신은 제가 비유[형상화] 작업의 이동 동물원과 함께 살고 있는 듯이 느끼고 있음을 잘 압니다. 그것은 제가 비판적·이론적 동물원에 살고 있으며, 사이보그는 단지 우연히 그런 동물원의 가장 유명한 일원이 된 거나 다름없다는 뜻이지요. 모든 거주자들이 동물인 건 아니기 때문에 '동물원'이라는 단어가 올바른 단어는 아니에요."(해러웨이, 2005: 214~215)

힘은 사이보그를 통해 확립되었다. 「사이보그 선언」 이후, 은유를 통한 재현 체계 분석이라는 과학사학자의 비판적 작업은, 형상화를 통한 세계 읽기와 세계 (다시-)짓기라는 보다 능동적인 이론화 작업으로 이동했다.

해러웨이에게는 형상 자체가 방법론이다. 해러웨이 자신은 '방법론'이라는 범주를 탐탁지 않아 하지만, 각각의 형상은 각기 나름의 연구 방법론을 가지고 있다. 따라서 복잡한 수사적 장치와 낯선 문체로 이루어진 해러웨이의 텍스트를 유용하게 읽어 내기 위해, "독자는 해러웨이의 암시적이고 모순적이며 일그러진 형상의 세계와 그 세계의 과도한 참조 체계에 응해야만 한다."(Harrasser, 2011: 586) 이것은 놀랍도록 매력적인 초대이다.

「사이보그 선언」이 일으킨 양가적인 반향 이후, 사이보그의 '자매들'을 소개하는 『겸손한_목격자@제2의_천년.여성인간©_앙코마우스™를_만나다』에서 해러웨이는 글쓰기 테크놀로지의 배경과 형상화 작업의 의미를 조금 더 친절하게 설명한다. 그녀는 이메일 주소 형식의 제목을 단 이 책에서 자신의 수사 전략을 설명하고, 사이보그 형상의 배경을 소개하면서 그것을 자매 형상들을 통해 확장하거나 대체하려고 한다.

'형상(figure)'[17]이란 무엇인가? '형상'이라는 단어에는 다중적 의미가 내포되어 있다. "figure"는 얼굴을 뜻하는 프랑스 말이다. 영

---

[17] 'figure'는 수사학이나 문학이론에서 '문채(文彩)' 또는 '비유'로 번역된다. 그러나 수사학에 한정하지 않고 해러웨이가 이 단어를 통해 드러내고자 하는 다의성을 모두 담기 위해 여기서는 '형상'을 번역어로 선택한다. 수사적 의미가 강조될 땐 '비유적 형상'으로 풀어 옮긴다.

어에서는 이야기의 윤곽이라는 개념적 의미를 유지하고 있다. 동사로는['to figure'] '셈하다' 또는 '계산하다', 그리고 '이야기 안에 있다', '역할을 맡다'를 의미한다. 'figure'는 또한 그림 그리기이다." 어떤 경우라도 '형상'이라는 말에서 삭제할 수 없는 의미망은, 그것이 일반적으로 그래픽한 묘사, 즉 시각적 형태와 연관된다는 점이다. 다른 한편, "형상은 재현이나 미메시스일 필요는 없지만, 반드시 비유적(tropic)이어야 한다."[18] 형상은 문자 그대로의 의미이거나 자기 동일적인 것일 수는 없다. 형상은 언제나 동일시나 확실성을 교란할 수 있는 일종의 전치(轉置, displacement)여야 한다.

사실 비유(trope)는 언어의 특수한 활동이 아니라 언어의 일반적 특성이다. 이 주장이 해러웨이에게만 고유한 것은 아니다. 많은 은유이론가들이 이미 비유 또는 은유 없는 언어가 존립할 수 없다는 사실을 밝혀 왔다. 실로 언어를 사용하는 모든 곳에서 은유 작용을 배제하는 것은 불가능하다. "정확한 문자적인 의미로만 단어들을 사용해야 한다면, 우리는 단 하나의 문장도 만들 수 없을 것이다. 우리의 일상적인 언어 사용은 '전용된' 의미들로 가득 차 있다."[19] "수학을 포함하여, 모든 언어는 비유적이다. 모든 언어는 비유로 만들어지고, 모든 언어는 우리가 문자적인 의미에 매달리는 것에서 벗어나도록 만드는 충돌들에 의해 구성된다."(Haraway, 2018: 11) 모든 언어는 비유로 가득 차 있고, 우리가 세계를 이해하

---

18 Haraway(2018), *Modest_Witness@Second_Millennium.FemaleMan©_Meets_OncoMouse™: Feminism and Technoscience*, Second Edition, New York·London: Routledge, p. 11.

19 김애령(2013), 『은유의 도서관: 철학에서의 은유』 그린비, 18쪽.

고 해석하는 방식은 언제나 이미 수사적이다. 이런 맥락에서 해러웨이는 기술과학(technoscience)의 '물질-기호적 과정'도 불가피하게 비유적이라는 점을 상기시킨다. "예를 들어 칩, 유전자, 씨앗, 태아, 데이터베이스, 폭탄, 인종, 뇌, 생태계와 같은, 생명들과 세계들이 만들어 낸 작은 세트의 대상들을 생각해 보라. (……) [그것들은] 문자적인 동시에 형상적이다."(같은 곳)[20] 이 각각의 단어들은 어떤 대상을 가리키는 이름의 기능을 함과 동시에, 이 이름들 자체가 비유적 형상으로서 하나의 윤곽 그리기, 시각화, 지식·실천·권력의 지도 그리기가 된다. 이렇게 특정한 대상은 이름 붙여지면서, 이 세계 안에서 파악 가능한, 실재하는 '것'으로 힘을 발휘하게 된다.

모든 언어가 비유적이라는 말이 '모든 것이 기호로 환원된다'는 것을 의미하지는 않는다. 해러웨이에 따르면, 물질과 기호는 분리된 두 세계에 속하는 독립적 실체들이 아니다. '물질-기호적 세계'라는 개념을 통해, 해러웨이는 언어와 실재, 이야기와 세계 경험, 비유적 형상과 세계 만들기의 공속 관계를 포착한다. 그것은 결코 분리된 두 개의 영역을 하이픈(-)으로 잇대어 놓거나 섞는 것을 의미하지 않는다. '물질-기호'는 물질이 곧 기호이고 기호는 물질적인

---

[20] 새로 발견되거나 발명된 대상에 이름을 붙이는 일은 불가피하게 형상화 작업을 요청한다. 그러나 명명 후에 그 형상화 작업의 과정은 잊혀지고, 그것은 오히려 독자적인 사물성을 구축하는 것으로 여겨진다. 해러웨이는 이러한 현상을 화이트헤드의 '잘못 놓인/부적절한 구체성(misplaced concreteness)' 개념을 빌려와 설명한다. 예를 들어, '유전자'라는 개념은, 그것이 마치 시공간적으로 단순한 위치를 점유하고, 하나의 성질을 갖는 특정한 '물질'인 것처럼 표상하게 한다. 그러나 유전자는 '유전자 물신주의자'들이 믿는 것처럼 고정된 위치를 점하면서 특정한 성질을 발현하는 '물질'이 아니라, 일련의 맥락과 과정, 생성 속에서만 드러날 수 있는 것이다.(Haraway, 2018: 147)

것이라는 의미를 담는다. 이 개념을 통해, 말은 '물리적 과정'이며 육체와 밀접한 관계를 맺고 있다는 사실이 포착된다.[21] 해러웨이에 따르면, 언어가 그저 기호가 아닌 것처럼, 육체도 그저 물질이 아니다. 육체는 '물질성과 기호현상의 접촉점'이다. "육체에 관한 물질화된 기호현상이 언제나 친근함, 몸, 피흘림, 고통, 육감 등의 분위기들을 포함"한다. 따라서 우리는 상처받기 쉬운 성질이나 통증을 이해하지 않으면서 육체라는 말을 사용할 수 없다.(해러웨이, 2005: 148) 물질성은 의미와 독립해서 존재하지 않는다. 또한 언어는 물질적으로 경험된다.[22] 형상들은 물질-기호다.

---

[21] '물질-기호적 세계'의 구체적인 사례로 해러웨이는 가톨릭의 성찬의식을 가져온다. 성찬의식에 참여하는 사람들에게 '빵과 포도주'는 '예수의 살과 피'이다. 그것은 그저 상징이 아니라, 상징 이상의 것이다. 그것은 살과 피의 상징물일 뿐 아니라, 바로 그 살과 피다. 그것은 기호의 육화이며, 동시에 몸의 기호화이다. 이 관계는 구체적이고 실천적이며 경험적이고 구성적이다. "가톨릭 생활의 끊임없는 상징화는 물리적 세계에 단순히 첨부된 게 아니라, 물리적 세계 바로 그것이다."(해러웨이, 2005: 147)

[22] 스폴(Philippa Spoel)은 해러웨이의 수사학을 '체현적 수사학(embodied rhetorics)'이라고 부른다. 그녀에 따르면, 해러웨이의 체현적 수사학은 육체적이고 감정적인 앎의 방식을 발견의 과정에 재통합할 가능성을 연다. 이러한 해석은, 해러웨이가 인식을 투명한 객관성을 중심으로 구성해 온 서구 인식론의 역사에 반대하여 '상황적이고 체현적인 과정'으로 이해한다는 점을 올바르게 읽어 낸다. 그러나 그녀의 주장과는 달리, 해러웨이가 전통적 수사학에서 벗어나기 '위해', 또는 정신과 육체를 가르는 이분법적 인식론을 극복하기 '위해' '체현적 수사학'을 의도적으로 시도하는 것은 아니다. 그보다 해러웨이에게 모든 언어는, 그리고 기호학이나 수사학은 언제나 그 자체로 물질적이며 체현적이다. 그녀에게 기호와 물질은 분리되지 않는다. 해러웨이에게 모든 형상화 작업은 그 자체로 '물질-기호적 세계'에서의 실천이다. Spoel(1999), "Re-inventing Rhetorical Epistemology: Donna Haraway's and Nicole Brossard's Embodied Visions", *The Changing Tradition: Women in the History of Rhetoric*, Christine Mason Sutherand·Rebecca Sutcliffe(ed.), Calgary: University of Calgary Press, pp.199~212.

크로노토프

해러웨이의 형상들은 각각의 실천을 조직하는 구체적인 시간 양식을 동반한다. 「사이보그 선언」 이후 해러웨이의 글은 언제나 특정된 시대의 이름을 배경으로 한다. 사이보그가 등장했던 '1980년대' 또는 '20세기 후반', 겸손한 목격자, 여성인간©, 앙코마우스™가 그려 내는 '제2 천년 말', 그리고 반려종과 함께 헤쳐나갈 '제3 천년'까지, 해러웨이는 20세기의 마지막 사반세기 언저리의 별로 길지 않은 연대를, 다시 구체적 논제들(topic)로 나누어 포착한다. 형상과 그 형상이 드러내는 구체적인 시대적 이슈들을 포착하기 위해, 해러웨이는 바흐친의 '크로노토프(chronotophe)'[23] 개념을 차용한다.

해러웨이는 '크로노토프'를 다음과 같이 정의한다. "문자적으로 크로노토프는 화제/장소의(topical) 시간, 또는 그것을 통해 시간이 조직되는 토포스(topos)이다. 토픽(topic)은 공동장소(commonplace)이자, 수사학의 터다."(Haraway, 2018: 41) "토포스는

---

[23] 바흐친은 "문학에서 예술적으로 표현된 시간과 공간 사이의 내적 연관성"을 '크로노토프'라고 불렀다. 바흐찐(1988), 『바흐찐의 소설미학』 이득재 옮김, 열린책들, 260쪽. 크로노스(chronos)와 토포스(topos)를 결합하여 만들어진 이 개념은, "시간과 공간의 '융합된' 감각을 표현한다."(모슨·에머슨, 2020: 630) 바흐친에 따르면, 시공간의 감각은 단일하지 않고 시대나 문화에 따라 질적으로 다양하다. "크로노토프는 행위에서 가시적으로 제시되는 것이 아니라 행위의 토대다. (……) 크로노토프는 세계 속에서 재현되는 것이 아니라 '사건의 재현 가능성…에 필수적인 토대'다."(모슨·에머슨, 2020: 632) "문화의 크로노토프는 '역사적이고 전기적이며 사회적인 관계들의 장'으로 정의될 수 있다. 우리의 삶은 그런 여러 장들 속에서 전개되기 때문에, 장의 특성을 이해하는 것은 개별적 존재이자 사회적 존재로 살아가는 우리에게 매우 중요하다."(모슨·에머슨, 2020: 635) 바흐친에 따르면, 문학의 형식적 구성 범주로서 크로노토프는 문학 내의 인간 형상을 결정한다. "인간 형상은 언제나 본질적으로 크로노토프적이다."(바흐찐, 1988: 261)

원래 '장소'라는 뜻으로 수사학에서는 화자가 활용 가능한 설득의 수단을 찾을 수 있는 곳이다. 토포스는 상황에 따라 사용할 수 있는 논거들을 제공한다."[24] 바흐친의 '크로노토프' 개념을 소개하면서 해러웨이는, 크로노스(chronos)가 언제나 이와 같은 이중적 의미의 '토포스'와 얽혀 있음을 지적한다. "바흐친의 [크로노토프] 개념은 우리에게 (......) 문화적 참조 체계의 우연성, 두터움, 같지 않음, 통약불가능성, 그리고 역동성으로 들어설 것을 요구한다."(Haraway, 2018: 42) 그렇게 '크로노토프'는 구체적인 행위를 가능하게 하는 토대, 특정한 시대가 공유하는 공동 논제를 의미한다. 해러웨이의 형상들은 특정한 크로노토프 안에 기입된다. 크로노토프를 통해 포착하는 경험의 시공간적 공동 토대는 각 형상들을 생생하게 드러내고 이야기 안에 자리 잡을 수 있게 한다. 다른 한편, 하나의 형상은 크로노토프의 변화에 따라 다른 '자매 형상들'과 만나, 다른 스토리텔링으로 확장된다.[25]

형상적 리얼리즘

"[비유적] 형상들은 희망과 공포를 모으고, 가능성과 위험을 보여 준

---

[24] 박삼열(2011), 「토론의 논거 발견과 수사학의 토포스: 아리스토텔레스의 토포스를 중심으로」, 『인문과학연구』 29집, 355쪽.

[25] 1980년대의 사이보그는 제2 천년 말의 여성인간©이나 앙코마우스™로 구체화되어 기술생명권력의 서사에서 주인공으로 등장하고, 다시 제3 천년기에 접어들면서 개와 만나 인류세의 멸종 위기를 함께 헤쳐 나갈 길을 찾는다.

다. 가상적으로, 그리고 물리적으로 형상들은 사람들을 이야기 안에 뿌리내리게 하고, 역사에 접속하게 한다."(Haraway, 2004: 1) 해러웨이는 형상화(figuration)가 기호 차원에서의 수사적 표현의 문제가 아니라 세속적이고 역사적인 실재를 포착하고 묘사하는 글쓰기 테크놀로지라는 사실을 입증하기 위해, 에리히 아우어바흐(Erich Auerbach, 1892~1957)의 '형상적 리얼리즘(figurative realism)'을 따른다.

*

'형상적 리얼리즘'이란 무엇인가? 아우어바흐는 이 개념을 정의하지 않고, 구체적인 문학적 사례를 통해 예시한다. 형상적 리얼리즘의 탁월한 예는 단테(Dante)의 『신곡』에서 찾을 수 있다. 베르길리우스(Vergilius)의 안내를 받아 지옥에 들어선 단테는 끔찍한 형벌 속에서 '최후의 심판'을 기다리며 고통받고 있는 죄인들을 만난다. 이단자들과 무신론자들의 묘지로 알려진 지옥의 한 구역에서 "뚜껑이 열려 있는 관들 사이로 난 좁은 길" 사이를 걷고 있던 단테는 자신을 불러세우는 이들을 만난다. 그들은 피렌체에서 활동하던 당대의 인물들이다. "오, 토스카나 사람이여!"라고 부르며 관에서 튀어나온 지옥의 첫번째 죄인은, 피렌체의 군인이자 기벨리노 당(황제파)의 지도자였던 파리나타 델리 우베르티(Farinata degli Uberti)이다. 단테와 대화를 나누는 파리나타는 비록 고통받는 지옥의 죄인이지만, 그에게서는 "죽음과 지옥의 고통도 손상할 수 없는, 거대한 도덕적 품격이 펼쳐 보여진다. 그는 죽어서도 살아 있을 때와 다름이 없다."²⁶ 파리나타와의 대화는 두번째 인물인 카발칸테(Cavalcante)의 등장으로 중단된다. 단테의 말소리를 듣고 그를 알아본 카발칸테 역시 살아 있을 때와 마찬가지의 성격과 고뇌를 지니고 있다. "세속적인 삶에 대한 사랑, 인간 정신의 자유로운 위대함에 대한 믿음, 무엇보다도 자기 아들 귀도(Guido)에 대한 사랑과 경탄——이러한 것들이 그대로 있음을 알 수 있는 것이다."(아우어바흐, 1995: 193) 대화를 나누는 중에 그는 흥분하고, 간청하고, 초조해하고, 흔들린다. 단테가 만난 이 두 인물은 지옥의 불길 속에서도 지상에서의 삶을, 그리고 인격을 영속하고 있다.

아우어바흐는 『미메시스』에서, 피안의 세계와 거기 머무는 영혼들을 그려 내는 단테의 『신곡』이 어떻게 당대의 현실을 탁월하게 묘사하는 예술작품이자 '당대적 삶을 대담하게 도입한' 리얼리즘 작품이 될 수 있었는지 분석한다.(아우어바흐, 1995: 207) 『신곡』이 리얼리즘 작품인 이유는 거기 포함되어 있는 '피구라(figura, 비유적 예시)' 덕분이다. '피구라'는, 과거의 어떤 형상 또는 사건이 미래에 벌어질 일을 예시하고 미래의 형상이나 사건은 그 예시의 완성이 되는 연결관계를 말한다.²⁷ 세속적인 현세의 삶은 언젠가 완성될 사후의 예시이며, 피안은 현세적 삶의 특질을 완성한다. 그것은 피안에

---

26 아우어바흐(1995), 『미메시스: 서구문학에 나타난 현실묘사(고대·중세편)』 김우창·유종호 옮김, 민음사, 193쪽.

27 "아담은 그리스도의 '비유적 예시 피구라'이고, 이브는 교회의 '피구라'이듯이, 또 대체로 구약 성서의 모든 현상과 사건은 그리스도의 육화의 현상과 사건을 통하여 완전히 실현되는, 또는 통상적 표현을 빌려, '이루어지는' 비유적 예시로 생각되어지듯이, 로마의 세계 제국은 하느님의 왕국의 천상적 실현에 대한 세간적 '비유적 예시, 피구라'로 생각되는 것이다."(아우어바흐, 1995: 213~214)

있는 불멸하는 영혼들에게서조차 사라지지 않을, 개성을 표지하는 구체적 육체 안에서 생생하게 드러난다. "종말론적 목적지에 도착한 개별 인물들은 그들의 현세적 캐릭터를 박탈당하지 않는다. 그들의 역사적·현세적 특징은 희석되는 것이 아니라 그 강렬함을 그대로 간직한 채 더욱 단단하게 응고되고, 또 그들의 궁극적 운명과 일치한다."(아우어바흐, 2014: 182) 피안의 세계에서 "얼마나 많은 인물들이 현세적·역사적인 삶, 행동, 노력, 느낌, 정열을 펼쳐 보이는지", 단테에 의해 생생히 묘사된다. 그리하여 피구라의 효과는 현세로 돌아가고, 피안은 세속적 인간과 인간적 정열의 무대가 된다.(아우어바흐, 1995: 220) 피구라는 상징도, 알레고리도 아니다. "피구라의 구조는 그 양극을 이루는 상징적 또는 알레고리적 형식과는 달리 예시적 비유(피구라)와 그 완성 양편에 다 같이 구체적 역사적 현실의 성격을 허용한다."(아우어바흐, 1995: 214)[28] 이것이 아우어바흐가 말하는 형상적 리얼리즘의 의미이다. 형상은 리얼리티의 모방이나 상징 또는 알레고리가 아니다. 형상 그 자체가 바로 구체적인 역사적 리얼리티의 응축된 상(像)이자 육화이다. 각각의 형상은 삶, 행동, 노력, 느낌, 정열을 간직하면서, 세속적이고 사실적이며 생생한 역사적 사건을 그려 낸다.

프리모 레비(Primo Levi, 1919~1987)의 회고록에는 아우슈비츠

---

28 그런 의미에서 단테에게서 형상적 리얼리즘은 신을 초과한다. 『신곡』에서 인간의 이미지는 신의 이미지보다 전면에 나온다. "우리가 느끼는 것은 이 사람들에 대한 것이지, 이 사람들이 그 안에서 완성을 얻는 신의 질서에 대한 것이 아니다." 결국 예시적 본질은 형상화와 실재화 안에서 부서진다. "이 완성에서 예시적 비유(피구라)는 독립성을 얻는다."(아우어바흐, 1995: 221)

수용소에서 『신곡』을 떠올렸던 에피소드가 담겨 있다. 어느 날 동료와 함께 죽 배급을 받으러 갔던 그의 짧은 여정은, 단테가 『신곡』에서 묘사했던 호메로스와의 만남 장면과 동행한다. 절멸 수용소, 단테, 그리고 『신곡』의 한 구절, 다시 '인간적임'을 회복할 수 있었던 짧은 순간… 『이것이 인간인가』[29]에 실린 이 장면은 후일 그의 '증언'이 공격받는 빌미가 되었다. 이 증언이 지나치게 '문학적 형상화'에 의존했다는 지적이 이 사건의 '진실성'을 의심하게 했다. 문학적 형상화가 현실을 왜곡한다는 것이다. 레비는 거기 묘사된 그 현실을 '실제로' 경험했다는 것인가? 레비의 회고록에 실린 그 사건들은 그의 문학적 '작업'의 결과로 변형된, '거짓' 증언이 아닌가? 헤이든 화이트(Hayden White)는 「증인 문학에서의 형상적 리얼리즘」(Figural Realism in Witness Literature)에서 레비의 이 회고 장면을 다루면서 "문학적 글쓰기는 형상화의 힘이라는 덕목에 의해 역사적 글쓰기나 다른 종류의 과학적 글쓰기에서도 자리를 잡는다"고 적었다.[30]

    문학적 형상화는 의도적인 사실의 왜곡도, 단순한 허구도 아니다. 그것은 사실을 전달하기 위한 장치다. 사건을 있는 그대로 증언하는 일은 가능하지 않다. 서사는 언제나 형상을 경유하고, 형상은 아이러니와 생략을 포함하기 때문이다.[31] 생략은 불가피하다. 생

---

29 레비(2010), 『이것이 인간인가』 이현경 옮김, 돌베개.
30 White(2004), "Figural Realism in Witness Literature", *Parallax*, vol. 10, no. 1, p. 119.
31 버틀러(2016), 『지상에서 함께 산다는 것』 양효실 옮김, 시대의창, 338쪽.

략 없이 서사는 불가능하다. 그러나 서사는 그 생략의 부분, 즉 말해지지 않은 부분도 어떤 식으로든 중계하고 전달해야 한다.(버틀러, 2016: 339) 그것이 어떻게 가능한가? 그 가능성이 '형상적 리얼리즘'에 있다. 사건의 묘사나 설명을 넘어, 형상은 정서적 실재도 함께 중계한다. 자신의 증언이 실체적 진실을 전달할 수 있을지 의심하고 고민하면서 '명확하고 투명한 언어'를 추구했던 레비의 증언문학에서, 형상화 작업이 그가 겪은 그 사건의 '의미'를 전달할 수 있는 기제가 되었다고, 화이트는 주장한다. "레비에 의해 생산된, 수용소 생활의 참상에 대한 가장 생생한 장면들은 관습적으로 받아들여져 온 '사실'에 대한 묘사보다는, 열정, 그 자신의 감정들, 그 감정들에 부가된 가치들을 사실에 부여하려고 그가 창조했던 형상들의 배열들로 이루어져 있다."(White, 2004: 119) 형상적 리얼리즘은 사건의 투명성이 아니라, 전달되어야 할 리얼리티의 의미를 포착한다.

*

형상은 수사적이고 비유적인 장치이지만, 그 형상을 중심으로 세계의 복잡하게 얽힌 실재와 관계를 생생하게, 압축적으로 묘사할 수 있다. 해러웨이에게 '형상적 리얼리즘'은 형상화와 물질-기호적 세계의 관계를 설명하는 이론적 모델이다.

해러웨이가 불러 모으는 형상들은 상징도, 알레고리도 아니다. 그들은 구체적이고 세속적이며 사실적인 사건과 관계의 얽힘을 범례적으로 묘사할 수 있게 한다. 그들은 얽혀 있는 모든 권력관계를 가시화하는 현실적인 인물들이다. 형상들은 각기 다른 이야기에 연루된다. 그들은 '이' 세계, '이' 크로노토프 안에서의 희망과 공포를 모으고, 가능성과 위험을 보여 준다. 해러웨이에게 세계를 이해하는 일은 바로 이 이야기 속에서 살아가는 문제이다. 이야기들은 대상들 안에서 문자화된다. 그리고 대상들은 응고된 이야기들이다.

형상화는 세계를 파악하고 묘사하는 만큼이나 세계에 개입하고 세계를 변화시키는 기획의 중요한 부분을 차지한다. 해러웨이에게 형상화는 과거와 미래를 위한 무대를 재설정하는 실천적이고 수행적인 의미를 지닌다. "형상화는 우리에게 무엇을 해야 하는지 [직접] 말해 주기보다는, 그 안에서 일상의 결정들을 다르게 내리게 하는 판단의 틀을 제공한다." 형상을 통해 우리는 세계를 보는 새롭고도 다른 이해 방식을 제공받음으로써, 행동과 이해의 다른 방향성을 제안받는다.[32]

「사이보그 선언」 이후로 해러웨이의 전 저작을 지배해 온 '형상화' 작업은 훗날 그녀 자신에 의해 다음과 같이 의미화된다.

> 형상은 내가 접촉지대라고 부르는 세계-만들기 얽힘의 필멸하는 육신(flesh) 속으로 파고들도록 돕는다. 『옥스퍼드 영어사전』은 18세기의 용례를 인용해서 '형상화(figuration)'는 '키메라적 시각'이라는 의미가 있음을 기재하고 있고, 이 의미는 형상에 관해 내가 느끼는 내용에도 어렴풋이 남아 있다. 형상은 초대를 통해 사람들을 모으고,

---

[32] Bastian(2006), "Haraway's Lost Cyborg and the Possibilities of Transversalism", *Signs*, vol. 31, no. 4, p. 1030.

그 형상의 모양새로 말해지는 육화된 이야기 속에 그들이 깃들게 한다. 형상은, 표상도 교육적 예시도 아니고, 여러 갈래에 걸치는 신체들과 의미들이 서로를 형성하는 물질-기호론적인 결절점 내지는 매듭이다. 나에게 형상은 언제나 생물학적인 것과 문학적인 것 혹은 예술적인 것들과 체험된 현실의 모든 힘이 만나는 장이었다. 나의 신체 자체가 그야말로 그런 형상이다.(해러웨이, 2022: 13)

4. 제2 천년 말의 겸손한 목격자들

세기말의 기술과학적 세계 읽기

자연적인 것과 인공적인 것, 유기체와 기계의 '잡종' '키메라'로 등장한 사이보그는 『겸손한_목격자@제2의_천년.여성인간©_앙코마우스TM를_만나다』에서 자매 형상들과 함께 나란히 놓임으로써 더 뚜렷하게 의미화된다. '사이보그와 그 자매들'은 세기말 기술과학적 현실을 포착하고 묘사하기 위한 발견론적 렌즈로 쓰이게 되었고, 오늘날 기술과학적 세계 안에서 어떤 일이 벌어지고 있는지, 무엇이 어떻게 드러나고 무엇이 어떻게 감추어지는지, 누가 고통받고 누가 이익을 얻는지 가늠할 수 있게 한다. 이 책의 제목에 포함된 @, ©, TM 같은 특수한 구문부호들, '신세계질서(주)' 또는 '제2 천년 말'이라 불리는 시대의 상징적 형상화, '실제적인 것과 형상적인 것의 만남'에 몰두하는 이야기들은, 다양한 역사적·실증적 자료들과 통계 수치들을 페미니스트 SF 속 인물들, 광고와 만화 속의 이미지들과 나란히 병치되면서 엮여 짜인다. 이 같은 글쓰기 테크놀로지는 그에 걸맞은 리터러시(literacy)를 요구한다.

『겸손한_목격자@제2의_천년.여성인간©_앙코마우스TM를_만나다』라는 제목은 이메일 주소를 흉내 낸다. 이 이메일 주소의 아이디는 '겸손한 목격자'다. 과학혁명 시대에 탄생한 '겸손한 목격자(modest witness)'[33]라는 형상을 해러웨이는 '제2의 천년 말'이라는 크로노토프에 걸맞게 '재형상화'한다. '제2의 천년 말'이라는 시대적 명칭은, 20세기 말 첨단 기술과학으로 전위되어 드리워진 그리스도교적인 종말론과 구원 신화의 그림자를 가시화한다. '겸손한 목격자'가 자리 잡고 있는 '기술과학의 진보'라는 구원의 신화는 서구의 과학혁명, 계몽주의, 그리고 초국가적 자본주의의 역사를 배경으로 점점 더 확고해졌다. 그리고 그 역사적 과정은 결코 순수하지 않다. 르네상스와 초기 근대 유럽의 과학혁명을 통해 심화된 반유대주의와 여성혐오(misogyny), 세계시민적 계몽과 함께 번창했던 인종주의와 식민주의, 그리고 모든 지구인들을 고통에 빠뜨리고 있는 초국가적 자본주의와 기술과학의 자유가 '기술과학의 진보'라는 신화를 쓸 수 있게 했기 때문이다.(Haraway, 2018: 2~3) 과학혁명과 계몽주의, 자본주의와 기술과학이 낳은 아이들인 '우리'는 이 오염된 유산과 완전히 절연할 수 없다. 해러웨이는 근대과학의 '겸손한 목격자' 형상을 '제2의 천년 말'이라는 크로노토프에 맞게 '재형상화'하면서, 근대과학의 진보 신화를 해체하고자 한다. 그러나 재형상화된 '겸손한 목격자들'의 비판과 고발이라도 "단순히 저항적일 수는 없다".

---

[33] 근대과학의 서사 안에서 자연의 진실을 '객관적 지식'으로 전달하는 과학자는 '겸손한 목격자'로 형상화된다. 주관성과 편향성, 관심의 개입을 완전히 배제한 탈체현적 '겸손한 목격자'로서만 과학자는 자연의 실재를 있는 그대로 반영하여 전달할 수 있는 특권을 가질 수 있다는 것이다.

나의 겸손한 목격자는 결코 단순히 저항적일 수 없다. 그보다 그/녀는 의심이 많고, 연루되어 있고, 알고 있고, 무지하고, 걱정하면서, 희망에 차 있다. 이야기들, 행위자들, 기술과학을 구성하는 도구들의 망 내부에서, 그/녀는 제2의 기독교 천년 말 그녀의 세계를 위협하는 네트(Net)의 이야기와 현실 양자를 어떻게 회피할지 배우는 데 전념한다. 그/녀는 기술과학의 세계를 포함한 그 세계가 실제로 작동하는 방식에 대해 [알려 줄] 더 신뢰할 만한 뒤섞인 리터러시(mixed literacies)와 미분적 의식(differential consciousness)[34]을 배우고 실행하기를 시도한다.(Haraway, 2018: 3)

해러웨이는, 기술생명권력의 산물이며 따라서 그 유산으로 오염된 '겸손한 목격자들'인 여성인간ⓒ, 앙코마우스™의 시각에서 이 시대의 위협적 현실을 읽어 낼 리터러시를 배우고자 한다. 겸손한 목격자들의 눈을 통해 밝혀지는 이 특정한 시대의 세계 이야기, 그

---

[34] 이 개념은 샌도벌(Chela Sandoval)의 것이다. Sandoval(2000), *Methodology of the Oppressed, Theory Out of Bound*, vol. 18, Minneapolis·London: University of Minnesota Press. "미분적 의식은, 정체성에 기반하는 대항의식에 머무르지 않고, 그것을 넘어서는 새로운 대항의식을 만들어 내는 제3세계 페미니스트들의 능력이다. 샌도벌은 유색여성 집단에 대한 정의가 언제나 부정의 방식으로 이루어져 왔음을 포착하고, 유색여성을 규정하는 어떤 본질적인 기준도 없음을 강조한다. 가령 멕시코계 미국 여성은 여성도 아니고, 흑인도 아니고, 멕시코계 미국인에도 전적으로 속하지 않는다. 미국 유색여성들 사이에는 카테고리에서 삐져나오는 차이들만 있었고, 그것은 결핍이 아니다. 샌도벌이 보기에, 이런 차이들은 오히려 의식적인 제휴나 연대, 정치적 혈연관계에 입각해서 행동할 수 있는 자기 의식적인 공간을 설계하게 한다. (……) 이를 위해 요구되는 것이 미분적인 의식이다." 최유미(2020), 『해러웨이, 공-산의 사유』 도서출판b, 174쪽. 샌도벌은 이렇게 적는다. "미분적 의식은 품위(grace)와 유연성(flexibility)과 능력(strength)을 요구한다. (……) 미분적 의식은 실천가가 전술적인 입장을 선택하도록 허용하는 것이다. 즉 이데올로기와의 관계를 스스로 의식적으로 파괴하고 쇄신하는 것이고, 이는 차이들을 횡단하여 연대를 달성하는 것을 허용하는 심리적인 실천들과 정치적 실천에 필수적인 행위들이다."(Sandoval, 2000: 60; 최유미, 2020: 175에서 재인용)

상황적 지식들은 우리에게 지배적인 기술과학의 서사와는 다른 이야기를 전해 줄 것이다.

이메일 주소와 특수 구문부호들

"겸손한_목격자@제2의_천년.여성인간©_앙코마우스™를_만나다"는 이야기를 전송할 이메일 주소다. '인터넷'은 "기술과학이라 불리는 특별하고 유한한 물질-기호적 우주를 구성하는 풍부한 연결관계를 위한 제유(synecdoche)"이다.(Haraway, 2018: 3) '@(at)'와 '.(dot)'은 네트(Net)의 타이틀을 가리키는 중심 기표들이다. 이메일 주소는 이메일을 보내고 받는 사람이 기계 언어에 매개된 초국가적 통신 네트워크 안 어디에 위치하는지를 표시한다. 아이디 '겸손한 목격자'는 이 초국가적 통신 네트워크 안에서 '제2 천년'이라는 크로노토프의 도메인 안에 자기 자리를 표시한다.

제2 천년 말, 누구든 네트 안에 자리를 잡기 위해서는 '이메일 주소'를 가져야 한다. 이메일 주소는 인터넷이라는 네트 세상 안에서의 거점을 표시한다. 인터넷은 어떻게 그렇게 짧은 기간 내에 수많은 이용자들이 접속하는 전 지구적 통신망의 연결을 성취했는가? 해러웨이는 먼저 그 과정을 추적한다. 인터넷은 미국에서 국방 연구자와 과학자들 간의 커뮤니케이션을 위해 개발되었고, 1970년대 아르파넷(ARPAnet)이라 불리는 미국 국방부 네트워크로 출현했다. 그것을 넘겨받은 미 국립과학재단(National Science Foundation, NSF)이 1980년대 말 교육 목적의 지역 네트워크 망으로 확장했고,

4년제 대학의 학생들이 그것을 이용할 수 있게 되었다. 1990년대에 이르러 NSFnet은 국가 정책에 따라 민영화되었다. 그 과정에서 사기업들은 세금 지원으로 구축된 기반시설을 사용할 수 있는 혜택을 누리게 되었다. 이후 인터넷이 국제화되면서 "1995년경에 이르러 60개 이상의 나라에서 2천만 명이 넘는 사용자들이 인터넷으로 연결되었다." 그와 동시에 "접속의 불평등, 인터넷의 지배와 그로 인한 미국의 지배, 다른 표준들을 사용하는 네트들을 고립시키는 통신 표준 프로토콜 등이 심각한 국제적 이슈가 되었다."(Haraway, 2018: 5) 오늘날의 우리에게 이것은 '과거'의 지나간 이야기로 들린다. 우리에게 인터넷은 공기처럼 편재하는 연결망이며 세계 그 자체다. 하지만, 이 기원 서사에서 우리는 분명 지금 벌어지는 일들을 비추어 되짚어 보게 하는 역사적 흔적들을 발견할 수 있다.

겸손한 목격자의 이메일 주소가 지닌 접속점들과 연산자들은 '제2 천년 말'이라는 크로노토프 안에서의 기술과학적 비유들(tropes)과 논제들(topics)을 가시화한다. 이메일 주소에 포함된 ©, TM 같은 특수 구문부호들은 각기 특정한 기원적 이야기를 지니고 있으며 각기 하나의 주장을 개괄한다. 그것은 작은 부호에 불과한 것처럼 보이지만, 소유권으로 응고된 자연적·사회적·기술적 관계들을 표시한다. 이 부호들을 통해 기술과학이 어떤 관계망 안에서 어떤 법적 장치들을 타고 자본주의의 흐름들에 참여하는지 들여다 볼 수 있다. 해러웨이의 관심은 여기에 있다.

나는 ©, TM 같은 '구문' 부호의 힘에 집중적으로 흥미를 가지고 있다. 나는 이 작은 장식품들이 누구의 희생으로 누구에게 혜택을 주기 위해 어떤 종류의 몸들을, 그리고 유동성이 있을 뿐 아니라 응고되기도 하는 사회공학적 동맹들을, 혹은 소위 사회적 관계들의 어떤 형식들을 꾸밀 수 있는지 지극한 호기심을 가지고 있다. 특별히, 나는 너무나 자연스럽게 특정 브랜드명을 가지고 있는, 제목[이메일 주소] 속의 여성인간(FemaleMan)이나 앙코마우스(OncoMouse) 같은 인공적인 키메라에 관심이 있다.(Haraway, 2018: 7)[35]

겸손한_목격자@제2의_천년

해러웨이에 따르면, 서구 근대과학은 '객관적 지식'이라는 믿음을 구성하는 자기 서사를 가지고 있다. 해러웨이는 샤핀(Steven Shapin)과 섀퍼(Simon Schaffer)의 저서 『리바이어던과 공기펌프: 홉스, 보일 그리고 실험적인 삶』(*Leviathan and the Air-Pump: Hobbes, Boyle, and the Experimental Life*, 1985)의 논지에 따라 서구 근대의 과학 실험에서 '겸손한 목격자(modest witness)'라는 주체 모델이 정착하게 되는 과정을 추적한다. 샤핀과 섀퍼에 의하면, 1650년대와 60년대 로버트 보일(Robert Boyle)이 진공의 존재를 증명하기 위해 진행한 공기펌프 실험은, 근대적 삶의 형태를 구축하는 테크놀로지들을 가동시켰다. "공기펌프의 조립과 작동에 새겨진 **물질 테크놀로지**, 펌

---

[35] 여기 붙여진 ⓒ, TM 같은 특수 부호들은 육체에 각인된 소유권을 표시한다. 그것은 또한 경제적, 존재론적, 사회적, 역사적, 기술과학적으로 복잡한 관계망 전체를 실증하고자 하는 진지한 시도이자, 동시에 아이러니한 '농담'이기도 하다.(해러웨이, 2005: 149~150)

프가 생산해 낸 현상을 직접 목격하지 못한 사람들에게 알리는 수단인 **문학 테크놀로지**, 그리고 실험 철학자들이 서로 관계를 맺거나 지적 소유권을 다룰 때 사용해야만 하는 관례들을 통합하는 **사회 테크놀로지**"가 그것이다.(Shapin and Schaffer, 1985: 25, Haraway, 2018: 24에서 재인용) 그 테크놀로지들을 통해 '지식으로 간주될 수 있는 것'을 생산하는 근대과학의 생산 장치가 만들어진다.

보일은 진공의 존재를 증명하기 위해 공기펌프를 제작해서 자신의 실험실에서 실험을 진행했고, 그 결과를 발표했다. 그리고 그것을 동료과학자들에게 입증하기 위해, 실험 전체를 '공적인' 공간에서 과학자 집단과 시민들에게 공개했다. 이 실험의 목격자들은 거짓말을 하지 않을, 실험에서 확인된 사실을 투명하게 전달할 수 있는 '신사들'이어야 했다. 그리고 그 과정은 상세한 기록으로 남겨졌다.[36]

해러웨이는 이 근대과학의 생산 장치 안에는 서로 다른 두 층위의 '비가시성'이 작동한다는 점에 주목한다. 그 하나는 절대적 객관성을 가지고 세계의 실재를 반영하는 과학자의 비가시성이다. 과학 실험의 주체는 '겸손한 목격자'여야 하는데, "겸손함을 가시화하기 위해서, (……) 그 사람—그의 설명이 실재를 거울처럼 반영하는 목격자—은 보이지 않아야만 한다. 즉 '자기 비가시성(self-invisibility)'이라는 기이한 관례에 의해 구축된 유력한 '표지가 없는 범주(unmarked category)'의 거주자여야만 한다."(Haraway, 2018: 23)

---

[36] 홍성욱(2020), 『실험실의 진화』 김영사, 106~108쪽.

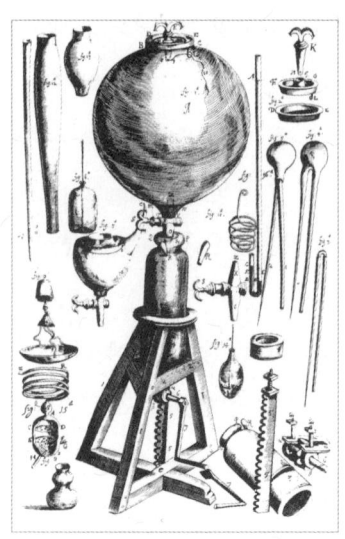

보일의 공기펌프

이 자기 비가시성은 '겸손함'이라는 미덕의 특별히 근대적인, 유럽의, 남성적인, 과학적인 형식이다. 이 근대적 형식의 겸손함을 장착한 유럽 남성 과학자는 세계 그 자체에 대해서 투명하게 말할 수 있는 '공인된 복화술사'임을 보증받고, 말로써 '사실'을 확립할 수 있는 놀라운 힘을 갖게 된다. "그는 증언한다. 그는 객관적이다. 그는 대상의 투명성과 순수성을 보증한다. 그의 주관성은 그의 객관성이다."(Haraway, 2018: 24)

다른 하나는 실험 과정에 개입된 계급과 젠더와 인종을 둘러싼 비가시화의 작동이다. 실험실이라는 겸손하고 투명한 반영의 장에서, 주인공은 공기펌프라는 도구다. 이 도구는 자연적 사실을 확립할 수 있는 놀라운 권력을 획득한다. 반면 거기 개입된, 기술을 작

조지프 라이트(Joseph Wright), 〈공기펌프 속의 새 실험〉(1768)[37]

동시키는 몸의 중개 행위는 가려져야만 한다. 겸손하고 투명한 반영의 장에서, 누군가가 수행해야만 하는 '노동'을 드러내는 것은 그 실험의 객관성에 누를 끼치는 오염이다. 실험은 흡사 어떠한 노동도 개입되지 않은 채 진행되는 것처럼 드러난다. 또한 실험 관찰자의 지위에서 배제된 '여성'의 (비)존재도 드러나지 않는다. 숙녀들이 실험을 참관할 수 없었던 것은 아니다. "뉴캐슬의 공작부인이

---

[37] "보일은 진공 속의 새에 대한 실험을 보고하면서, 공기를 빼니까 새가 발작을 일으키기 시작했고, (……) 실험을 지켜보던 여자들이 새를 불쌍해하면서 실험을 멈춰 달라고 애원했다는 이야기를 쓰기도 했다. 이렇게 사람들이 자꾸 실험을 방해하자, 밤중에 아무도 없을 때 새를 유리구에 넣고 실험을 했다고 기록했다."(홍성욱, 2020: 107)

자 케임브리지 대학의 후한 후원자였으며 자연철학에 대한 글을 쓰는 진지하고 견고한 작가, 마거릿 캐번디시(Margaret Cavendish, 1623~1673)"와 같은 숙녀들도 그 자리에 있었지만, 그녀들은 '목격자'로 기입되지 못한다.

해러웨이는 엘리자베스 포터(Elizabeth Potter)의 연구를 인용하면서, 이 과학 실험이 단지 '여성'을 배제하는 권력이 아니라, 젠더를 생산하는 권력이었음을 지적한다. 과학 실험이 '겸손한 목격자'의 형상을 통해 객관성 서사를 수립하는 과정에서, 젠더적으로 위험한, 즉 그 이전까지 '여성적 덕목'으로 자리 잡고 있던 '겸손함(modesty)'이 과학의 주체의 남성성을 증명하는 '남성적 덕목'으로 변모되고 정착되었다는 것이다. 포터는, "근대 초기의 [남성] 저자들이 표명했던 젠더에 대한 두려움이라는 맥락에서, 겸손의 미덕을 주장하는 도회적이고, 독신이며, 정중한 로버트 보일이 어떻게 '여성적 남자(haec vir)'라는 딱지가 붙는 운명을 피할 수 있었는지" 묻는다.(Haraway, 2018: 29) 중세까지 남성적 미덕은 영웅적인 언어와 행동을 요구했다. 보일은 문학적·사회적 테크놀로지를 통해 실험이라는 삶의 양식과 무미건조한 사실의 생산에 적합한 '근대적 남성상'을 새롭게 구축했다. 그러면서 "여성적인 겸손함은 몸에 관한 겸손함, 그리고 새로운 남성적인 덕은 정신과 관련된 겸손함이 되어야 했다. 이런 겸손함은 신사 과학자의 신뢰성에 매우 중요한 것이었다. 그는 세계, 즉 자기 이외의 것에 대해 보고해야 하기 때문이다."(Haraway, 2018: 30) 과학혁명 이후, 남성성은 점점 몸에 의해 오염되지 않은, 탈체현적이고 젠더를 초월한, 자기-비가시적이고 투명한 지성이 되었다.

해러웨이는 먼저 서구 과학서사가 공인해 온 투명한 객관성의 반영자인 '겸손한 목격자' 모델이 하나의 비유적 형상이었다는 점을 상기시킨다. 이 형상은 실험 장비와 노동력의 개입을 감추고, '겸손함'을 신사 과학자의 신뢰성의 근간이 될 남성적 덕목으로 정착시키면서 '백인-부르주아-남성-신사-과학자'의 눈을 투명하고 초월적인 시선으로 만들었다. 해러웨이는 이 근대적 과학서사의 물질화된 형상인 '겸손한 목격자'를, '제2 천년 말'이라는 크로노토프에 적합하게 재형상화해야 한다고 생각하고, 그 작업에 착수한다. '겸손한 목격자'의 형상이 재형상화되면, 그 목격자가 증언하는 객관성의 내용도 달라질 것이다. 이 시대의 새로운 겸손한 목격자들은 세계를 보는 시각을 바꾸어 가시성의 경계를 이동시키게 될 것이다.

'@'라는 특수 부호가 드러내는 새로운 겸손한 목격자들의 자리인 '제2 천년 말'이라는 크로노토프는 그리스도교 묵시록의 어조를 담아 '궁극적인 위협과 약속'을 전한다. "제2 천년의 타임머신은 핵 재앙, 지구적 경제 붕괴, 행성 차원의 팬데믹, 생태계 파괴, 부양가족의 종말, 인간 게놈 공유지(commons)의 사적 소유, 다른 많은 침묵의 근원들을 양산한다."(Haraway, 2018: 44) 이 위기상황을 증언할 제2 천년 말의 겸손한 목격자들은 순수하지도 투명하지도 않은 '퀴어'들이어야 한다. 감추어진 것을 드러내고 복잡하게 얽힌 현실을 묘사하기 위해, 해러웨이는 승인된 기술과학의 모범적인 주체인 겸손한 목격자의 자리에 오염된 인물들을 새긴다. 자연과 문화, 주체와 객체, 인간과 인간 아닌 것 사이의 경계가 내파된 제2 천년 말의 크로노토프에서, 겸손한 목격자들은 세계를 투명하게 반영할 수 없다. 그들은 행동 안에 머물고, 초월적이고 깨끗하기보다는 유한하고 세속적이며 지저분하다. 그들은 가차 없이 가시적이고, 비판적 개입에 열려 있어야 한다.(Haraway, 2018: 36) 그들은 반영하지 않고 회절(diffraction)한다.

첫번째 겸손한 목격자: 로클랜드 병원 실험실의 사이보그

"사람이 가본 적 없는 곳에 쥐들이 먼저 간다."
(Haraway, 2004: 300)

"사이보그는 사이버네틱스 유기체, 특별하고 역사적이며 문화적인 실천 안에서 주조된 유기적인 것과 기술적인 것의 혼합물이다. 사이보그는, 마치 그런 사물(Things)과 주체(Subjects)가 보편적으로 존재하는 것처럼 생각하는, 기계 일반(the Machine)과 인간 일반(the Human)에 관한 것이 아니다."(Haraway, 2018: 51) 사이보그는 특정한 역사적 상호작용이 만들어 낸 구체적 결과다. 해러웨이는 사이보그 형상이 특정한 역사적 실재로만 환원되는 것을 경계하지만, 그것을 초시간적인 '유기체-기계 하이브리드'의 매끈하고 보편적인 형상으로 받아들이는 것 또한 경계한다.

'사이보그'라는 용어는 1960년 클라인스(Manfred Clynes)와 클라인(Nathan Kline)이 만든 것으로, 지구 밖 외계 환경에서 생존할 수 있도록 기술적으로 향상된 인간을 가리켰다.[38] 이들은 우주여행을 위해 사이보그 인간-기계 하이브리드가 필요할 것이라고 상상했다. 이 여행 이야기가 사이보그의 탄생 설화이다. "사이보그는 냉전시대와 우주개발 경쟁 전성기의 기술인간주의적(technohumanist) 형상이다. 지구, 몸, 생물학적 탈주가 메시지이자 플롯이다."(Haraway, 2004: 299)

사이버네틱스에 빠져 있던 이들은 사이보그를 "자동으로 제어되는 인간-기계 체계"로 이해했고, 뉴욕의 로클랜드 주립병원(Rockland State Hospital)의 실험실에서 첫번째 사이보그 중 하나를 만들어 냈다. 그것은 "연속적으로 화학약품을 주사하도록 디자인된 삼투압 펌프를 이식받은 실험실 흰 쥐"였다.(Haraway, 2018: 51)

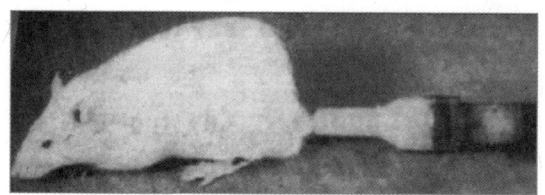

클라인스와 클라인의 첫번째 사이보그[39]

---

38 Clynes·Kline(1960), "Cyborgs and Space", *Astronautics*, September 1960. 해러웨이는 이 글을 「사이보그 선언」을 발표하고 난 후에 읽었다고 밝혔다.

39 클라인스와 클라인의 위의 글에 실린 이 사진에는 다음과 같은 설명이 붙어 있다. "첫번째 사이보그들 중 하나인 이 220그램의 쥐는 피부 밑에 장미빛 삼투압 펌프(the Rose osmotic pump)를 가지고 있다. 이 펌프는 화학물질을 연속적으로 주입할 수 있도록 설계되었다."

1960년대 로클랜드 주립병원에서는 인간 정신병 환자도 '신경화학적 이식 및 원격 측정 감시에 대한 정신의학 연구' 실험에 동원되었다. 마지 피어시(Marge Piercy)의 페미니스트 SF 『시간의 경계에 선 여자』(Woman on the Edge of Time, 1976)는, 로클랜드 병원에서 이루어졌던 정신병 환자들에 대한 뇌이식 실험의 역사를 담고 있다.(Haraway, 2018: 295~296)[40]

『시간의 경계에 선 여자』의 주인공인 37세의 멕시코계 유색여성 코니(Connie Ramos)는 록오버 주립 정신병원에서 약물 자동 주입기의 뇌이식 수술 피실험자로 동원된다. 로클랜드 병원의 사이보그 흰 쥐 실험은 1970년대 정신병원 내에서 계급, 인종, 젠더, 섹슈얼리티 등의 측면에서 더 취약한 인간 환자들에게도 적용되었다.[41] 유색여성 코니와 삼투압 장치를 장착한 사이보그 흰 쥐는 앙코마우스™의 자매다.

---

[40] "피어시에게서 영향을 받아, 나의 '사이보그 선언'에서 나는 사이보그를 과학학 분석과 페미니스트 이론을 위해 개조된 신성모독의 반-인종주의 페미니스트 형상으로 사용했다. 피어시는 『그, 그녀, 그리고 그것』(He, She, and It, 1991)에서 사이보그에 대한 자신의 생각을 애인, 친구, 대상, 주체, 무기, 그리고 골렘으로 발전시켰다. 그녀와 나의 사이보그들은 (……) 자기 기원을 '초월(trans)'했다." Haraway(1996), "Cyborgs and Symbionts: Living Together in the New World Order", *The Cyborg Handbook*, ed. by Chris Hables Gray, New York·London: Routledge, p. xvi.

[41] 1970년대의 미국 주립 정신병원은 "늙은 흑인, 라틴계 여성 같은 비범죄인들을 위한 '원주민 보호구역'"이었다. 프라이버시나 자기 결정권을 박탈당하고, "실험적이거나 전통적인 약물치료, 외과적인 수술, 전기 충격요법, 인슐린 혼수치료, 격리, 신체적·성적 폭력, 의료적 처치의 방기, 강제 노역 등이 일상적으로 강요된다." 필리스 체슬러(2021), 『여성과 광기』 임옥희 옮김, 위고, 153쪽.

여성인간©_앙코마우스™를_만나다

1985년 처음 제안되었던 해러웨이의 사이보그 형상은, 제2 천년이라는 새로운 시간적 토포스 안에서 변형되고 확장된다. 「사이보그 선언」 이후 일반화된 정보기술과 유전자 생명공학기술의 지배가 사이보그의 성장을 촉진한다. 사이보그는 이제 '기술생명권력'이라는 크로노토프 안에 거주한다. 해러웨이는, 삼투압 펌프를 이식받은 실험실 쥐, 그 사이보그의 눈을 통해, 제2 천년의 세계를 묘사한다. "사이보그 인류학은 특정한 인간들, 다른 유기체들, 그리고 기계들 사이의 경계[에서의] 관계를 도발적으로 재형상화하고자 시도한다."(Haraway, 2018: 52) 그렇게 시선을 옮기면서, 해러웨이는 특수 부호를 달고 있는 사이보그의 자매들과 만난다.

해러웨이는 여성인간©(FemaleMan©)을 자신의 '대용물, 대리인, 자매'로 채택한다. '여성인간(the female man)'은 러스(Joanna Russ)의 동명 SF소설[42]에서 가져온 형상이다. 이 형상은 "정보과학, 생명과학, 경제학이 내파된 이후"를 살고 있다. 여성인간©은 생명이 상품의 형태를 띠게 된 '이후'를 보여 준다. 이 형상을 통해 해러웨이는 생체 정보가 자산이 되고 유전자가 재산으로 다루어지는 현실을 들여다본다.[43] 인간 게놈프로젝트와 유전자은행의 데이터베이

---

[42] Joanna Russ(1975), *The Female Man*, Boston: Beacon Press. 이 소설에는 양성의 관계 구조가 서로 다른 '대안' 지구에서 온 네 명의 여성, 조앤, 진, 재닛, 그리고 자일이 등장한다. 이들은 각기 다른 시대를 살고 있는 복제인간들이다.(Haraway, 2018: 69~71)

[43] 해러웨이는 18세기 지적 재산권과 저작권 등이 정착하는 과정을 추적한 마거릿 천(Margaret

스는, 브랜드가 되어 버린 분류학적 유형의 인간을 생산한다. 그 데이터베이스가 곧 우리다. "우리의 진정성(authenticity)은 인간 게놈 데이터베이스에 의해 보증된다."(Haraway, 2018: 74) 여성인간©은 이 맥락에 놓인 관찰자, 겸손한 목격자이다. "그/녀가 지식과 그 열매 안에 재건된 공유지(commons), 더 지속가능한 재산법, 그리고 확장적이고 포괄적인 기술과학 민주주의 같은 용어들과 가능성들을 다시 생각하도록 우리를 도울 수 있을 것이다."(Haraway, 2018: 75)

사이보그의 두번째 자매이자 제2 천년 말의 겸손한 목격자인 앙코마우스™(OncoMouse™)는 유방암을 일으킬 수 있는 인간 종양 유전자인 앙코진(oncogene)을 이식받은 실험 쥐이다. 두 명의 유전학 연구자들로부터 이 실험 쥐에 대한 특허권을 위임받아 소유하고 있던 하버드 대학은, 이 특허의 상업적 개발을 위해 뒤퐁(Dupont)사(社)에 사용권을 주었다.[44] 앙코마우스™는 아리스토텔레스가 정의하는 바에 따르면 '스스로 움직이는' 동물이다. 그러나 동시에 초국가적 자본 회로에서 떠도는 평범한 상품이자 '과학 실험 도구'이기도 하다. "앙코마우스™는 세계에서 첫번째로 특허를 받은 동물이다. 따라서 물질화된 재형상화 실천 안에서 그/녀는 정

Chon)의 연구를 인용하면서, 어떻게 인간 신체 안팎의 '자연'이 객관화된 소유의 대상이자 재산으로 취급될 수 있게 되었는지 살핀다. 이 역사적 과정을 통해서, 어떻게 생체 물질이나 유전자 정보와 같은 인체와 분리될 수 없는 관계적이고 과정적인 물질이 객관화되고 독립된 재산으로 취급될 수 있게 되는지를 이해할 수 있게 된다.(Haraway, 2018: 72~74)

[44] 19세기 화약회사로 시작한 뒤퐁사는 폭발물을 제조하다가, 화학공학(나일론), 플루토늄과 원자력(맨해튼 프로젝트) 개발을 거쳐 제약과 생명공학(앙코마우스™)으로 넘어갔다. 해러웨이는 뒤퐁의 기업사(史)를 개괄하면서, "앙코마우스™는 나일론과 플루토늄이라는 더 나이 든 형제자매를 가지고 있다"고 적는다.(Haraway, 2018: 85~97) 이 연대기와 가족관계는 우연적인 것이 아니다.

의(定義)상 발명품이다. 그/녀의 자연적 서식지, 그녀의 신체적/유전적 진화의 무대는 기술과학 실험실이며, 강력한 민족 국가의 규제 기관들이다."(Haraway, 2018: 79)

'특정 인간 유전자를 이식한 쥐'에게 특허를 부여하고 'TM'(trade mark)이라는 특수 부호를 붙여 과학도구 시장에 내놓을 수 있게 되기까지, 먼저 '유전자 이식' 기술에 '저자'나 '발명가'의 지적 재산권 인정이 선결되어야 하고, 둘째, 유전자 이식 연구가 산업 및 자본과 연결될 수 있어야 하며, 셋째, 그에 대한 사회적 '저항'을 무마할 수 있도록 안전에 대한 의심이 해소되어야 한다. 전제가 되는 이모든 단계마다 "무엇이 기술적인 것으로 간주되고, 무엇이 정치적인 것으로 간주되는지"를 정의하는 '권력'의 문제가 개입된다.

1980년까지만 해도 미국의 특허청은 살아 있는 유기체는 '자연의 산물'이므로 특허의 대상이 될 수 없다고 판단했다. 그러나 80년대를 지나면서 살아 있는 유기체도 특허를 받을 수 있는 '구성된 물질(composition of matter)'로 변모되었다.(Haraway, 2018: 90) 이러한 변화의 결정적 계기가 되었던 것은 해러웨이가 인용하는 '다이아몬드 대 차크라바티 사건'에 대한 연방대법원의 판결이다. 유전공학자인 차크라바티(Ananda Mohan Chakrabarty)는 70년대 개발된 유전자-접합기술을 사용해 원유를 분해할 수 있는 변형 박테리아를 개발했고 그 박테리아의 특허를 요청했다. 특허청은 박테리아는 '자연의 산물'이므로 특허를 받을 수 없다고 판결했으나, 후에 연방대법원은 '변형된 박테리아'에 특허권을 부여했다. 차크라바티의 박테리아를 인간적 '천재성'의 산물, 자연과 혼합된 노동이 만들어 낸 산물이라고 본 것이다. 그리고 레이건 행정부의 규제 완화를 배경으로 자본의 지원을 받아 산업적 생명공학은 더욱 번창하게 되었다. '뒤퐁사, 하버드 연구소, 그리고 앙코마우스™의 이야기'는 제2천년 말 '신세계질서(주)'를 보여 주는 특수한 이야기의 작은 조각이자, 이 모든 구조를 총체적으로 드러내는 축약본이다.

해러웨이는 이 '겸손한 목격자'를 '나의 자매'라고 부른다. "남성 또는 여성인 그/녀는 나의 자매이다. (……) 그/녀는 희생양이다. 그/녀는 고통을 견딘다. 그/녀는 문화적으로 특권적인 구원—'암 치료'의 약속이라는 강력하고도 역사적으로 특수한 방식으로 우리의 사멸성을 의미화하고 실행한다." 해러웨이는 이 '상품-생명'의 역할과 고통에 대해 묻는다. "내가 나의 자매종, 나처럼 유방을 부여받은 사이보그에게 묻고 싶은 질문은 간단하다. 누가 이익을 얻는가?(Cui bono?) 누구를 위해 앙코마우스™는 살고 또 죽는가?" 앙코마우스™의 희생 뒤에서 "누가 어떻게 살고 죽는가?" 앙코마우스™가 감수해야 하는 '고통'을 담보로 약속되었던 '구원'은 누구를 위한 것인가? "1980년에서 1991년 사이 미국에서 아프리카계 미국 흑인 여성들이 유방암으로 죽은 사망률은 21% 증가한 반면, 백인 여성이 유방암으로 죽은 사망률은 동일하게 머물렀다면, 앙코마우스™는 무엇을 제공한 것일까?" 질문은 계속된다. 그/녀, 완전히 인공적이고 스스로 움직이는 이 유기체는 미래를 약속하는 형상인가? 그/녀가 받는 고통은 인간의 구제로 상쇄될 수 있는 것인가? 그런 상쇄가 의미하는 바는 무엇인가?(Haraway, 2018: 113)

이 겸손한 목격자의 상황으로부터 우리는 오늘날의 기술생명권력 체제하에서 기계와 유기체, 인공적인 것과 자연적인 것, 상품과 생명이 어떻게 결합되는지 간파할 수 있을 뿐 아니라, 이 작은 동물의 몸을 가로질러 초국적 생명공학 기업의 축적 장치와 세계화된 자본시장의 논리가 어떻게 작동하는지 읽어 낼 수 있다. 나아가 이 작동 체제 전체를 정당화하는 '불가피한 희생과 인류의 건강한 미래'라는 구원 서사, 그리고 그 서사 뒤에 감추어진 인종과 계급의 문제 등을 기술할 수 있다. 이것이 앙코마우스™의 시각으로부터 출발한 체현적 객관성, 즉 그/녀의 '상황적 지식'이다.

앙코마우스™는 등장하고 오래지 않아 시장에서 사라졌다.[45] 해러웨이에 의해 겸손한 목격자로 소환된 이래로 앙코마우스™는 브랜드가 된 종(種), 상품이 된 생명체를 가시화하는 대표적 형상으로 자리매김되었다. 나아가 이 형상의 '상황적 지식'이 작금의 기술생명권력의 작동체계 안에 뒤엉켜 있는 '자본·기술·과학·시장·생명·계급·인종·신화…'의 구조와 역사를 포착한다.

유전자 기술의 피조물인 여성인간©과 앙코마우스™는 해러웨이의 형상화와 글쓰기 안에서 '만난다.' 이들은 유전공학기술의 산물로 만들어진 자매들이다. 이 자매들은 사이보그와 함께 이 시대

---

45 앙코마우스™는 퇴물이 되었다. 그 이유는 "그/녀가 일을 잘하지 못했기 때문이다. 그/녀는 너무나 많은 자연발생적 종양을 가지고 있었다."(해러웨이, 2005: 221) 해러웨이는 앙코마우스™가 구식이 되었고, 사이보그도 구식이 되었다고 말한다. "사이보그가 우주탐사 경쟁 시기였던 1960년 우주탐사 경쟁의 일환으로 태어난 그 쥐와 함께 발명되었고, 앙코마우스™는 1988년에 발명되었다는 겁니다. 이것들은 모두, 우리가 현재 살아가고 있으며 시간이 너무나 응축되고 가속화된 이 세계에서, 매우 오래된 역사들이에요." 그러나, 이 역사는 끝나지 않았다. 지금도 개발 중이고, 특허를 받거나 받지 않은 너무나 많은 유전자 이식 유기체들이 지금도 만들어지고 있기 때문이다.(해러웨이, 2005: 220~221)

의 기술과학과 기술생명권력을 읽어 낼 겸손한 목격자로 호명되면서, 복잡하고 혼종적이며 뒤섞여 난잡한 '가족'을 구성한다. 그리고 새로운 천년기에 들어서면서, 이 가족에는 새로운 크로노토프의 급박한 문제들을 가시화할 새로운 자매들이 추가될 것이다.

실뜨기 놀이와 회절

생명공학과 제약·의료기술에 거대자본의 투자가 이루어지고 있고 자본의 지배로부터 자유로운 유전학 연구라는 것 자체가 불가능한 오늘날의 상황이 위험한 것은 사실이지만, "생물학의 기업화가 [모두] 음모는 아니다. 그리고 그 결과가 모두 필연적으로 끔찍할 것이라고 가정하는 것은 실수다." 음모론과 막연한 비판은 이 상황을 개선하는 데 도움이 되지 않는다. 하지만 "사회에서 가장 큰 손실은, 비판적인 엘리트 대중, 독립적이고 상업적으로 연계되지 않은 과학자들이 사라지고 있다는 것"임이 분명하다.(Haraway, 2018: 93)

그렇기 때문에 바로 지금 기술과학에 대한 다면적이고 민주적인 비판과 관심 어린 공적 참여가 필요하다고, 해러웨이는 생각한다. 기술과학적 민주주의가 반드시 반(反)시장 정책을 의미하지는 않겠지만, 이런 민주주의는 반드시 지역적·국가적 수준에서의 '**비판적 과학정책**'을 요구할 것이다. 여기서 "'비판적'이라는 것은, 평가, 공공성, 복수 행위자, 복수 의제, 평등과 이질적인 것들의 안녕을 지향하는 것을 의미한다."(Haraway, 2018: 95)

해러웨이는 "덴마크에서 제창되었고 유럽에서 널리 채택되고 있는 기술평가 '합의 회의(consensus conference)'"에서 기술과학에 대한 공적인 민주주의 참여 모델을 발견한다. 이 모델은 평범하고 진지한 시민들의 감시와 질의, 토론, 심사 참여를 포함한다.(Haraway, 2018: 95~96) 물론 이 합의 회의에서 도출해 낸 결론이라고 해서 순수하거나 완벽한 것도 모든 사람을 만족시킬 수 있는 것도 아니지만, 해러웨이는 이 실천이 미국에서 행해지는 과학적·기술적 평가보다 훌륭하다고 본다. 이 합의 회의에서의 실천과 같은 것이, 해러웨이가 '상황적 지식(situated knowledges)'이라는 개념으로 의도했던 지식생산 과정을 부분적으로나마 구현하고 있다고 보기 때문이다.

상황적 지식은 투명한 객관성이나 총체적 앎에 반대하여, 구체적이고 체현적인 '상황'에서 출발하는 객관성을 옹호한다. 상황적 지식은 부분적이고 결코 완성되지 않지만 전체이며 '기원'이 되는 인식 주체의 시선으로부터 출발한다. 해러웨이는 바로 여기에 객관성의 약속이 있다고 본다. 상황적 지식은 부분적이며 체현적이고 바로 그렇기 때문에 절대적 앎을 주장하지 않지만 구체적이고 객관적이다. 상황적 지식은 상대적(relative)이지 않고, '관계적(relational)'이다.[46] 상황적 지식은 "상호의존성, 긴장, 그리고 입장들

---

[46] 바르치(Ingrid Bartsch)와 디팔마(Carolyn DiPalma)와 셀즈(Laura Sells)는 하딩(Sandra Harding)의 입장론과 해러웨이의 상황적 지식의 차이를 분명히 하기 위해, 상대적인 것(relative)과 관계적인 것(relational)을 구분한다. 이들은 하딩의 페미니스트 입장론을 추상적 남성성이라는 표준에 저항하는 '상대적인 것'이라고 보는 반면, 해러웨이의 상황적 지식은 '관계적인 것'이라고 본다. Bartsch et al.(2001), "Witnessing the Postmodern Jeremiad: (Mis)Understanding Donna Haraway's Method of Inquiry", *Configurations*, vol. 9, no. 1, pp. 132~134)

간의 연대감을 포함한다."(Bartsch et al., 2001: 133) 상황적 지식은 하나의 위치, 그리고 부분적일 수밖에 없는 체현적 시각에서 출발하지만 관계성(relationality)과 연대를 통해 그 부분성을 극복할 수 있다.

해러웨이가 말하는 상황적 지식의 출발점은 '위치'다.[47] 소재 파악이 불가능한, 그래서 무책임한 지적 소유권 주장에 반대하여, 해러웨이는 종속된 자의 불순한 위치를 상황적 지식의 거점으로 지목한다. 해러웨이는 불가능한 절대성을 향해 초월적 투명성을 가정하고 주장하기보다는 유한한 상황적 지식 만들기의 테크놀로지들을 가시화하여 지배적인 기술과학 서사에 비판적으로 개입하고자 한다. 그러기 위해 퀴어인 겸손한 목격자들을 불러내고, 그들의 시선에서 세계에 대한 회절 데이터들을 수집한다. 그리고 그것을 엮는 '실뜨기 놀이'(cat's cradle)를 제안한다.

해러웨이는 의미론적 범주로는 '회절'[48]을 도입한다. 그것은 서구 철학의 인식론 전통이 유지해 온 '반영(reflection)'을 비판적으로

---

47 그렇다고 '상황적(situated)'이라는 말이 '장소'를 의미하는 것은 아니다. 장소로 표상된다면, '위치'는 잘못된 은유일 수 있다. 구디브와의 대담에서 해러웨이는 다음과 같이 말한다. "가끔 사람들은 「상황적 지식」 챕터를 약간 평면적인 방식으로 읽는 것 같습니다. 단지 당신의 신분 확인 표시가 무엇인지, 그리고 당신이 문자 그대로 무엇인지를 의미하는 거라고 읽지요. 이런 의미의 '상황적'은 한 장소에 있는 것만을 의미하게 됩니다. 반면 제가 강조하고 싶은 건 상황적이 **상황적이라는 사실**입니다. 달리 말하자면 저는 장소와 공간을 모두 망라하는 다층적인 끼워 넣기 양태에 도달하려는 거지요."(해러웨이, 2005: 126)

48 물리적으로 '회절(diffraction)'은 다음과 같은 현상을 말한다. "빛[의 파동]이 작은 틈새를 통과하면, 통과한 광선들은 분산된다. 무슨 일이 일어나는지 확실히 알기 위해 한 끝에 스크린을 놓으면, 그 스크린 위에 광선이 지나가는 길의 기록을 얻게 된다. 이 '기록'은 틈새를 통과하는 그 광선들의 길의 역사를 보여 준다." 이 회절 현상을 세계에 대한 지향적 앎의 은유로 채택하면서, 우리는 회절을 통해 동일한 것을 반영한 반사의 결과를 얻게 되는 게 아니라, 이질적인 과정들이 남긴 길들의 역사 기록을 얻게 된다.(해러웨이, 2005: 172)

대체하기 위한 것이다.

반영성(reflexivity)은 기술과학적 지식 안에서 강한 객관성과 상황적 지식에 대해 생각할 때 리얼리즘과 상대주의라는 잘못된 선택지에서 탈출하기 위한 적절한 비유가 아니다. 우리에게 필요한 것은, 물질-기호적 장치들 안에서 차이를 만드는 것, 기술과학의 광선을 회절해서 우리의 삶과 몸의 기록 필름에 더 유망한 간섭 패턴을 얻는 것이다. 회절은 이 세계에서 차이를 만들려는 노력을 [표현하기] 위한 광학적 은유이다.(Haraway, 2018: 16)

"회절은 동일한 것이 다른 곳에 반사-치환-되는 것이 아니라, 이 세계 안에서 다른 패턴들을 생산하는 것이다."(Haraway, 2018: 268) 해러웨이는 회절이 반영/반사보다 더 큰 역학과 잠재력을 지니고 있다고 본다. 회절에 의해 만들어지는 패턴들(diffraction patterns)은 원본에 관한 것이 아니라 이질적인 역사에 관한 것이며, 신성화된 '동일한 것'의 반복이 아니라 차이를 만드는 것이기 때문이다. 겸손한 목격자의 상황적 지식은 세계를 반영하지 않고 회절한다. 이들이 얻는 회절 패턴들은 상호작용, 간섭, 강화를 통해 각기 다른 이질적 역사들을 기록한다. 그것은 집단적이고, 얽힌, 상황적 '목격하기(witnessing)' 실천에 의해 증명된 것이다. 그리고 "목격하기는, 보는 것, 입증하는 것, 자신의 시선과 재현에 대해 책임지면서 심리적으로 상처 입기 쉬운 상태에 공공연히 서는 것이다."(Haraway, 2018: 267) 겸손한 목격자들은 상처받기 쉽고, 제한적이며, 틀리기 쉽고, 부인된 무의식적 욕망와 두려움으로 가득 차 있다. 하지만 이들은 세속적이고, 몸을 가지고 있고, 혼탁하게 잡종적이고, 구체적이고 상황적이며 부분적이기에 이들의 앎은 '객관적'이다. 이들은, 그리고 이들의 앎은 서로 가까이 혹은 멀리서 창조적으로 엮이며 연결될 수 있다.

『겸손한_목격자@제2의_천년.여성인간©_앙코마우스™를_만나다』에서 해러웨이는 '반인종차별주의 페미니스트 다문화주의'의 대안적 기술과학 연구의 세계, '문제가 많지만 강력한' 그 세계를 '실뜨기 놀이'라고 부른다. 이 세계에서는 과학연구, 반인종차별주의적 페미니스트 이론, 문화연구에 참여하는 많은 손들과 손가락들이 실을 건네고 받아 엮으면서 제안할 만한 형상을 만들어 내고자 노력한다.

> 실뜨기 놀이는 패턴과 매듭에 관한 것이다. 이 놀이에는 훌륭한 기량이 필요하고, 그래서 어떤 진정한 놀라움을 낳을 수 있다. 한 사람이 한 쌍의 손으로 실뜨기 형상의 큰 목록을 만들어 낼 수도 있지만, 실뜨기 놀이의 형상들은 복잡한 패턴을 만들면서 움직이는 여러 참여자들의 손을 드나들며 통과할 수도 있다. 실뜨기 놀이는 그렇게 집단적인 작업의 감각을 불러낸다. 한 사람이 홀로 모든 패턴을 만들어 낼 수는 없다.(Haraway, 2018: 268)

실뜨기 놀이에는 승패가 없다. 이 놀이는 끝이 열려 있고, 이 놀이의 목표는 승리가 아닌 재미에 있기 때문이다. 그러나 재미있는 패턴의 반복이 언제나 가능한 것은 아니다. 그렇기 때문에 무엇이 복잡한 패턴을 우연히 만들어 냈는지 분석하는 기술이 필요하다. 실뜨기 놀이는 해러웨이가 꿈꾸는, 서로에게 응답하는 책임의 연대를 형상화한다. 그것은 언제나 성공할 수 있는 것도 아니고, 또 우연한 한 번의 성공이 안정적인 미래를 보증할 수 있는 것도 아니다. 또한 그것이 언제나 조화롭고 평화로운 것도 아니다. 그러나 그것이 겸손한 목격자들의 상황적 지식들을 엮어, '제2 천년 말'의 기술과학 권력에 대안적 관점을 제시할 가능성과 잠재력을 모색할 수 있게 한다.[49]

---

[49] 겸손한 목격자들의 상황적 지식들을 엮을 때 해러웨이가 사용했던 '실뜨기 놀이'(cat's cradle)는, 후에 다른 SF들과의 관계 안에서 '실뜨기 형상(string figures, SF)'이라는 단어로 대체되면서 나바호 선주민들의 창발적인 전통 안에서 구체적인 내용을 얻어 '다른 이야기 짓기'의 기술 중 하나로 소개된다. 해러웨이(2021), 『트러블과 함께하기: 자식이 아니라 친척을 만들자』, 최유미 옮김, 마농지, 28~31쪽.

[보충]

상황적 지식―"은유를 바꿀 때"

> "situated [형용사]
> 1. (특정한 장소에) 위치해(자리하고) 있는
> 2. (특정한 상황에) 놓여(처해) 있는"
> (옥스퍼드 영한 사전)

페미니스트 과학학과 '객관성'의 문제

'상황적(situated)'이라는 형용사는 편향성과 부분성을 함축한다. 그것은 '특정한' 장소에 자리하고 있으며, 관계와 사건의 차원에서 '특정한' 상황에 놓여 있다는, 따라서 언제 어디서나가 아니라 구체적이고 개별적인 위치에 구속되어 있다는 것을 의미한다. 해러웨이는 이 개념을 과학/지식의 '객관성'의 의미를 바꾸기 위한 도구로 가져온다. 그녀의 「상황적 지식: 페미니즘에서 과학의 문제와 부분적 시점의 특권」이라는 글은 "원래 1987년 3월 샌프란시스코의 아메리카철학협회 서부지역 회의에서 샌드라 하딩(Sandra Harding)의 발표에 대한 논평으로 시작된 것이다".(해러웨이, 2023: 468) 해러웨이는 '상황적 지식(situated knowledgs)'이라는 개념 도구를 가지고 1980년대 페미니스트 과학학 안팎에서 벌어진 '객관성' 논쟁으로 진입한다.

1980년대 페미니스트 과학학은 과학계의 지식의 '보편성과 객관성'에 대한 확고한 주장을 비판하면서, 과학을 가부장제 권력과 이데올로기가 개입된 사회적 구성물이라고 주장했다. 물론 과학이 사회적 구성물이라는 관점이 페미니스트 과학학에만 고유했던 것은 아니다. "과학사에 관한 쿤(T. S. Kuhn)의 대안적 설명은 과학에 관한 사회적 연구를 위한 타당한 새로운 노력을 가능하게 했는데, 그 [사회적] 연구들은 그러한 '합리적 재구성'에 의해 [과학지식의] 신비화가 행해졌음을 보여 주기 시작했다."[50] 그 주장에 발맞추어 "페미니스트 비판들은 3세기 이상 과학이 공개적으로나 은밀하게 자기 발전을 위해 도덕적·정치적 자원으로 특정한 젠더 정치학에 호소해 왔다는 사실을 문제로 지적해 왔다."(하딩, 2002: 144) 이 맥락에서 하딩은, 기성 과학은 "문화 대 자연, 합리적 정신 대 합리 이전의 신체와 비합리적인 감성 및 가치, 객관성 대 주관성, 공적인 것 대 사적인 것" 등 일군의 이분법을 필연적이거나 사실적인 것으로 제시했고, 이러한 이분법 속에 남성들과 남성성을 전자와, 여성들과 여성성을 후자와 연결해 왔다고 지적한다. 그러면서 자연스레 과학과 과학자의 성별은 '남성'이 되었다는 것이다.

과학이 가부장제 이데올로기와 권력에 물들어 있고, 인종·계급·젠더적으로 편파적이라는 페미니스트들의 비판은, 그러나 단일한 논점에서 제기되었던 것은 아니다. 내부적으로는 과학에 내재된 권력의 문제를 무엇으로 인식하는가에 따라 핵심 주장들 사이에서

---

[50] 하딩(2002), 『페미니즘과 과학』 이재경·박혜경 옮김, 이화여자대학교출판부, 47~48쪽.

일정한 차이를 보였다. 하딩은 기성 과학을 비판하는 페미니스트 과학학 내부에서의 차이를 결정짓는 기준으로 과학적 탐구의 '중립성'에 대한 신뢰 여부를 꼽는다. 하딩이 '경험론자'로 분류했던 일군의 페미니스트 과학학자들은, 기성 과학의 남성중심성과 인종·계급·젠더적 편파성은 과학 탐구 그 자체의 문제가 아니라 잘못 개입된 사회적 편견과 이데올로기의 문제라고 생각했다. 따라서 이들은 편견에 오염된 '나쁜 과학'을 교정할 가능성은 엄밀한 과학적 탐구 규범 그 자체에 있다고 보았다. 즉 공정하고 중립적인 과학 탐구를 통해 남성편향적 '나쁜 과학'은 교정될 수 있으며, 교정되어야 한다는 것이다.[51]

반면, 페미니스트 경험론의 한계를 지적하면서 하딩은 '페미니스트 입장론(feminist standpoint theory)'의 견지에서 "과학이론 그 자체에 인식론적 혁명의 주춧돌을 놓아야 한다"고 주장했다. 페미니스트 경험론의 주장에 따라 페미니스트들의 연구 결과를 전통적인 지식체계 안에 더 많이 포함되도록 만들 수는 있지만, 일부 페미니스트의 주장을 '첨가'하는 것만으로 주류 지식체계를 바꿀 수는 없다는 것이다. "결국 두 개의 신념체계는 서로 긴장과 모순을 갖게 된다."(하딩, 2005: 175) 문제는, 남성중심적이고 성차별적인 '나쁜 과학'은 과학의 '순수성'을 훼손당한 지식의 남용 내지는 오용이 아니라는 점이다. 과학지식은 그 자체로 남성중심적이다. 그러므로 과

---

[51] "페미니스트 경험론자들은 성차별적이고 남성중심적인 편견들은 과학적 탐구에 관한 전통적 방법론의 규범을 더 엄격하게 지킴으로써 제거될 수 있다고 주장한다." 하딩(2009), 『누구의 과학이며, 누구의 지식인가?』 조주현 옮김, 나남, 175쪽.

학은 개선되는 것이 아니라 바뀌어야 한다. 하딩은, 페미니즘이 과학 자체를, 과학의 연구 문제·개념·방법론·서술 방식 모두를, 즉 과학의 패러다임 그 자체를 바꾸어야 한다고 주장한다.

 페미니스트 과학 비판은 사회구성주의 논쟁을 유연하게 활용해 왔다. 과학에 대한 일반적 믿음과 달리 과학적 지식이 절대적으로 중립적이고 객관적일 수 없다는 사실이, 토머스 쿤의 『과학혁명의 구조』이후 1970년대 포스트모던 논의 안에서 논란의 여지 없이 받아들여졌다. 문제는 '강한 사회구성주의' 관점이다. 이에 따르면, 그 어떤 시점도 특권적일 수 없고 그 어떤 지식도 객관적일 수 없다. "왜냐하면 [강한 구성주의에 근거해서는] 지식의 안과 바깥을 나누는 **모든** 형태의 경계선 긋기는 진리를 향한 것이 아니라 권력을 향한 조치로 이론화되기 때문이다."(해러웨이, 2023: 331) 강한 구성주의에 따르면, "과학은 겨루는 텍스트이고 권력의 장이다. 내용은 형식이다. 그게 다다. 과학에서 형식은 세계를 효과적인 대상으로 제작하는 창작적이자 사회적인 수사학이다."(해러웨이, 2023: 333) 그러나 여전히 실재에 대해, 현실에 대해 말하고자 하고 또 말해야만 하는 페미니스트들은 이 강한 구성주의에 머물 수 없다.

> 페미니스트 사상이 [사회구성주의를 주장하는] 과학사회학에 가담하는 것은 근본적으로 새로운 통찰을 약속한다. 그러나 그것은 또한 이미 존재하는 지적인 위험에 정치적 위험을 더하는 것이기도 하다. 지적인 위험은 과학을 순전히 사회적인 산물로 보는 데에 내재한다. 그렇게 보게 되면 과학은 이데올로기로 용해되고, 객관성은 고유한 의

미를 모두 상실하게 된다.[52]

페미니스트 과학학자들은 "객관성이라는 교리의 가면을 벗겼다."(해러웨이, 2023: 335) 그러나 실재에 관해 말하고 싶어 하고, 기성 과학의 젠더적 편향성을 비판하는 '더 객관적인' 입장을 내세워야 할 페미니스트들에게 객관성은 중요한 무기다. 기성 과학지식의 객관성을 근본적으로 의심하면서, 페미니스트들은 어떻게 페미니스트 과학지식의 더 강한 객관성을 지켜 낼 수 있을까? 비판을 위해서라도 객관적 실재는 보증될 수 있어야 한다. 켈러와 같은 페미니스트 경험론자들은 객관성에 관한 합법적 의미를 집요하게 고집했다. 세계에 대해 더 적절하고, 더 풍부하고, 더 나은 설명을 제공하기 위해, "페미니스트들은 세계를 보다 잘 설명할 수 있도록 집요하게 노력해야 한다"는 것이다.(해러웨이, 2023: 337)

그러나 하딩은 이 '후계자 과학(successor science) 프로젝트'의 욕망이 역설적이고, 위험하다고 보았다. 페미니스트 경험론이 완전히 벗어 버리지 못한 '과학적 객관성'이라는 교리, 초월적 이론화에 대한 믿음, '세계를 재현할 수 있다는 순진한 권력이론', 이런 것들은 페미니스트 과학이 지향할 바가 아니다. 그렇다면, 과학을 경합하는 텍스트이자 권력의 장으로 환원시키는 강한 구성주의에 맞서 실재와 현실에 대한 지향적 객관성을 포기할 수 없었던, 그럼에도

---

52 Keller(2006), "Feminism and Science", *Feminism and Science*, ed. by Evelyn Fox Keller and Helen E. Longino, Oxford: Oxford University Press, p. 31.

과학이 탈체현적이고 초월적으로 객관적인 세계를 재현할 수 있다고 믿을 수는 없었던 페미니스트들은, 어떤 객관성을, 어떻게 정당화할 수 있을까?

하딩의 '강한 객관성'

기성 과학의 객관성을 의심하면서 '더 객관적인' 페미니스트 과학의 토대를 마련하기 위해, 하딩은 먼저 페미니스트 관점이 "왜 남성 특유의 활동과 경험의 관점에서는 가능하지 않은 자연과 사회생활에 관한 [더 나은] 이해를 제공할 수 있는지"를 해명하고자 한다.(하딩, 2002: 184) 그녀에 따르면, "여성들은 감각적이고 구체적이며 관계적인 활동을 지배하고 있어서 남성들의 특징적인 활동들에 근거를 둔 연구들이 도달할 수 없는 자연과 사회생활의 여러 측면들을 파악할 수 있다."(하딩, 2002: 192) 여성들에게 이러한 관점이 허락되는 이유는, 역설적이게도 여성들이 사회적으로 더 억압적인 위치에 놓여 있기 때문이다.

더 억압적인 위치가 더 공정하고 더 민감하며 더 객관적인 관점을 제공한다는 '페미니스트 입장론'의 생각은, 마르크스주의 전통에 그 기원을 둔다.(하딩, 2002: 35~36) 페미니스트 입장론은 과학적 신념을 포함한 인간의 모든 신념이 사회적으로 위치 지어진 것임을 인정한다는 의미에서 '문화적 상대주의'에 뿌리를 둔다. 그러나 하딩에 따르면 그것이 '가치 상대주의'나 '인식론적 상대주의'로 귀결되는 것은 아니다. 입장론은 '진정한 의미'의 '객관성'에 도달하기 위해서는 지식에 대해 강력한 비판적 평가가 전제되어야 한다고 주장한다. 하딩은 이 '강력한 비판적 평가'를 경유하여 생산되는 페미니스트 과학지식에 '강한 객관성(strong objectivity)'이 있다고 주장한다.

하딩에 의하면, 과학이 "역사적·사회적 욕망들, 이해관계들, 가치들을 비판적으로 확인해야 하는 작업을 외면할 때", 그 과학의 객관성은 반쪽짜리가 된다. 이 '반쪽짜리 과학'의 객관성은 '약한 것'이다. 비판적 성찰을 포함하지 않는 과학의 객관성 주장은 불충분하다. 기성 과학은 자신들의 방법론과 주장에 내재된 남성중심성에 대한 비판적 성찰에 게으르다. 따라서 그것은 '반쪽짜리 과학'에 불과하다. 반면, 페미니스트 입장론은 '자격이 있는', '강한' 객관성을 지향한다. 그들은 객관성을 강화하기 위해서 "강력한 배경적 신념들에 대한 체계적 조사를 포함시킬 정도로 과학적 연구의 개념을 넓히는 것"을 요청한다.(하딩, 2005: 227) 페미니스트 입장론이 말하는 '좋은 방법론'은 강한 표준을 따른다. 기존 과학자들이 가치중립적 관찰과 실험이라는 방법만을 강조할 때, 그들은 과학연구의 문제 선택의 타당성에 대한 비판적 성찰을 소홀히 하는 것이다. 하딩은, 과학적 탐구의 객관성에 대한 반성은 연구의 과정적 절차뿐 아니라 실천의 사회구조적 '맥락'에 대한 성찰도 포함해야 한다고 촉구한다.[53]

그렇다면, 더 강한 객관성을 지향하는 '좋은 방법론'을 위해 "왜

---

[53] Harding(2006), "Rethinking Standpoint Epistemology: What is "Strong Objectivity"?", *Feminism and Science*, ed. by Evelyn Fox Keller and Helen E. Longino, Oxford: Oxford University Press, p. 239.

성별의 차이가 과학의 자원이 되어야 하는가?" 그 이유는 페미니스트 입장론이 '이방인들'의 삶의 관점에서 연구를 시작하기 때문이다. 이방인의 관점은 문화의 안과 밖, 중심과 주변의 관계들에 더 민감하며, 사회적 모순들을 더 광범위하게 간파할 수 있다. 그리고 하딩은 바로 이 관점에 '강한 객관성'의 가능성이 있다고 본다.(하딩, 2005: 228~229)[54]

해러웨이는 기성 과학의 '객관성이라는 교리의 가면'을 벗기고 체현적 '위치'에서 출발하는 지식을 옹호하는 페미니스트 입장론과 동행하려 한다. 하지만 동시에 그 주장의 한계를 명확히 짚는다. 해러웨이는 '특정한 위치'에서 출발하지 않는 초월적인 관점이나 어떠한 것에도 책임지지도 참여하지도 않는 기성 과학의 지식 주장에 반대하면서, '종속된 자들'의 위치에서 출발하는 과학에서 신뢰할 만한 객관성의 근거를 발견하고자 하는 페미니스트들의 시도를 인정한다. "주변과 밑에서부터 보는 능력을 갖추는 것은 장점이 있다." 그러나 거기에는 심각한 위험도 뒤따른다. "여기에는 더 힘없는 자들의 입장에서 보고 있다고 주장하면서도 그들의 비전을 낭

---

[54] 하딩의 입장론이 인식론적 상대주의라는 비판에서 온전히 벗어날 수 있을까? 체릴리(Linda Zerilli)는, 입장론은 판단의 물음으로 표현되어야 할 문제를 인식론적 개념 안에서 정의하고 해결하려고 한다는 점에서 문제가 있다고 본다. 체릴리는 하딩의 입장론은 인식론적 문제로 다루는 한 상대주의를 넘어설 수 없다고 보며, 하딩의 주장은 인식론이 아닌 '판단의 이론'으로 논의되어야 한다고 주장한다. Zerilli(2009), "Toward a Feminist Theory of Judgment", Sings, vol. 34, no. 2, p. 305. 하지만 하딩의 입장론에는 "견고하고 실질적인 의의가 있다. 그것은 페미니스트 과학론이 본질적으로 대항문화의 일환으로 이해되어야 한다는 메시지다. 거기서 우리는, 목적은 괄호 친 채 통상 방법론으로만 규정되는 과학을 그 목적과 가치지향의 측면에서 재평가할 지반을 얻을 수 있다." 황희숙(2012), 「페미니스트 과학론의 의의: 하딩의 주장을 중심으로」, 『한국여성철학』 18권, 한국여성철학회, 27쪽.

만화하고 그리고/혹은 전유해 버릴 수 있는 심각한 위험이 놓여 있다."(해러웨이, 2023: 345)

(……) 아래로부터 본다는 것은 쉽게 배울 수 있거나 전혀 문제가 없다는 말이 아니다. 종속된 자들의 입장(positioning)이라고 하여 비판적 재검토, 코드 해독, 해체, 해석으로부터 면제되는 것은 아니다. 말하자면 그런 입장이 기호학적이고 해석학적인 비판적 탐구 양식으로부터 면제된 것은 아니라는 말이다. 종속된 자들의 관점은 '순수한' 입장이 아니다.(해러웨이, 2023: 345)

'객관성'이나 '과학'은 모두 다의적 개념이다. 그럼에도 '상대주의라는 위험'에서 벗어나기 위해, 그리고 페미니스트의 과학 비판을 '특수한 이익집단'의 '편집증적 환상'으로 폄훼하는 주장에 맞서기 위해,[55] 페미니스트들은 객관성의 문제로 돌아가곤 했다. 버릴

---

[55] 기존의 과학적 지식이 가부장제 이데올로기와 성차별적 편견으로 오염된 지식이라는 페미니스트 과학학의 비판은 과학적 지식의 객관적 타당성을 공격하는 정치적 의견에 불과하다는 비판을 받아 왔고, 오늘날에도 여전히 '특수한 이익집단'의 편집증적인 주장으로 치부되고 있다. 그리고 최근 들어 1980년대 페미니스트 과학학의 비판은, '탈진실(post-truth) 시대' 과학지식에 대한 무정부주의적 가치폄하의 기원 중 하나로 호출되기도 한다. 예를 들어, 리 매킨타이어(Lee Mcintyre)는 다음과 같이 쓴다. "과학연구에 사용되는 언어가 지나치게 성차별적이고 착취적인 성격을 띠고 있다고 지적하는 사람들도 있었다. (……) 한 사상가는 자연의 원리를 담은 뉴턴의 『프린키피아』가 '강간 지침서'나 다름없다고 폄하하기도 했다." 매킨타이어(2019), 『포스트 트루스: 가짜 뉴스와 탈진실의 시대』, 김재경 옮김, 두리반, 174쪽. 다른 과학 저술가의 글에서도 비슷한 문장을 발견할 수 있다. "20세기 후반, 철학자와 역사학자가 (……) 과학을 환원주의라는 광기에 빠진 유럽인 백인 남성들의 과학만능주의와 기술중심주의적 전문용어로 대중을 억누르며 해석의 주도권을 차지한 상대주의적 게임이라고 설명했다. 그들 중 일부는 (……) 아이작 뉴턴의 『자연철학의 수학적 원리[프린키피아]』를 '강간 지침서'라 부르기도 했다." 셔머(2020), 『스켑틱: 회의주의자의 사고법』, 이효석 옮김, 바다출판사, 23쪽. 여기서 이들이 말하는 '한 사상가'는 바로 하딩이다. 하딩은, 자연에 대한 과학적 탐구를

수 없지만 비판되어야 할 그 '객관성'이란 도대체 무엇인가? 페미니스트 과학학을 곤경에 빠뜨리는 이 물음에 직면하면서 해러웨이는 이제 객관성의 은유를 바꿀 때가 되었다고 말한다.

> 이용 가능한 객관성의 강령이라는 미끄러운 막대기를 타고 올라가려고 노력하면서, 나와 다른 대다수 페미니스트들은 객관성 논쟁에서 이분법의 양극을 번갈아 가면서 혹은 심지어 동시에 모두 쥐고 있었다. (……) 물론 번갈아 올라가든 아니면 동시에 올라가든, 막대의 양 끝을 쥔 채 올라가기는 어렵다. 은유를 바꿀 때가 된 것이다.(해러웨이, 2023: 339)

객관성의 은유 바꾸기

객관성은 어디에 있는가? 누가 어떻게 그것을 거머쥘 수 있는가? 누가 절대적이고 총체적인 객관적 앎을 주장할 수 있는가? 누가 더

남성의 여성에 대한 '강간'으로 비유했던 프랜시스 베이컨을 비판한 머천트(Carolyn Machant)의 『자연의 죽음』을 언급하면서, 이들 두 남성이 인용한 것과 비슷한 지적을 했다. 그러나 그것은, '단지 은유일 뿐'이라고 치부하는 남성 과학자들에게 베이컨의 '강간 은유'가 그렇게 사소한 것이라면 뉴턴의 『프린키피아』에 있는 '기계장치 은유'도 그와 마찬가지로 사소한 것인가를 묻는 과정에 등장한다. 과학에 있어 어떤 젠더 은유도 기계론 은유 못지않게 중요한 함의를 갖는다는 점을 지적하기 위해, 그녀는 정확히 다음과 같이 썼다. "기계[론]적인 은유들이 새로운 과학이 제공하는 설명들의 기초적인 요소라고 믿는다면 왜 젠더 은유는 그렇지 않다고 믿어야 하는가? (……) 그렇다면, 왜 뉴턴의 법칙들을 '뉴턴의 강간 지침'이라고 부르는 것이 '뉴턴의 기계학'이라고 부르는 것만큼 분명하고 공정한 일이 아닌가?"(하딩, 2002: 147) 페미니스트 과학학 또는 하딩의 인식론적 입장론이 상대주의적이라는 비판과는 별개로, 앞의 인용문들은 '한 사상가' 또는 '그들 중 일부'라는 막연한 호칭, 악의적 발췌, 왜곡된 인용으로 페미니스트 과학학을 희화화하면서 '탈진실'의 기원으로 끌어온다. 이러한 읽기야말로 '탈진실' 담론생산의 실천 방식을 보여 주는 하나의 예가 될 것이다.

강하거나 더 약한 객관성을 판가름할 수 있는가?

근대과학은 이제까지 신체적 한계나 시공간적 제약을 뛰어넘는 초월적 관점(perspective)에서 동시에 모든 곳을 내려다보는 절대적 시각인 '신적인 눈'을 절대적 객관성의 은유로 채택해 왔다. 과학은 그 '눈'에 도달하고자 한다. 과학은 객관적이기 위해 그 '눈'을 통해 볼 수 있어야 한다. 그림자 없이 세계를 비추는 밝은 빛, 모든 대상을 투명하게 반영하는 눈. 전통적으로 서양철학에서 '빛'은 진리의, '눈' 또는 '시각'은 앎의 은유였다. "눈은 무제한적인 권력의 이해관계 속에서 아는 주체가 모든 사람과 모든 것으로부터 거리를 유지하도록 하는 왜곡된 능력을 의미하는 데 사용되었다."(해러웨이, 2023: 340)

과학은 그 절대적인 시각을 어떻게 획득할 수 있는가? 근대 이후 다양한 시각화 테크놀로지들이 이 '초월적인 눈'에 도달할 가능성을 추구해 왔다. 오늘날에 이르러, "초음파 체계, 자기공명영상법(MRI), 인공지능과 연계된 그래픽 조종 체계, 전자현미경 스캔, 컴퓨터 보조 단층촬영 스캐너, 컬러 강화 테크놀로지, 인공위성 감시체계, 가정과 직장의 VDT, (……) 다목적 카메라 기법 등등 (……) 테크놀로지의 향연에서 시각은 규제받지 않는 식탐에 빠졌다."(해러웨이, 2023: 341) 거대한 규모에서 미소한 단위에 이르기까지 인간적 시각의 한계를 뛰어넘는 테크놀로지들의 지원에 힘입어 '모든 것을 동시에 보는 눈'은 신화가 아닌 일상이 된 것 같다.

"하지만 무한대의 시각을 믿는 그런 입장은 환상에 불과하며, 신적인 요술(god-trick)이다."(해러웨이, 2023: 342) 절대적 객관성을 보증하는 탈체현적이고 초월적인 시각은 가능하지 않은, 그러나 강력하게 지배적인 주체 중심의 표상체계를 전제한다. 그로스(Elizabeth Grosz)도 근대의 탈체현적 지식 표상이 오히려 이성의 위기를 가져왔다고 분석한다. 그녀는 인문학이나 과학이 이와 같은 '특정하고 문제가 많은 지식 개념'에 기대는 한 스스로를 합리적으로 인정하거나 정당화할 수 없다고 꼬집는다. 탈체현적 표상 안에서 지식은 '관점이 없는 것(pespectiveless)'이 된다. "만일 지식 생산과 평가 안에서 지식의 주체가 하나의 '맹점(blind spot)'으로 남겨진다면, 필연적으로 모든 지식은 그 중심부에서부터 환원할 수 없는 비합리적인 요소로 오염될 것이다."[56] 이 표상체계 안에서는 흔히 잊혀 왔지만, 우리는 보기 위해서, 그리고 '시각'이라는 감각을 되찾아 오기 위해서, 먼저 우리의 몸을 배워야 한다.

'본다는 것'은 언제나 한정된 몸으로 보는 것, 구체적인 상황 안에서 '낙인 찍힌 몸'을 통해 보는 것을 의미한다. 해러웨이는 이 사실을 강조한다. 근대과학과 테크놀로지가 점유했던 시각의 권력과 신화를 탈환하여 실제로 몸을 통해 보는 감각을, 그 체현적인 시력의 구체적 객관성을 되찾아야 한다고 주장한다.

> 객관성은 특이하고 특수한 체현에 관한 것이지, 모든 한계와 책임감의 초월을 약속하는 그릇된 시각에 관한 것이 분명히 아니라고 해도

---

[56] Grosz(1993), "Bodies and Knowledges: Feminism and the Crisis of Reason", *Feminist Epistemologies*, ed. by Linda Alcoff and Elizabeth Potter, New York and London: Routledge, 1993, p.192.

그다지 틀린 말은 아닐 것이다. 여기서 교육은 단순명료하다. 부분적 시점만이 객관적 시각을 약속한다는 것이다. 객관적 시각이야말로 모든 시각적 실천의 생성력에 대한 책임의 문제를 종결시킨다기보다 다시 촉발한다.(해러웨이, 2023: 343)

모든 시력이 특수하고 체현적이라는 사실을 인정하면서 해러웨이는 이제 객관성의 은유를 바꾸고자 한다. 그리고 그 자리에 '상황적 지식'을 가져온다. '상황적 지식'은 객관성의 새로운 시각 은유다. 부분적 시점만이 객관적 시각을 약속한다는 점을 인정하게 되면, "페미니스트 객관성은 한정된 위치(location)와 상황적 지식에 관한 것이지, 주체와 대상의 초월과 분열에 관한 것이 아니다."(해러웨이, 2023: 343) 한정된 위치에서 부분적 시점으로 보는 것을 통해서만 우리는 배운 것에 대해 책임을 질 수 있다. 보는 것은 수동적 감각이 아니다. 그것은 고도로 능동적인 지각 체계이며 번역과 특수한 삶의 방식을 바탕으로 구축된다. 특수하게 체현적인 시각을 통해 각각의 유기체적이거나 기계적인 시각장치들은 각자의 세계를 세밀하게 적극적으로 조직한다.[57]

해러웨이에 따르면, 상황적 지식은 과학적 권위를 주장하는 총

---

57 "이런 것들은 개와 함께 산책하면서 내가 배운 교훈의 일부다. 만약 안구와 같은 중심와(fovea)가 없고 색깔을 보는 망막세포가 거의 없는 대신, 냄새를 맡는 데 필요한 거대한 신경 처리 과정과 감각 영역을 가지고 있다면, 세상이 어떻게 보일까 궁금했다. 그런 교훈은 곤충의 겹눈으로 본 세계의 모습을 찍은 사진이나 혹은 정찰 위성의 카메라 눈이나 혹은 커피 테이블 색깔 사진으로 변형되었던 목성 '근처' 우주 탐침으로 감지된 차이들을 디지털로 전환한 신호로 전송된 사진에서도 배울 수 있다."(해러웨이, 2023: 343~344)

체화된 해석에 적대적인 만큼, 각각의 해석들을 정당화할 수 있다고 주장하는 상대주의에도 적대적이다. "상대주의는 어디에도 없으면서도 동시에 모든 곳에 똑같이 존재하는 방식이다. 입장의 '동등성'은 책임과 비판적 탐구를 부인하는 것이다. 상대주의는 객관성 이데올로기에 나타난 총체화의 완벽한 거울이다." 총체화나 상대주의 모두 '위치, 체현, 부분적 시점'을 부인한다. 이 둘은 모두 '잘 보는 것'을 불가능하게 만든다. "상대주의와 총체화는 동등하고 완벽하게 모든 곳에 있으면서도 어디에도 없는 '신적 요술'이 약속하는 시각이자 동시에 대문자 과학을 둘러싼 수사학에 공통된 신화이다."(해러웨이, 2023: 346) 총체화도 아니고 상대주의적 진리 주장도 아닌, 하나의 구체적 상황에 처한 오염된 몸으로 위치 지어질 수 있는(locatable) 지식이 바로 객관성을 위한 새로운 시각 은유, '상황적 지식'이다.

"시각은 **언제나** 보는 권력의 문제다." 그리고 "시각은 우리의 시각화하는 실천에 내포된 폭력의 문제이기도 하다."(해러웨이, 2023: 348) 보는 것은 어떠한 경우이든 순진하지도 순수하지도 않다. 체현적 시각은 모순적이고 분열된 중층적 정체성을 지니고 구체적이고 역사적인 상황에 참여하는 자아의 것이다. "주체성의 지형학(topography)은 다차원적이다. 따라서 시각은 다차원적이다. 아는 자아(knowing self)는 그 모든 변장에도 불구하고 부분적이며 결코 완결되거나 완전한 것이 아니며 단순히 그곳에 주어져 있는 것도, 기원적인 것도 아니다."(해러웨이, 2023: 349) 해러웨이는 객관성의 약속이 여기에 있다고, 언제나 구성되고 있는 불완전한 자아의 체현적 시각의 구체성 안에 있다고, 주장한다.

체현적 부분성을 뛰어넘는 초월적 시각, 즉 '표지 없는 관점에서 본 지식'은 환상이고 왜곡이며 불합리한 것이다. 구체적인 지식은 언제나 상황적이고 부분적일 수밖에 없다. 해러웨이는 인식 주체의 체현적 위치와 입장에 근거한 상황적 정치학과 인식론을 주장한다. 여기서 '합리적 지식'을 주장하는 목소리가 들리도록 하는 조건은 보편성이 아니라 부분성이다. 그리고 그 부분성은 시각의 주체가 그러한 것처럼 다양한 관계와 중층적 요소들로 연결되어 있다. 이 연결관계가 상황적 지식의 부분성을 서로 엮을 수 있게 한다. "그렇다고 하여 어떤 부분적 시점이라도 괜찮다는 말은 아니다. 우리는 부분의 총계와 소계로부터 나온 손쉬운 상대주의와 전체론에 강력히 반대해야 한다."(해러웨이, 2023: 347) 그저 부분을 모은다고 전체가 되는 것도 아니고, 모든 부분들이 수용될 만한 것도 아니다. '손쉬운 상대주의와 전체론'에서 벗어나기 위해서는, 정치적이고 과학적인 비판과 해석의 실천이 필요하다.

"페미니즘은 해석, 번역, 말더듬기, 부분적인 이해에 바탕을 둔 과학과 정치학을 사랑한다. 페미니즘은 (적어도) 이중적 시각을 가진 다중 주체의 학문에 관한 것이다."(해러웨이, 2023: 354) 해러웨이에 따르면, 페미니스트 과학은 언제나 상황적 지식의 해석적이고, 비판적이고, 부분적인 상호 번역에 바탕을 둔다. 서로 다른 입장과 상황에서 출발한 구체적 지식들 사이에서 벌어지는 '권력에 민감한 대화'에 합리성과 객관성의 토대가 있다. 그 객관성은 '최종 심급의 단순성'이나 '궁극의 정치'에 저항한다. 합리적 지식은 상황으로부터의 이탈(disengagement)을, 해석으로부터의 자유를, 완벽한 자족성을 가장하지 않는다. 상황적 지식은 해석자들의 '장(場)'에서 진행 중인 비판적 해석과정을 따라가는 한에서만 합리적 지식이 된다.

> 과학은 종결의 패러다임 모델이 아니라 경합되고 경합하는 패러다임 모델이다. 아무 논란 없는 영역에서 인간 행위자성과 책임으로부터 벗어난 도피의 신화가 아니라, 종속된 자들의 지식을 특징짓는 불협화음적인 시각과 예지적인 목소리와 연계하는 번역과 연대에 대한 설명가능성(accountability)과 책임(responsibility)의 신화가 된다.(해러웨이, 2023: 355)

남근이성중심주의와 탈체현적 시각에 의해 지배되는 지식에 저항하면서, 페미니스트 과학의 상황적 지식은 초월을 탐내지 않으면서 구체적 객관성을 가능하게 할 체현적 부분성을 추구한다. 그러나 부분성 그 자체가 목적이 아니라, 구체적 객관성을 향해 상황적 지식의 연결과 예기치 않은 개방에 열려 있는 부분성을 추구하는 것이다. 객관적 지식을 얻기 위한 유일한 방법은 초월적 관점의 '신적인 요술'을 가장하는 것이 아니라, "특정한 어떤 곳에 자리 잡는 것"이다. 이 위치 지어진 합리성만이 객관성을 보장할 수 있다.

행위자로서의 세계—코요테 담론

해러웨이는 세계를 수동적이고 무기력한 지식의 대상, 사물적 객체나 질료로 보는 전통적인 인식론의 주-객 도식을 거부한다.

> 상황적 지식은 지식의 대상이 텅 빈 스크린, 토대, 자원이 아니라 행위자이자 행동가로서 형상화되어야 한다고 요구하며, '객관적인' 지식에 실린 고유한 행위자성과 저자성으로부터 변증법을 차단시킴으로써 궁극적으로 주인과 노예의 관계로 형상화해서는 결코 안 된다고 요구한다.(해러웨이, 2023: 359)

세계는 고정되어 있지 않다. 세계는 '아는 주체'와의 관계 안에서 대상이 될 뿐이다. 지식 기획으로 조우하게 되는 세계가 행동하는 능동적 실체라는 사실이 기억되어야 한다. 세계는 해독되기를 기다리는 암호가 아니고, 세계에 대한 설명은 발견되어야 하는 비밀이 아니다. "세계는 인간화를 위한 원자재가 아니다."(해러웨이, 2023: 360)

> 지식 대상으로서의 몸은 물질적-기호학적 생성적인 마디다. 그들의 경계선은 사회적 상호작용 속에서 물질화된다. 그 **경계선**은 지도화 실천에 의해서 그려진다. '대상'은 그 자체로 미리 존재하지 않는다. 대상은 경계선 기획이다.(해러웨이, 2023: 364)

세계는 재치 있는 행위자(actor)다. 해러웨이는 자연을 대상, 질료가 아닌 적극적 주체로 해석해 온 에코 페미니스트의 관점을 옹호하면서도, 그들이 자연을 형상화하기 위해 사용했던 '원초적 어머니'라는 형상에는 저항한다. 그보다는 미국 남서부 인디언 신화에서 체현된 사기꾼(trickster) 코요테(coyote)를 행위자이자 행동가로서의 물질세계를 드러내 줄 형상으로 제안한다. 해러웨이는 단순한 자원으로 간주되지 않기 위해 저항하는 세계는 "어머니/질료/중얼거림이 아니라 코요테"라고 주장한다. 코요테는 세계가 인간적인 통제하에 있지 않은 활동적 장소라는 사실을 드러내는 형상이다.(Haraway, 2004: 328) 따라서 "객관성은 탈참여(이탈, disengagement)에 관한 것이 아니라 상호적이고 **그리고** 대체로 불공평한 구조화에 관한 것이며, 세계 속에서 위험을 감수하는 것이다."(해러웨이, 2023: 364)

2장.
다른 세계 짓기―쑬루세 이야기

1. 반려종 선언

새로운 선언, 새로운 주인공

영장류, 코요테, 사이보그, 여성인간©, 앙코마우스™, 겸손한 목격자, 흡혈귀 등은 해러웨이가 각기 다른 맥락에서 기술과학과 생명권력의 기호-물질적 권력관계를 표시하기 위해 활용했던 형상들이다. 이 각각의 형상들은 젠더, 인종, 섹슈얼리티, 자본과 이윤, 가부장제, 제국주의 등이 개입된 기술과학 및 생명권력의 복잡한 현실을 드러내 왔다. 그리고 21세기에 들어서면서 해러웨이는 이 형상들의 긴 목록에 '반려종(companion species)'을 포함시켰다.

 1980년대 중반부터 해러웨이는 '사이보그'를 통해 자연적인 것과 인공적인 것, 유기체와 기계, 인간과 비인간 사이의 경계가 내파된 현실을 효과적으로 가시화했다. 사이보그는 냉전과 우주개발 경쟁, 지구적 자본주의의 지배와 노동 재편, 기술생명권력에 비판적으로 개입할 페미니스트 정치학을 상상하게 했다. 그러나 해러웨이에 따르면, 이제 사이보그는 21세기의 현실을 묘사하기에 더 이상 적합한 도구로 보이지 않는다. 사이보그의 영향력과 효용이 완전히 사라진 것은 아니라 해도, 제3 천년기(the 3rd Millennium)의 위기상황을 직시하고 헤쳐 나가기 위해 사이보그보다는 반려종이 더 유용한 형상이 될 수 있을 것이라고, 해러웨이는 주장한다.

'제3 천년기의 위기상황', 그것은 기후위기, 그로 인한 자연재해, '대멸종', 숲의 파괴, 폐기물로 인한 해양 및 대기 오염…으로 드러나고 있다. 이 위기적 징후들의 심각성은, 망가진 지구 생태계를 회복하기 위해 필요한 시공간적 피난처(refugia)가 사라지고 있다는 점에 있다.[58] 이 위기를 직시하면서, 20여 년 만에 해러웨이가 새롭게 내놓은 '선언'의 주인공은 '반려종'이다. 해러웨이의 「반려종 선언」은 지구 생태계의 위기를 극복하기 위해 인류가 왜 비인간 타자들과의 책임 있는 관계 맺기로 전향해 나아가야 하는지 탐색한다. 이제까지의 인간중심적 세계 짓기(worlding)가 흔히 '인류세(Anthropocene)'라 칭해진 위기상황의 원인이 되었다고 생각하는 해러웨이는, 캐리 울프(Cary Wolfe)와의 대담에서 「반려종 선언」을 '세계를 다시 만드는 작업', '세계 다시 짓기(reworlding)'라고 소개한다. '세계 다시 짓기'의 출발점이 될 그녀의 물음은 단순하다. "지금 여기 있는 우리는 누구인가? 우리는 어떤 존재인가? 단순히 인간이라고만 할 수 없는 '우리'는 누구이며 어떤 존재인가?"[59]

---

[58] "애나 칭(Anna Tsing)은 「야생 생물학」이라는 최근 논문에서, 홀로세(Holocene)와 인류세 사이의 변곡점은 주요 사건들(사막화나 나무를 모두 베어내는 것, 또는, 또는 ……) 이후에 사람들이 함께하든 아니든 다양한 종의 무리가 재구성될 수 있는 대부분의 레퓨지아가 몰락하는 것일 수도 있다고 제안했다. 이것은 값싸게 자연을 이용하던 시대는 끝났다고 선언한 '세계-생태 연구 네트워크'의 코디네이터인 제이슨 무어(Jason Moore)의 주장과도 유사하다. 값싼 자연은 현대 세계의 추출과 생산을 유지할 만큼 오래 작동할 수 없다. 매장된 자원 대부분이 불타고, 고갈되고, 중독되고, 절멸되고, 그렇지 않으면 다 소모되었기 때문이다."(해러웨이, 2021: 172~173)

[59] 해러웨이(2019), 「반려자들의 대화」, 『해러웨이 선언문』, 황희선 옮김, 책세상, 266쪽.

이 물음에 답하기 위해 등장한 두번째 선언의 주인공인 반려종은, 첫번째 선언의 주인공이었던 사이보그와는 전적으로 다른 기원을 갖는다. '인공두뇌 유기체'인 사이보그는 1960년대 기술인간주의의 맥락에서 탄생했다. 반면 반려종은 긴 진화의 역사 안에 자리잡는다.[60]

나는 1960년 사이보그라고 이름 붙여져 우주선에 태워진 나사(NASA)의 기계-유기체 혼종의 이야기, 역사, 생태학, 그리고 테크놀로지로 시작했다. 사이보그는 80년대 중반이라는 레이건의 스타워즈 시대에 페미니스트 작업을 하기에 적합했다. 그러나 지난 천년기 말에 이르러 사이보그는 진지한 비판적 탐사를 위해 필요한 실마리들을 모으는 데 적당한 목축견보다 일을 더 잘할 수는 없게 되었다.(Haraway, 2004: 297)[61]

오늘날의 크로노토프를 비판적으로 탐사하는 데 기여할 '개'는 우리와 함께 생각하고 함께 살아가고 있는 우리의 반려종이다. 그

---

60 해러웨이는 반려종을 유기체로만 한정하여 생각하지 않는다. 그녀는 절단 장애가 있는 아버지에게 신체의 일부였던 목발이나 휠체어도 '구성적 반려종'으로 생각한다. "여기서 내 아버지의 식사 동료인 존재, 나의 주의를 끄는 구성적인 반려종의 매듭들은 나 자신이나 어떤 다른 생명체가 아니고, 한 쌍의 목발과 두 대의 휠체어이다. 이것들은 좋은 인생살이라는 게임에서 항상 아버지의 파트너였다." 해러웨이(2022), 「유능한 신체와 반려종」, 『종과 종이 만날 때』, 최유미 옮김, 갈무리, 207~208쪽.

61 반려종과 사이보그의 친족관계를 해명하는 "Cyborgs to Companion Species: Reconfiguring Kinship in Technoscience"는 먼저 기술철학자 아이디(Don Ihde)와 셀린저(Evan Selinger)가 편집한 책 *Chasing Technoscience: Matrix of Materiality*(Bloomington: Indiana University Press, 2003)에 실렸고, 후에 *The Haraway Reader*(2004)에 묶여 출판되었다.

러나 그것은 하나의 종적 자연이 아니라, 기술과학의 몸 안에서 살고 있는 살을 가진 물질-기호적 현존이기도 하다. 해러웨이는, 반려종인 개가 "제3 천년에 기술생명정치의 덤불을 헤쳐 나가는 데에는 더 나은 안내자가 될 수 있다"고 생각한다.(Haraway, 2004: 298)

사이보그에서 반려종으로

사이보그와 반려종은 전적으로 다른 기원을 가지고 있지만, 해러웨이에 의해 '기술과학의 친족'으로 연결된다. 이렇듯 '조잡하게 끼워 맞춰진', '극적으로 대립하는 이 두 개의 형상'을 '기술과학의 친족'으로 엮을 수 있는 이유는, 이 둘이 "인간과 비인간, 유기체적인 것과 기술적인 것, 탄소와 실리콘, 자유와 구조, 역사와 신화, 부자와 빈자, 국가와 주체, 다양성과 고갈, 근대와 근대 이후(postmodernity), 자연과 문화를 예기치 못한 방식으로 함께 묶어" 주기 때문이다.(해러웨이, 2019: 119~120)

반려종을 사이보그의 친족으로 파악할 수 있다는 해러웨이의 아이디어는, 그러나 사이보그 형상만큼이나 오래된 것이다. 1996년 출간된 『사이보그 안내서』(The Cyborg Handbook)에 서문으로 실렸던 「사이보그와 공생체: 신세계 질서 안에서 함께 살기」(Cyborgs and Symbionts: Living Together in the New World Order)라는 글에서 해러웨이는 가이아(Gaia)와 터미네이터(Terminator), 사이보그와 믹소트리카 파라독사(Mixotricha paradoxa)[62]를 지구화된 신세계 질서 안에서의 친족으로 소개했다.

가이아—청록색조의, 전체인, 살아 있는, 자족적이고, 자기 조절 능력이 있고, 자율생산적인(auto-poietic) 지구—와 터미네이터—(……) 젤리 같은 금속의, 변신하는, 사이버 증강된 전사들—는 첫눈에는 비교불가능한 우주에 속해 있는 것처럼 보인다. (……) 비슷하게 이 세계에서 '사이보그'라고 불린 첫번째 존재자—(……) 그 몸에 아주 작은 삼투압 펌프를 장착한 1950년대 뉴욕 로클랜드 주립병원의 흰 실험쥐—는 자연 발생한 미생물인 믹소트리카 파라독사—서호주의 흰개미 후장에 서식하는 원생생물—의 가까운 친족으로 보이지 않는다. (……) 그러나 이 네 개체들은 모두 (……) 2차 세계대전 이후 동일한 일족의 구성원들이다. 지구화된 신세계 질서 안의 인간 가족도 이 일족에 속한다.(Haraway, 1996: xi~xii)

오래된 신화 또는 현대적 과학소설(SF)의 주인공, 기술적 하이브리드 또는 공생체, 인위적 또는 자연적 진화의 산물, 전혀 다른 우주에 속하는, 전혀 다른 이야기의 주인공인 이 네 개체들 안에서, 해러웨이는 동일한 물음에 맞닥뜨려진 어떤 동형성을 발견한다. 그것은, 이들이 어떤 공동의 실천, 즉 "기술과학의 거칠도록 물질적인 동시에 환원할 수 없도록 상상적이며, 세계-파괴적인 동시에 세계-건설적인 과정"에 참여하고 있다는 것이다.(Haraway, 1996: xii) 이 네 개체들은 이질적이고 복합적인 실체이자, 자기 규제적이고

---

62 '믹소트리카 파라독사'는 서호주의 흰개미 후장에 서식하는 원생생물이다. 이 생물은 흡사 단세포 섬모충처럼 보이지만, 다섯 종류 이상의 세포들로 이루어진 공생체이다. 해러웨이는 믹소트리카 파라독사를 공생체의 대표적 사례로 소개한다.(해러웨이, 2021: 111)

자율생산적인 단위로서, 증강된 지휘-통제-통신-정보(C^3I)시스템, 변형하는 공생체의 특징을 공유한다.

그러나 가이아와 터미네이터, 사이보그와 믹소트리카 파라독사로 구성된 신세계 질서 안에서의 친족 서사에도, 크로노토프에 적합하게 주인공의 자리는 바뀐다. 제3 천년기에 접어들어 사이보그는 비판적 잠재력을 거의 소진했고, 공-구성(co-constitution), 공-진화(co-evolution), 커뮤니케이션, 공동작업의 네트워크 같은 이슈들을 생각하기 위해 더 생기 있는 새로운 자매에게 자리를 넘겨주어야 할 때가 되었다. 혼종성, 자연문화, 내파된 경계, 기술생명권력, 제3 천년기의 모순 속에서 살아가기… 사이보그가 하지 못했던 것을 하고, 충분히 보여 주지 못했던 것을 보여 주면서, 이 세계 안에 함께 살고 죽는 존재들 사이의 관계를 드러낼, 새로운 선언의 주인공은 '반려종'이다.

반려종 선언

「반려종 선언」은 '미즈 카옌 페퍼(Ms. Cayenne Pepper)'라는 이름을 가진 한 마리의 반려견과의 관계에 대한 '개인적인 기록'에서 출발하여, '세계를 다시 짓는 작업'으로 나아간다.[63] 카옌 페퍼는 해러웨이와 특별한 관계의 역사를 만들어 가는 소중한 타자(significant

---

63 "「반려종 선언」은 개인적인 기록이고, 반밖에 알려지지 않은 수많은 영토를 급습하는 학문적 시도이며, 전 지구적 전쟁이 임박한 세계에서 희망을 찾으려는 정치적 행위이자, 원칙적으로 끝없이 계속되는 작업이다."(해러웨이, 2019: 118)

other)이지만, 오스트레일리언 셰퍼드의 '순종' 혈통의 인증서를 지닌 미국 애견문화의 일부이다. 카옌 페퍼와의 관계는 사적인 친밀성과 사랑으로 충만하지만, 전체적인 자연문화의 역사 안에서 그 관계는 '복수종의 생명정치'의 한 조각을 구성한다.

반려견과의 일상은 몸을 부비고 핥고 빨면서 유전자를 주고받으며 "서로를 살(flesh) 속에 만들어 넣는" 과정이다. 해러웨이는 카옌 페퍼와 함께하는 삶이, 마굴리스(Lynn Margulis)가 주장한 공생발생(symbiogenesis)[64]의 분명한 사례라고 말한다. 해러웨이와 카옌 페퍼는 유전자를 교환하면서 서로의 면역계에 영향을 미치고 함께 만들어지고 있다.

우리는 금지된 대화를 나눠 왔다. 우리는 입으로 정을 통해 왔다. 우리는 (……) 이야기로 묶여 있다. 우리는 불통에 가까운 대화로 서로를 훈련하는 중이다. 우리는 구성적으로 본바탕이 반려종이다. 우리는 서로를 살 속에 만들어 넣는다. 서로 너무 다르면서도 그렇기에 소중한 우리는, 사랑이라는 이름의 지저분한 발달성 감염을 살로 표현한다. 이 사랑은 역사적 일탈이자 자연문화의 유산이다.(해러웨이, 2019: 117)

'우리'는 누구인가? '우리'는 전적으로 다른 범주에 속하는 존

---

[64] "장기간 지속적으로 공생관계가 확립됨으로써 새로운 조직, 기관, 생물 더 나아가 종이 생성되는 것을 진화 용어로 공생발생(symbiogenesis)이라고 한다." 마굴리스(2007), 『공생자 행성』 이한음 옮김, 사이언스북스, 23쪽.

재자들이다. "갯과/사람과, 애완동물/교수, 암캐/여성, 동물/인간, 선수/훈련사." 젊고 활기찬 '순종' 오스트레일리언 셰퍼드와 중년의 '백인' 중산층 미국 여성[65], 이들을 '우리'로 엮는 것은 '반려종'으로 서로 살을 부비고 타액을 섞으면서 함께 만들어지고 있다는 사실이다. 이 접촉은 육체적이고 에로틱하다. 날름날름 핥는 축축한 혓바닥을 통한 "우리 둘의 접촉은 분자로 기록된 생명의 암호가 되어 이 세계에 자취를 남길 것이다."(해러웨이, 2019: 117)

구체적인 이종(異種)의 반려관계로부터 시작하는 「반려종 선언」에서 해러웨이가 탐사하고자 하는 물음은 두 가지다. 첫째, 개와 인간의 반려 경험을 바탕으로 복수종으로 확장된 '소중한 타자성'의 윤리와 정치를 만들어 갈 수 있을까, 둘째, 개와 인간이 공존하는 세계에 대한 이야기를 통해 자연문화의 역사가 이 시대의 위기와 기회를 이해하는 데 왜 그렇게 중요한지 그 이유를 납득시킬 수 있을까 하는 것이다.(해러웨이, 2019: 118)

「반려종 선언」의 출발은 한 마리 개와의 관계지만, 그 관계를 통해 해러웨이가 함께 들여다보려는 것은 반려종들이 함께 만들어가는 복잡하고 혼탁한 자연문화의 역사이다. 미국의 애견문화는 이주(移住)의 역사, 산업의 변화, 기술문화, 인종주의와 핵가족 이데올

---

[65] 품종에 있어서의 '순종'이나 인종에 있어서의 '백인성'은 모두 구성적 산물이다. "우리 중 하나는 유전자가 폭넓게 혼합된 결과물인데 '순종'이라 부르고 다른 하나는 그 못지않은 잡종인데도 '백인'이라고 부른다. 이런 각각의 이름은 인종 담론을 표시하며 우리 둘 모두는 우리의 육신으로 그 결과를 물려받았다."(해러웨이, 2019: 116)

로기 등이 뒤엉킨 역사를 가지고 있다. 예를 들어 '순종' 신화[66]를 바탕으로 품종을 만들고 유지하는 재생산의 체계는 인종주의와 우생학의 그림자로부터 자유롭지 않다. 그리고 그것은 또한 자본주의 상품경제와 강하게 결부되어 있다. 해러웨이는 반려견의 시선을 따라 자연문화의 역사를 추적하면서 복잡하게 얽힌 기술생명권력의 구조를 이해하게 되길 기대한다. "나 같은 사람들은 함께 사는 개들을 통해 토착민의 주권, 목축 경제 및 생태적 공존, 육류 산업 복합체의 급진적 개혁, 인종 정의, 전쟁과 이주의 귀결, 기술문화의 제도와 맞닿게 된다."(해러웨이, 2019: 236)

해러웨이는 우리가 열정적으로 관심을 가지는 것이면 그것이 무엇이든 비판적 지식 생산을 가능하게 할 흥미로운 경계지대를 열어 줄 것이라고 말한다. 관심을 쏟는 대상과 맺는 관계로부터 우리는 그 대상을 더 잘 이해하고자 시도하게 된다. 해러웨이가 즐겨 사용하는 '세속적(wordly)'이라는 말은, 우리는 우리가 관심을 갖는 구체적인 대상으로 인해 한층 더 이 세상에 속하게 되고 그것을 계기로 더 많은 지상의 것들과 연결된다는 것을 의미한다.[67] 하나의 구

---

[66] 개와 관련한 '순종 혈통'은 19세기에 만들어졌다. '순종'은 만들어진 신화다. 해러웨이의 또 다른 반려견 롤런드(Roland)는 AKC(미국 켄넬 클럽)로부터 '사기성이 농후한' 오스트레일리언 셰퍼드 순종 혈통을 인증하는 등록증을 받았다. 롤런드의 아빠는 차우차우다. 그럼에도 롤런드는 공인을 받았고, 이 등록증을 가지고 어질리티 경기에 참여할 수 있게 되었다.(해러웨이, 2022: 72)

[67] "만일 당신이 세쿼이아 나무의 생리학, 내화성에 관심을 가지는 것으로 시작한다면, 그에 대해 잘 생각하기 위해서는 숲을 유지하는 데 도움이 되는 실천 방식을 생각해야 할 것입니다. 이 나무가 역사적으로 특히 벌목꾼들의 관심을 끈 이유는 무엇인지, 목공 분야의 노동시장과는 어떤 식으로 관련되어 있는지, 곤충 개체수 변화는 전반적인 관계 변화에서 어떤 기능을 하는지, 숲의 변두리 지역은 어떻게 작동하는지 등 질문은 끝이 없습니다. 이런 질문은 모두 경계지대를 열어 줍니다." 조지프 슈나이더(2022), 『도나 해러웨이』 조고은 옮김, 책세상, 198~199쪽.

체적인 연결은 더 많은 연결을 만들고 그것을 통해 예상하지 못했던 인간/비인간 파트너들과 연결되도록 만든다. "연결에는 이렇게 끈질긴 과정적 성격이 있다."(슈나이더, 2022: 201) 「반려종 선언」은 '소중한 타자'인 한 마리의 반려견에 대한 열정적인 관심이 무한정한(indefinite) 연결의 집합으로 확장될 수 있음을 보여 준다.[68]

자연문화의 역사 안에서 반려종의 이야기는 기술과학뿐 아니라 생명권력, 그리고 생명사회성(biosociality)과도 결부된다. '최초의 사육동물'인 개의 '기원'에 관한 이야기 중에서 지금껏 가장 사랑받아 온 것은, 인간주의적 기술예찬론자들에 의해 제시된 "(남성)인간이 (자유로운) 늑대를 잡아 (복종하는) 개를 만들고 그로써 문명의 가능성을 수립했다"는 '길들이기' 가설이다.(해러웨이, 2019: 150) '길들이기 가설'은 개를 비롯한 가축을 인간의 의도를 육체로 구현하는 대상으로 전락시킨다. 그러나 최근 개의 미토콘드리아 DNA 분자시계 연구를 통해, 종으로서의 개는 '길들이기 가설'에서 추정하는 것보다 일찍 출현했고 현생인류와 같은 시기에 생겨났다는 사실이 밝혀졌다. 그것을 토대로 인간의 일방적 길들이기가 아니라 인간과 공존하려는 개의 유전학적 적응이 이 최초의 사육동물을 만들었다는 '다른' 가설이 제시된다. "늑대를 동경하던 개들이 인간이

---

[68] 예를 들어, 개에 대한 관심은 사적인 정서적 영역에 한정되지 않고 경계지대를 연다. 도시 정치와 공공장소 활용 정책, 개 훈련 기술과 거기에 사용되는 도구들, 동물권 담론의 역사, 교육/훈련 담론과 노화/건강/웰빙 담론, 상품경제, 질병 전파, 지구지역적 정치경제의 격차, '순종' 클럽의 관행과 재생산 및 복제의 문제, 식문화 등등, "개에 대해 생각하면 이 모든 정치적 세계로 들어가지 않을 수 없다."(슈나이더, 2022: 209) 해러웨이에 따르면, 그 연결은 무한한 것(infinite)이 아니라 무한정한 것이다.(슈나이더, 2022: 200)

내버린 쓰레기에 섞인 열량 노다지를 이용하면서 개가 되었을 가능성이 가장 크다는 것이다. 새로 출현한 개들은 (……) 종간 사회화가 이루어지는 강아지 시기를 연장하고 (……) 행동학적인, 그리고 궁극적으로는 유전학적인 적응을 거치게 되었다"는 것이다.(해러웨이, 2019: 152) 다른 한편, 개를 길들이는 과정에서 인간종도 변화했을 것이다. 길들이기는 일방적인 것이 아니고 단번에 완성되는 것도 아니다. "길들이기는 창발하는 동거 과정으로서 다양한 종류의 행위 주체 및 이야기들이 개입한다. (……) [여기서] 관계는 다형적이며 위태롭고, 마무리되지 않으며 결과가 따른다."(해러웨이, 2019: 154)

  이러한 근거 위에서 해러웨이는 '공진화'가 생물학에서 지금까지 정의되어 온 것보다 더 넓게, 자연문화적으로 재정의되어야 한다고 주장한다. "꽃의 생식기관과 꽃가루받이 곤충의 기관 사이에서 발생한 형태학적 적응은 분명 공진화다. 하지만 개의 몸과 마음에서 일어나는 변화는 생물학적인 것으로 보면서 목축 및 농경사회의 출현처럼 인간의 몸과 마음에서 일어난 변화는 문화적 변화라고 본 뒤 공진화 사례에서 제외하는 것은 실수다."(해러웨이, 2019: 154~155) 해러웨이는 '인간적 의식과 문화'를 이분법적 관점에 기대어 '자연'과 분리된 인간적 의도의 산물로 보는 것은 오류라는 것, 문화/문명의 진화 역시 자연문화의 역사 안에서 복수종의 공진화라는 관점으로 다루어져야 한다는 것을 강조한다.

'소중한 타자성'

해러웨이가 반려동물을 지칭할 때 사용하는 '소중한 타자'라는 단어는, "둘도 없는 소중한 파트너라는 의미로 주로 자신의 연인이나 배우자, 즉 반려자를 지칭"할 때 사용하는 영어 관용어이다. 이 말은 혈연이나 제도와 무관하게 나에게 소중하고 중요한 타인을 가리킨다. 해러웨이는 이 말이 표현하는 소중하고 중요한 타자가 "동종이거나 동류일 필요가 없다"는 사실을 추가한다.[69]

그러나 다른 종들이 서로를 '소중한 타자'로 받아들이는 일은 쉽지 않다. 소중한 타자인 반려동물이 "말을 한다면", 우리는 그 말을 이해할 수 있을까?[70] 서로 다른 감각, 소통 방식, 앎의 체계, 삶의 실천 양식을 가진 존재자들이 "어떻게 함께할 수 있을까?"

이런 질문들에 대답하려면 창발된 실천이 필요하다.[71] 서로 다르게 물려받은 역사, 그리고 불가능에 가깝지만, 절대적으로 필요한 공동의 미래 모두를 책임질 수 있는, 부조화스러운 행위 주체들과 삶의

---

69 최유미(2020), 『해러웨이, 공-산의 사유』, 도서출판b, 31쪽.

70 비트겐슈타인(Ludwig Wittgenstein)은 "사자가 말할 수 있다 하더라도, 우리는 그를 이해할 수 없을 것"이라고 말한다. 사자와 우리는 전혀 다른 '삶의 형식(Lebensform)'을 가지고 있기 때문이다. 비트겐슈타인(2010), 『철학적 탐구』, 이영철 옮김, 책세상, 395쪽.

71 해러웨이는 '창발적 존재론'이라는 개념을 헬렌 베란(Helen Verran)에게서 빌려 온다. 나이지리아와 오스트레일리아에서의 탈식민 교육 프로젝트에 참여했던 베란은 문화상대주의를 넘어서 서로 다른 앎의 실천 양식을 배경에 둔 사람들이 어떻게 함께할 수 있을지, 문화적 차이를 진지하게 고려하면서도 어떻게 공동의 일반적 지식을 배양할 수 있을지 묻는다. 그리고 그녀는 이런 질문에 답할 수 있기 위해 '창발적 실천'이 필요하다고 주장한다.

방식을 적당히 꿰맞추는 작업, 취약하지만 기초적인 작업 말이다. **소중한 타자성**은 (……) 이런 뜻이다.(해러웨이, 2019: 125)

동물에 대해 생각한다는 것은 SF에 나오는 '다른 세계'를 생각하는 것과 마찬가지다.[72] 반려동물과의 관계는 그 다름을 알아 가려는 끊임없는 노력과 우스꽝스럽고 비극적인 실수를 자아내는 과정이다. 그 과정에 동반되어야 할 것은 유사성에 근거한 동일시가 아니라 다름에서 출발하는 '존중'이다.[73] 비인간 동물의 권리도 이런 관점에서 접근되어야 한다. 동물의 '권리'는 "이미 있어서 찾아내기만 하면 되는" 실체가 아니다. 의인관(擬人觀)적인 동물권 담론에 반대하는 비키 헌(Vicki Hearne)의 주장에 동의하면서, 해러웨이는 권리는 범주적 단위가 아니라 관계적 기원을 갖는 실천적 개념이라는 점을 강조한다. "개와 인간은 관계를 통해 서로에 대한 '권리'를 구축한다. 그 권리는 존중, 배려, 반응을 요구할 수 있는 권리다."(해러웨이, 2019: 181) 따라서 종들 간에 맺어진 윤리적 관계는 "관계-속의-타자성에 대한 지속적 관심이라는 가늘고 섬세하며 질긴 실로 뜨개질한 편직물"처럼 다루어져야 한다.

반려견과의 관계에서 시작하지만 "동거와 공진화 그리고 종의

---

[72] "네덜란드의 환경여성주의자인 바버라 노스케(Barbara Noske)는 (……) 동물에 대해 생각한다는 것은 SF에 나오는 '다른 세계'를 생각하는 것과 마찬가지라고 주장했다."(해러웨이, 2019: 160)

[73] 해러웨이는 '사랑'이라는 이름으로 반려견을 인간 혈연가족에 비유하는 것에 강한 거부감을 표시한다. 개의 반려자는 개의 '어머니'가 아니고, 개는 반려자의 '아이'가 아니다. "은유적으로라도 개를 털투성이 아이로 간주하게 되면 개와 아이 모두 품위가 떨어지며, 아이들은 물리고 개들은 죽임을 당하게 된다."(해러웨이, 2019: 163)

경계를 넘어 구현된 사회성에 관한 이야기"를 들려주는 이 선언문에서, 반려종은 개나 고양이 같은 반려동물에 한정되지 않는다. 해러웨이가 말하는 반려종은 반려동물보다 '더 크고 이질적인 범주'이다. 그것은 "인간의 삶을 지금과 같은 모습으로 만들고 반대로 인간의 삶을 통해 구성되기도 한, 쌀이나 꿀벌, 튤립 및 장내 세균총 같은 유기체적 존재자들을 다 포함하는 범주"이다.(해러웨이, 2019: 133) 그렇게 반려종은 "거미줄을 짜듯이 바깥으로 빙빙 돌아 뻗어 나갈 수 있다."(해러웨이, 2019: 267) 반려종의 관계는 그물망처럼 짜인 다른 관계들로 연결되면서 생태계의 역사와 자연문화의 역사 전반으로 확장된다.

해러웨이는 '반려종' 형상을 통해 지상의 모든 생명이 공구성적 관계의 산물이라는 사실을 보여 준다. '반려종'은 언제나 둘 이상의 관계를 지시한다. "이러한 공구성적 관계를 이루는 어느 쪽도 관계보다 먼저 존재하지 않고, 이런 관계는 한 번에 맺어 완성할 수도 없다."(해러웨이, 2019: 130)[74] 반려종의 공구성적 관계는 다형적이고, 안정적이지 않고, 시작도 끝도 없다. 그것은 함께 만드는 과정일 뿐이다.

---

[74] 「반려종 선언」을 이끄는 철학적 토대는 화이트헤드(Alfred North Whitehead)의 과정철학이다. "앨프리드 노스 화이트헤드는 '구체적인 것(the concrete)'을 '포착(prehension)의 합생(concrescence)'으로 기술했다. 그는 '구체적인 것'을 '실제의 사건(actual occasion)'으로 이해했다. 실재(reality)는 능동태 동사이며, 모든 명사는 문어보다 발이 더 많이 달린 동명사처럼 보인다. 존재자들은 서로를 향해 뻗어 나가며 '포착'이나 파악을 통해 서로와 자신을 구성한다. 모든 존재자는 관계에 선행해 존재하지 않는다. 세계는 운동 속의 매듭이다. (……) 미리 구성된 주체나 객체는 없으며, 단일한 근원이나 단일한 행위자, 최종 목적과 같은 것은 없다."(해러웨이, 2019: 122~123)

2. 종과 종이 만날 때

> "반려종 담론은 동물권이나 인권 논의를 생산하기보다는,
> 복잡한 윤리적 담론을 주장한다."
> (Haraway, 2004: 300)

복수종의 관계 윤리—'책임'의 문제

'반려종'은, 지구상에서의 삶은 언제나 다른 종들과의 관계 안에서 '함께 만들고', '함께 되는' 과정이라는 것을 드러내는 형상이다. 「반려종 선언」은 '소중한 타자'와의 관계로부터 시작하여 삶/생명을 조건 짓는 자연문화의 역사와, 기술생명권력의 그물망 안에 놓인 복수종의 관계 윤리를 성찰한다. 「반려종 선언」은 생명정치적 문제에 깊숙이 함입된 글은 아니지만, 여기서 시도된 '반려종'의 형상화 작업은 『종과 종이 만날 때』(*When Species Meet*, 2008)[75]를 거치면서 곧 다종적 생명-생태정치가 교차하는 논쟁적 접촉지대로 나아간다.

『종과 종이 만날 때』는 문학이나 철학에서 발견하는 재현적·추상적 대상으로서의 동물 타자가 아니라 '가정·실험실·야외·동물원·직장·감옥·바다·스타디움·헛간·공장 등'과 같은 구체적인 장소들에서 '현재 진행형'으로 이루어지고 있는 크리터들(critters)[76] 사

---

[75] 해러웨이(2022), 『종과 종이 만날 때』, 최유미 옮김, 갈무리.
[76] 크리터(critter)는 미국에서 온갖 종류의 성가신 동물을 가리키는 일상적인 관용어다. 해러웨이는 이 단어를 다음과 같이 확장하여 사용한다. "나는 크리터라는 관용적인 용어를 사용하여, 미생물

이의 구체적인 만남을 다룬다. 특히 '현대의 인간'이라는 종과 '가축'이라는 크리터들의 만남과, 거기서 발생하는 삶과 죽음의 폭력, 삶을 강요하고 잉여의 죽임(killing)과 잉여의 죽음(death)을 퍼뜨리는 생명정치의 문제에 관심을 기울인다. 그러면서 동물 실험, 산업화된 동물 사육, 사역 동물의 현실을 살피고, "절멸, 멸종, 종 학살의 시대에 진정한 책임을 지고 살아간다는 건 무엇을 뜻하는가"를 묻는다.(해러웨이, 2019: 286)

'반려종으로서의 책임'이라는 문제를 다루기에 앞서 해러웨이는 먼저 동물 타자가 던지는 윤리적 물음을 성찰했던 데리다(Jacques Derrida)의 논의를 짧게 검토한다. 데리다는 인간 예외주의(human exceptionalism)를 비판하면서 비인간 동물을 위한 '타자의 윤리'를 숙고했다. 해러웨이에 따르면, 데리다는 1997년 스리지라살 학회(Cerisy-la-Salle Conference)에서 했던 강연에서 어떤 "중요한 일을 완수"했다. 이 강연에서 데리다는 언어 너머에서 동물의 응답 능력을 인정하면서 '인간 언어'의 바깥에 있는 다른 사유 가능성을 발견했다. 그러나 해러웨이는 데리다의 강연 「동물, 그러니까 나인 동물(계속)」에는, "이상하게도 누락한 것"이 있다고 생각한다.[77] 데

들과 균류, 인간들, 식물들, 동물들, 사이보그들, 그리고 외계의 것들을 포함한 생기 넘치는 존재들의 잡다한 무리를 의미하려고 한다. 크리터들은 분류학상으로 깔끔한 것이 아니라, 오히려 언제나 관계적으로 뒤얽혀 있다. 내가 염원하는 것은, 창조(creation)의 모든 잔여의 음색이 다중적인 크리터 속에서 조용해졌으면 하는 것이다."(해러웨이, 2022: 402)

77 "1997년, 그 자신이 특별히 선택했던 '자전적 동물'(The Autobiographical Animal)이라는 제목으로 열흘간 열린 스리지 학회(Cerisy Conference)를 위해, 데리다는 [그 강연이] 거의 10시간 지속된 것을 고려한다면 차라리 일종의 세미나라고 해야 할 긴 강연문을 작성했다. 「동물, 그러니까 나인 동물」(The Animal That Therefore I Am)이라는 전체 강연의 제목으로 그 강연의 도입부만이 출판되었는

리다는 여기서 무엇을 누락했는가? 그 '누락'이 중요하게 다루어져야 하는 이유는 무엇인가? 그 빈 자리에 해러웨이는 무엇을 채워 넣고자 하는가?

고양이의 시선—데리다의 출발점

다윈(Charles Darwin)의 진화론 이후, 다른 생명체들과의 진화적 연속성을 가로막을 인간종이 지닌 생물학적 특별함의 근거는 사라졌다. 그러나 진화론이 남긴 '인간학적 상처'[78] 이후에도, 인간예외주의의 환상은 사라지지 않았다. 당연히 인간도 동물이지만, 인간은 스스로를 다른 동물들과 본질적으로 다른 어떤 것인 양 인식한다. 인간이라는 동물은 다른 비인간 동물들과 어떻게, 얼마나 다른가? 그 '다름'이 동물 타자에 대한 인간의 태도를 정당화할 수 있는가?

데리다는 인간과 동물 사이의 단절적인 경계를 문제 삼는 출발점으로, 아침 샤워 후 발가벗은 자신 앞에 나타난 반려동물 고양이

데, 그것은 후속 작업의 출판 의사를 알리는 '계속'(to be continued[à suivre])이라는 주석을 달고 있었다. 2003년, 마침내 그는 이 동일한 강연의 거의 끝부분에서 하나의 텍스트를 [정리해] 「그러면, 동물은 응답했는가?」(And Say the Animal Responded?)라는 제목으로 (……) 출판했다." Marie-Louse Mallet(2008), "Foreword", Derrida(2008), *The Animal That Therefore I Am*, New York: Fordham University Press, p. ix.

[78] 프로이트(Sigmund Freud)는 서구인들의 인간 예외주의와 자아도취적 정신에 상처를 남긴 세 가지 역사적 사건을 언급한다. 첫번째 상처는 코페르니쿠스의 지동설이, 두번째 상처는 다윈의 진화론이, 그리고 세번째 상처는 자신의 무의식 발견이 남긴 것이다. 해러웨이는 여기에 네번째 상처를 보탠다. 유기체와 기계를 가르는 '거대한 분리(Great Divide)'를 무너뜨리는 "정보학적 혹은 사이보그적 전환"이 그것이다. "그것은 유기적 육신과 테크놀로지의 육신을 감싸안고, 그래서 '대분기(Great Divides)'도 혼합시킨다."(해러웨이, 2022: 23)

의 시선 앞에서 느낀 수치심을 들여다본다.[79] 데리다는 예외적인 동물인 '인간 남성'을 지켜보는 비인간 동물 타자의 응시 앞에 "발가벗은 채 진실된 모습으로 서는 이 곤란한 만남의 원초적인, 단일하고 비교 불가능한 경험"을 숙고한다.(데리다, 2013: 303~304)

데리다는 고양이의 응시 앞에서 느낀 부끄러움을 기억하고 그것을 하나의 물음으로 제시한다. 이 부끄러움의 이유는 무엇인가? 고양이의 시선 앞에서 부끄러워해야 하는가? "이것은 마치 내가 이 고양이 앞에 발가벗고 있어서 부끄러워하는 것 같기도 하고 또한 부끄러워하는 것을 부끄러워하는 것 같기도 합니다. 이것은 부끄러움에 대한 반성이고, 자기 자신을 부끄러워하는 부끄러움의 거울인 셈입니다."(데리다, 2013: 304) '발가벗음'은 시선의 주인인 고양이의 문제가 아니라, 그 시선 앞에 선 '옷을 입는 동물'인 인간의 문제다. '발가벗음'은 '인간적인', '인간만의', '인간 고유의' 문제다. 동물에게는 없는 '인간 고유의 것'을 꼽아 인간이라는 동물을 다른 동물들과 구분해 온 종적 차이 담론의 역사는, '옷을 입는다'는 것, 또는 '수치심을 느낀다'는 것을 '말이나 이성, 로고스, 역사, 웃음, 애도, 매장, 선물 등등'과 함께 '인간적 특수함'으로 거론할 수 있을 것이다.(데리다, 2013: 305)

그러나 데리다는 이 자리에서 오직 '한 동물이 나를 본다'는 사실, 그리고 그 생명체가 나를 바라볼 수 있으며, "나에 대한 자기의 관점"을, 즉 "절대적 타자의 관점"을 가지고 있다는 사실에 주목한

---

[79] 데리다(2013), 「동물, 그러니까 나인 동물(계속)」, 최성희·문성원 옮김, 『문화과학』 73호, 302쪽.

다.(데리다, 2013: 316) "그 시선은 바닥이 없습니다. 그것은 순진하면서도 동시에 잔인하고, 아마 예민하면서도 둔감하며, 선하면서도 악하고, 불가해하고, 속을 알 수 없고, 뭔지 모를, 한없이 깊고 비밀스러운 그런 시선이지요. 전혀 다른 눈길입니다. 전혀 다른 전적인 타자지요."(데리다, 2013: 318) 그 시선 아래에서 '나인 동물'은 "발가벗은 채 보여지고 있는 자신을 보는 것"이다. 비인간 동물 타자의 시선 아래에서 나는 나 자신을 성찰하게 된다. 그리고 이 타자의 응시가 나로 하여금 '인간적인 것'이란 무엇인지를 생각하게 한다. 데리다는 다음과 같이 말한다. "바닥 없는 전적인 시선으로서, 타자의 눈으로서 '동물'이라는 이 시선은 나로 하여금 인간적인 것의 깊은 한계를 보도록 합니다."(데리다, 2013: 319) 동물 타자의 시선이 우리로 하여금 인간적인 것이 무엇인지, 비인간적인 것 혹은 무인간적인 것과의 경계는 무엇인지, 인간이라는 동물을 다른 동물들과 가르는 차이가 무엇인지 묻게 한다.

"동물을 보고, 관찰하고, 분석하고, 성찰하지만, 한번도 동물에 의해 보여진다고 보이지 않았던", "결코 그들에게 향하는 동물의 시선과 서로 얽힌 적이 없던" 데카르트, 칸트, 하이데거, 라캉, 레비나스 같은 서양철학자들의 담론 안에서, 동물은 보는 것이 아니라 보여지는 '사물'처럼 다루어졌다.(데리다, 2013: 320~321) 데리다는 서양철학의 이 오랜 인간중심주의(anthropocentrism)를 해체하고자 한다. '동물'이라는 타자를 구성함으로써 '인간적인 것'의 고유함을 수립하고자 했던 전통적인 인간학의 담론 체계는, 동물이 무엇을 말하고자 하는지 묻지 않는다. 인간의 언어, 즉 로고스가 없는 동물의 세계는 무언(無言), 언어의 부재, 마비, 그리고 결핍과 빈곤으로 정식화되기 때문이다. 이 인간중심주의적 정식화는 동물의 삶과 죽음, 그리고 고통이라는 중요한 물음을 외면하고, 불가능한 인간예외주의를 강조함으로써만 가능했던 것이다.

동물의 고통과 윤리적 책무

데리다는 지난 2세기 동안 가속화되고 격화되어 온 동물을 대상으로 한 폭력을 이 전통적인 '인간중심주의'와 '인간예외주의'의 귀결이자 급진화로 본다. 동물학, 생태학, 생물학, 유전학 등의 지식과 결합된, 세계를 변형하는 기술의 '발전'은 "과거와는 전혀 다른 규모의 사육과 조련, 유전학적 실험, 동물 고기의 식용 생산이라 부를 수 있는 것의 산업화, 대규모 인공 수정, 점점 대담해지는 게놈 조작 등"을 가능하게 했다. "식용 고기의 더 활성화된 생산과 재생산(호르몬, 이종교배, 복지 등)으로 동물을 환원시킬 뿐 아니라 인간의 특정한 존재와 소위 인간적 웰빙에 봉사하게끔 모든 종류의 다른 목적으로 동물을 환원하는 것"이, 바로 이 "전례 없는 동물 종속"과 동물의 삶에 대한 "간섭주의적 폭력"의 양상들이다.(데리다, 2013: 339) 동물의 삶을 예속시키는 산업적, 기계적, 호르몬적, 유전학적 폭력이나 인간이 "동물을 어떻게 생산하고 사육하고 운송하고 도살하는지", 그 실상은 감추어져 있지 않다. 데리다는 이 감추어지지 않은 폭력적 현실이 야기하는 고통, 연민, 동정의 '파토스(pathos)'가 동물 문제를 다루는 출발점이 되어야 한다고 지적한다.

'동물의 권리'에의 호소는 "동물이 생각할 수 있는가, 말할 수 있는가?"와 같은 인간적 기준의 '할 수 있음'보다는, "동물이 고통을 겪을 수 있는가?"를 아는 문제로 접근되어야 한다. 데리다는 동정과 연민의 파토스를 야기하는 이 질문('그들도 고통을 겪을 수 있는가?')은 능력이 아니라 정념과 비-능력을 증언한다고 본다. 그리고 바로 이 '할 수 없음'으로부터 비인간 동물 타자에 대한 윤리가 시작되어야 한다고 주장한다. 그것은 '할 수 있는가?'의 물음이 아니라, "할 수 있음이 없는 가능성, 불가능한 것의 가능성"을 향한다.

싱어(Peter Singer)와 같은 공리주의 동물권론자들도 동물의 고통에 주목했다. 그들은 "인간과 동물 개체들은 고통이나 안녕을 체험하거나 느끼는 능력인 지각력(sentience)을 가지고 있다"는 점에 근거하여 동물의 권리를 주장한다. "이러한 지각력을 가진 개체는 삶의 주체로서의 권리를 지니며", 우리는 이 개체를 보호할 의무를 갖는다는 것이다. 이 주장은 두 가지를 전제한다. 하나는 동물을 '개체'로 보는 관점이고, 다른 하나는 그 개체를 인간과 같은 '지각력'을 지닌 존재자라는 측면에서 권리 주체로 상정한다는 점이다.[80] 데리다의 주장은 동물의 고통에서 출발한다는 점에서 공리주의적 동물권 논의와 유사하게 보이지만, 데리다는 이들과 달리 '지각력'이라는 인간과 유사한 능력보다는 '전적인 타자'의 연약함과 생명으로서의 유한성을 출발점 삼는다는 점에서 근본적인 차이를 갖는다. 데리다는 동물에게서 '능력을 가진 개체'가 아니라 '고통받는 타자'

---

[80] 윤성복(2013), 「동물 그리고 경합하는 동물 담론들」, 『문화과학』 76호, 68쪽.

를 본다. 그렇게 데리다는 비인간 동물의 문제를 '타자의 윤리'의 맥락으로 가져온다.

그렇기 때문에 데리다에게 문제가 되는 것은 바로 "우리가 동물과 공유하는 유한성을 생각하는 방식"이다. 이러한 유한성의 사유에 기반한 비인간 동물 타자의 윤리를 데리다는 다음과 같이 정식화한다.

> 이 도덕성은 삶의 유한성, 그 자체에, 동정의 경험에 속합니다. 이 할 수-없음의 가능성을, 이 불가능성의 가능성을, 이 상처 입기 쉬움의 불안과 이 불안의 상처 입기 쉬움을 공유하는 가능성에 속합니다.(데리다, 2013: 343)

만일 우리가 우리 인간과 공유하는 '삶의 유한성'을 인식하고, 비인간 동물 타자를 엄습하는 고통을 부정할 수 없다면, 그에 대한 연민 또한 피할 수 없을 것이다. 그리고 그것이 우리 인간에게 윤리적 책임과 의무를 부과한다. 데리다는 동물의 삶을 침해하는 측과 외면할 수 없는 연민을 호소하는 측 사이의 '전쟁'에 대해, 그리고 마땅히 해야 할 일에 대해, 비껴갈 수 없는 책임과 의무에 대해 생각해야 한다고 말한다. 이 사유는 데리다가 동물의 응시 앞에 우리가 발가벗고 서 있다는 것을 의식할 때 시작된 것이다.

비인간 동물이 고통받고 있다는 사실, 그리고 우리 모두가 생명으로서의 유한성을 공유하고 있다는 사실이 동물에 대한 윤리적 책임을 불러온다. 그러나 그것이 곧 동물과 인간 사이의 경계를 완전히 지우고 양자 간의 동질적 연속성을 강화하는 것은 아니어야 한다고, 데리다는 말한다. 오히려 경계의 형상을 증식시키고, "선을 증가시키고, 복잡하게 하고 두껍게 하고 선형화하고 접고 나누는 것"이 필요하다.(데리다, 2013: 345)

인간중심주의적 주체성의 모서리는 그 반대편에 언제나 대문자 '동물' 또는 대문자 '동물적 삶'을 대립시켰다. 그러나 이미 생명체의 이질적 다수성이 존재한다. 우리는 생명체라고 말할 때, 거기에는 "다수의 조직들, 살아 있는 것과 죽은 것 사이의 관계들, 유기물과 무기물의 관계들의 조직체"가 있다. 그리고 "이런 관계가 성립하는 영역들은 유기적인 것과 비유기적인 것, 삶 또/또는 죽음의 형태들로 분리하기 어렵다." 그런데도 "인간이 아닌 모든 생명체를 대문자 동물이라는 이 '공통 장소'의 공통의 의미 안에 다시 묶을 수 있는가?"(데리다, 2013: 351) 그럴 수 없을 것이다. 따라서 데리다는 인간과 비인간 동물 사이의 관계를 단순한 동일성이나 차이로 가를 수 없는 복잡한 경계들로 증폭시켜야 한다고 본다. 인간이라는 예외적 표준에 맞춰 '그것이 아님(비-인간)'이라는 부정성으로 통합하여 규정하는 것이 아니라, 광대한 생명체의 다수성을 수용할 수 있어야 한다는 것이다.[81]

아침 욕실에서 남성 철학자의 발가벗은 몸을 응시하는 고양이

---

81 "이 관점에서 보면, 인간과 동물의 구분은 그들의 존재 양태를 구성하는 차이를 만드는 힘들의 '동일한' 네트워크 안에 복잡하게 붙잡혀 있는 양(兩) 존재의 '종류들'만큼이나 불명확하다." Calarco(2008), *Zoographies: The Question of the Animal from Heidegger to Derrida*, New York: Columbia University Press, p. 106.

의 시선으로부터 출발한 데리다의 비인간 동물 타자에 대한 사유는, '타자의 윤리'로 비인간 동물을 초대한다. 데리다에게 '타자의 얼굴'의 윤리적 요청은 '인간적인 것'의 영역에 선험적으로 한정되지 않는다.[82] 나를 마주하고 있는, 나와 대면하고 있는 동물은 내 실존의 양태에 질문을 던지는 '절대적 타자'이다.(Calraco, 2008: 5)[83] 그렇게 비인간 동물의 응시가 인간이자 동물인 나에게 사유를 촉발한다. 그리고 인간의 한계를 묻게 하고, 동물의 고통받는 삶에 윤리적 책임을 의식하게 한다.

데리다는 무엇을 놓쳤는가?—'응답과 존중이라는 게임'

이 세계에서 함께 살아가는, 고통의 정념을 느끼고 그것에 대한 연

---

[82] 데리다는 레비나스의 '타자의 윤리'에서 출발한다. 그러나 레비나스와 달리 타자의 윤리를 인간적인 것의 영역에 한정하지 않는다. 레비나스에게 '절대적 타자'의 지위를 인정받을 수 있는 것은 오로지 '인간'이다. 레비나스에게 환대, 그리고 윤리와 책임은 전적으로 '인간적인 것'이다. 그러나 데리다는 "'한 동물이 나를 본다'는 사실, 그 동물이 '나에 대한 자기의 관점', '절대적 타자의 관점'을 가지고 나를 본다는 사실로부터, 데리다는 얼굴의 '높음'도, 언어의 '초월'도 없지만, 나에게 '너는 죽일 수 없다'는 윤리적 명령을 던지는 타자를 발견한다." 김애령(2023), 「환대와 응답-능력」, 『인간과 평화』 제4권 제1호, 210쪽. 그러나 또한 흥미롭게도 레비나스는 나치의 포로수용소에서 만난 개 바비(Booby)에 대한 회고를 통해, 그 개만이 유일하게 자신(들)을 '인간'으로, '절대적 타자'로 환대했던 것을 기억한다. 레비나스의 이 에피소드는 Levinas(2012), "The Name of a Dog, or Natural Rights", *Animal Philosophy: Ethics and Identity*, ed. by Peter Atterton and Matthew Calarco, London·New York: Continuum, pp. 47~50에 담겨 있다.

[83] 칼라코(Matthew Calarco)는 데리다의 작업이 동물권 철학 전반에서 보다 적극적인 관점의 출발점이 되었다고 본다. 칼라코에 따르면, 데리다 주장의 의의는 "첫째는 레비나스적 타자로서 동물이 인간에게 일종의 '원(原) 윤리적' 명령('proto-ethical' imperative)에 조우하게 만든다는 점, 둘째는 그리하여 동물은 우리에게 '구체적인 윤리적·정치적 입장'을 요청한다는 점, 셋째는 동물 담론에 초점을 두고 '서구철학 전통의 근본적인 인간중심적인 추진력'을 드러냈다는 점"에 있다. 황정아(2017), 「동물과 인간의 '(부)적절한' 경계: 아감벤과 데리다의 동물담론을 중심으로」, 『안과 밖』 43호, 88쪽.

민을 자극하는, 유한한 생명들과 어떻게 관계 맺을 것인가? 해러웨이는 '종과 종이 만날 때' 벌어지는 사건을 살피는 자리에서 데리다의 논의가 지닌 의의를 인정한다. "데리다는 오래된 철학의 스캔들, 말하자면 '동물'을 반응밖에 못하는 동물기계로 평가한 철학의 스캔들을 파고들었다."(해러웨이, 2022: 32) 그리고 그는 물음을 바꾸었다. 데리다는, 동물이 말할 수 있는지가 아니라, 인간뿐 아니라 그 외의 존재자들에게 응답한다는 것이 무엇인지, 그리고 응답과 반응을 구별할 수 있는지를 묻는다.(해러웨이, 2022: 33) "여기서 관건은 동물들에게 '말(parole)을 돌려주는' 일이 아니라, 아마, 이름이나 말의 부재를 다르게 사유하는 사유, 박탈로서가 아닌 다른 방식으로 사유하는 사유에 도달하는 일일 것"이라는 사실을 데리다는 알고 있다.(데리다, 2013: 374) 해러웨이가 아쉬워하는 부분은 데리다가 이 '앎'에서 더 나아가지 못했다는 점이다.

해러웨이는, 데리다가 동물의 응시를 사유를 자극하는 물음으로 받아들이고 동물과 관계를 맺는 다른 형식이 필요하다는 성찰에 도달했음에도 불구하고, 반려종으로서 해야 할 단순한 의무를 간과했다고 지적한다. "그는 그날 아침, 그 고양이가 뒤돌아보았을 때 실제로 무엇을 하고, 느끼고, 생각하고, 혹은 그에게 무엇을 가능하게 했을까에 관한 호기심을 품지 않았다."(해러웨이, 2022: 33~34) 해러웨이가 보기에 호기심이 왕성한 철학자, 미지의 것에 주의를 기울이는 겸허한 철학자, 동물에 대한 깊은 흥미를 철학적 실천으로 연결하는 역량을 지닌 철학자가 고양이의 시선과 마주하면서 놀랍게도 놓쳐 버린 것은, 바로 호기심이 주는 기회였다. "호기심을 갖지 않아서 그는 다른 세계-만들기로 유혹되고 잠입할 기회를 놓쳐 버렸던 것이다."(해러웨이, 2022: 34) 데리다가 놓친 것은 "동물들에 관해 그리고 동물들과 함께 얻는 유한하고 실증적인 지식"이었다. 그 지식들이 "글쓰기 기술 외부에 있는 커뮤니케이션의 실천"을 시험할 수 있게 해주었을 것이다.(해러웨이, 2022: 35)[84]

동물의 시선에 조응하지 못했던 철학자들이나 동물을 문학적이거나 신화적인 형상으로 만드는 시인들의 재현을 정당하게 비판하면서도, 또한 레비나스와 달리 고양이의 '절대적 타자성'을 인정하면서도, 데리다는 동물들의 행동과 그들의 세계 경험에 충분한 관심을 기울이지 못했다. 그렇게 "데리다는 존중, 레스페체레(respecere)의 가장자리에 다가섰지만 서양철학과 문학이라는 그의 경전 때문에, 그리고 자신의 고양이 앞에 벌거벗고 있었던 것에 대한 수많은 걱정 때문에 옆길로 빗나가 버렸다."(해러웨이, 2022: 33)

데리다와 고양이의 만남은 함께하는 실천적 활동으로 나아가지 못한 채 철학자의 자기 성찰로 가라앉았다. 종들의 만남이 철학적 사유의 출발점이 되었고 그 사유가 비인간 동물 타자의 유한성과 고통에 대한 윤리적 성찰이 되었지만, 함께 만들어 가는 창발적 실천으로 연결되지 못한 채 윤리적 명령(imperative)으로 귀착했다.

데리다를 '연민의 덕(virtue of pity)'으로 이끌었던 '그들도 고통

---

[84] "왜 데리다는, 그레고리 베이트슨, 제인 구달, 마크 베코프, 혹은 바버라 스머츠를 비롯한 많은 사람들이 살아 있는 다양한 동물들의 시선과 조우한 적이 있는지, 그런 시선에 응답하여 그들 자신이나 자신들의 과학을 해체하거나 재구성한 적이 있는지에 대해 원칙적으로라도 물어보지 않았던 것일까? 그들 나름의 실증적인 지식은, 데리다가 '이름이 부재하다는 것을 결여 이외의 어떤 것'으로 생각하는 이 세상의 유한한 지식이었을지도 모른다."(해러웨이, 2022: 35)

을 겪을 수 있는가?'라는 물음은 적극적인 정치적 의제가 되기에 충분한가? 동물의 고통은 작은 문제가 아니다. 그러나 해러웨이는 이보다는 "동물이 놀 수 있을까? 일할 수 있을까?" "나는 이 고양이와 함께 노는 법을 배울 수 있을까? 철학자로서 나는 그 초대에 응답하거나 그 초대를 알아차릴 수 있을까?"와 같은 질문들이 훨씬 더 많은 것들을 약속해 줄 것이라고 본다.(해러웨이, 2022: 35) 데리다가 "동물이 우리는 본다, 그리고 우리는 그 앞에 발가벗고 있다, 사유는 아마도 거기에서 시작된다"고 말할 때, 그는 동물'로부터', 동물에 '대해서', 그리고 동물'과 더불어' 할 수 있는 더 많은 것들이 있다는 사실을 알아차리지 못했다. 또한 인간과 동물 사이의 관계가 단지 고통과 연민이 아닌 함께 만드는 관계 안에 있다는 것, 따라서 고통이라는 부정적인 정념에 동일시하는 것을 넘어 때로 어떤 고통을 감수하면서도 기쁨, 보람, 노동, 놀이에 함께 참여하는 것이어야 한다는 점을 간파하지 못했다.[85] 그런 의미에서 데리다는 고양이가 열어 준 '다른 세계'로의 초대에 응하지 못했다. 해러웨이는, 윤리적 책임은 윤리적 명령에 따르는 의무가 아니라 구체적인 대상에 응답하기에 있고, 응답하기는 존중이며 '함께 되기(becoming with)'의 실천을 통해 가능하다고 지적한다.

　데리다가 제시하는 동물의 고통에 대한 성찰은 "죽이지 말라

---

[85] "헌은 인간뿐 아니라 개 역시 종에 특유한 방식으로 상황을 도덕적으로 이해하거나 성취를 진지하게 열망하는 능력을 타고난 존재라고 본다. (……) 동물의 행복 및 권리에 대한 헌의 이상은 동물에 대한 인간 의무의 핵심이 동물의 고통을 경감시켜 주는 데 있다는 생각과도 거리가 멀다. 반려동물에 대한 인간의 의무는 그보다 훨씬 엄격"하다.(해러웨이, 2019: 182)

(Thou shalt not kill.)"는 윤리적 명령으로 귀결되었다. 해러웨이는 동물의 고통, 그리고 죽임(killing)과 관련된 데리다의 윤리적 명령을 다른 계율로 대체하고자 한다. 그것은 "죽여도 되는 존재로 만들지 말라(Thou shalt not make killable.)"이다. 죽이게 되더라도, 죽여야 하더라도, 죽여도 되는 것은 없다.

해러웨이는 실험동물 연구를 전적으로 반대하지 않는다. 극도로 조심스럽게 한정해야 하고, 거기에 얼마나 많은 고통이 있는지, 그 고통을 누가 감내하고 있는지, 그 고통에 우리는 어떻게 반응해야 하는지 등등에 대한 도덕적이고 감정적인 질문에 날카롭게 직면해야 한다고 강조하지만, 동물실험 연구 자체를 전적으로 폐지할 수 있다고 생각하지 않는다.(해러웨이, 2005: 231) 해러웨이에 따르면, "우리가 아무리 피하려고 노력한다 해도, 무언가뿐 아니라 누군가가 차별적으로 죽지 않는 삶의 방식은 없다." 그러므로 문제는 '죽음/죽임' 자체가 아니다. 그것을, 그것이 야기하는 고통을 어떻게 받아들이고 감수하고 책임지는지에 있다. "우리가 '절멸주의'에 이르게 되는 것은 죽이기 때문이 아니라, 죽여도 되게 만들기 때문"이라고 본다.(해러웨이, 2022: 104~105) 우리가 살고 있는 이 자연문화의 '심각하게 순진하지 않은, 순수할 수 없는' 상황에서 도덕적 판단이 내려지고 윤리적 책임이 물어져야 한다면, 그것은 언제나 모순적이고 불순한 태도를 감수하면서 응답할 수밖에 없다고, 해러웨이는 생각한다.

책임(responsibility)은 응답할 수 있는 능력(response-ability)과 함께 자라난다.(해러웨이, 2022: 92) 해러웨이는 실험실의 동물들, 자기 세계 안에 있는 동물들은 모두 인간과 마찬가지 의미에서 응답할 수 있다고 본다. 그녀에 따르면, '응답할 수 있음'은 개체들, 주체들, 객체들이 함께 만들어 가는 내적-작용(intra-action) 안에서 주조되는 관계의 산물이다. 그것은 유사성에 기초하는 것도 아니고 동등한 대칭성에 기댈 수 있는 것도 아니다. 해러웨이는 동물에게 '응답할 수 있는 능력'이 있다는 점을 강조하지만, 윤리적인 것은 인간이지 비인간 행위자들이 아니라는 점을 분명히 한다. "우리가 조심해야 할 것은 비인간 행위자들을 의인화하는 일"이다. "우리가 맺는 관계의 성질은 똑같은 종류의 존재로 이루어진 게 아니다. 이런 세계들 내부에서 감정적·윤리적·정치적·인지적 책임감을 갖고 있는 것은 사람들이다."(해러웨이, 2005: 213)

해러웨이는, 동물과의 윤리적 관계는 동물이 '응답할 수 있는' 존재자라는 것을 전제하며, 그렇기 때문에 잔혹함을 최소화하는 것으로는 충분하지 않다고 주장한다. 책임은 그보다 더 많은 것을 요구한다. 그것은 동정이나 연민을 넘어 상대방의 존엄에 대한 인정과 존중을 포함하는 것이어야 한다. 응답할 수 있는 행위자이자 존중받아야 할 상대가 겪어야만 하는 고통을 나누는 것, 그것이 인간 행위자의 책임이라는 것이다. 좋은 것도 아니고 정당화할 수 있는 것도 아니지만 죽임이 불가피하거나 혹은 요청될 수밖에 없는 경우라면, 해러웨이는 그 구체적이고 상황적인 실천 안에서 고통을 공유하는 책임이 필요하다고 주장한다.

생명정치와 생태정치의 교차

해러웨이는 동물과의 관계에서——어쩌면 인간 관계에서도——도구적 관계가 완전히 배제될 수 없다고 생각한다. 오히려 해러웨이는 "일한다는 것과 사용한다는 것 그리고 도구가 된다는 것은 신체적으로 얽혀 있는 필멸의 현세적 존재(being)와 되기(becoming)의 고유한 일"이라고 주장한다.(해러웨이, 2022: 93) 해러웨이는 '사용 관계'가 대칭적일 수 없지만 그것이 곧 일방적으로 강요된, 완전한 부자유와 침해를 의미하는 것은 아니며 거기에 일정한 '자유도'가 있을 수 있다고 본다. "오히려 사용의 관계는 바로 반려종이 무엇에 관한 것이냐는 문제이다."(해러웨이, 2022: 97) 실험동물에 대한 해러웨이의 이 주장은 강한 비판을 촉발했고 논쟁을 불러왔다.

> 만약 누군가가 당신을 붙들고 다음과 같이 말한다면, 당신이 어떻게 말할지 알고 싶습니다: 생물의학 실험에서의 실험동물 살육을 옹호할 수 있으면 해보시오. 동물들이 엄청난 고통을 느끼지 않도록 아무리 돌보고 있다고 해도, 결국 동물들은 사회의 이익을 위해 당신이 가한 고통을 최종적으로 겪을 것입니다: 지식의 탐구 그 자체를 위해 혹은 인간의 목적에 적용하기 위해 당신은 그것을 실행했습니다. 당신은 동물을 죽였습니다. 자, 자신을 옹호해 보십시오.
> 이러면, 당신은 어떻게 대답하시겠습니까?(해러웨이, 2022: 113)[86]

---

86 실험동물의 고통과 반려종의 책임에 대해 다룬 「고통 나누기」 장의 뒷부분에 붙은 '코다'에서

해러웨이는 이 질문에 답하지 못한다. 이 질문이 겨냥하는 문제를 해러웨이는 피할 수 없다. 그녀는 다른 주제들을 다룰 때와는 달리 '실험실 동물의 현실' 내부의 구체적 차이들을 삭제하면서, '노동', '자유도', '계산 가능성' 등의 추상적 개념들을 들여와 이 모순적이고 불순한 실천을 용인하려 한다. 그리고 그 결과 아이러니하게도 실험동물의 고통에 대한 단호한 거부의 명령보다도 더 무거운 윤리적 물음과 짐을 관련된 모두에게 지우려 하는 것 같다. "죽을 운명의 존재로서 책임 있게 사는 것"은, "[고통을 야기하고 죽이는 것을 포함하는 실험실의] 실천이 실천자 스스로를 정의에 대한 확신으로 도덕적 편안함 속에 있게 두어서는 안 된다는 것"이다.(해러웨이, 2022: 97) 책임 있게 살고자 한다면, 어떤 단번의 선택이 허락하는 도덕적 편안함을 포기해야 한다. 이것은 지속하는 모순적 실천에 책임을 져야 하는 무거운 문제이기 때문이다.

임신중절을 찬성하는 '비생명-우선(pro-life) 페미니스트'를 자임하는 해러웨이는 "생명 우선 입장을 취하는 한 책임감 있게 살 가능성이 없다"고 생각한다.(해러웨이, 2019: 291) 그녀는 또한 살아 있음이나 살리기가 언제나 무조건적으로 지지되고 긍정될 수 있다고 생각하지 않는다.[87] 그러나 그것이 '죽임'을 당연하게 받아들여

해러웨이는 이 글의 초고를 읽은 '친구이자 동료' 샤론 가마라-타브리지의 편지를 소개한다. 이 편지는, 해러웨이의 주장에 담긴 '가장 어려운 난제들을 둘러싼 싸움'을 예고하면서 날카로운 비판을 담은 질문을 던진다.

[87] 생명정치에서 죽임(killing), 죽음, 죽게 내버려두기(letting die)의 문제에 대한 캐리 울프의 질문에 답하여, 해러웨이는 "살게 만드는(making live) 폭력"에 대해 언급한다. "거기에 더해서, 살게 만드는 끔찍한 폭력이 있지요. [...] 잘 살 수 있는 가능성이 이미 막혀 있을 때 살게 만드는 것이 어떤 방

야 한다는 것은 아니다. 오히려 그녀는 판단 오류의 가능성을 포함하여 죽임의 책임을 받아들여야 한다고 강조한다. 개별 상황마다 요구되는 어렵고 불확실한 결정의 책임을 감당해야만 한다는 것이다. '죽여도 되게 하지 말라'는 명령은 생명정치와 생태적 사유의 교차점에서 더 철저하게 생각해야 하는 중요한 문제가 된다.(해러웨이, 2019: 288) 예를 들어 우리는 생명정치적 사유와 생태적 사유가 교차하는 지점에서 "종 복원, 서식지 복원, 생태 복원, 생태 재생, 종 재생 등등"의 불확실하고 어려운 선택을 감수해야만 한다.(해러웨이, 2019: 290) 때로 위험을 감수하면서 받아들여야만 하는 "너무 복잡하고 절대 결백할 수 없는 개입, 너무 중요하지만, 문제 투성이인 그런 개입"을 피할 수 없다. 해러웨이는 여기서 '침략종(invasive species)'의 제거와 같은 구체적인 실천을 예로 든다.[88] 해러웨이에 따르면, 물론 '침략종'이라는 말 자체에 내포된 위험한 관점이 있다. 그러나 특정 지역으로 이주한 '자리를 벗어난 종'이 토착종들의 생명을 위협할 때, 그것을 제거해야 하는가, 아니면 그대로 두어야 하는가? 이 같은 상황에서 판단하고 결정을 내려야 할 때, 책임 있는 죽임을 회피하지 않아야 한다고 해러웨이는 생각한다. 어떤 경우든

식으로 폭력적인지 (……) 가치를 추출하고 도살하려는 목적으로 삶을 강요하는 거대 장치 말입니다. 다른 생명체들에 관한 한 지구상에서 가장 큰 폭력의 원천은 다중적인 삶-강요 장치(forced-life machines)일 것입니다."(해러웨이, 2019: 283)

[88] 해러웨이는 캘리포니아 해변의 섬에 서식하는 '바닥에 둥지를 트는 새들'과 거기 이주한 '침략종', 새들의 생존을 위협하는 쥐나 고양이의 번식이 야기한 딜레마를 예로 든다. 해러웨이는 죽임을 선택해야 한다면, '죽이고 있다는 사실'을 인정해야 한다고 말한다. "죽이는 것이 가끔은 가장 책임 있는 행동, 심지어는 좋은 행동일 수도 있지요. 하지만 절대 무고한 행동은 아닐 거예요. 어떻게 하면 정말로 무고하지-않음 속에서 살 수 있을까요?"(해러웨이, 2019: 291)

선택은 무고하지 않고 그 선택이 야기하게 될 결과는 생태적으로 불확실하지만 그럼에도 결정을 내려야 한다면, 그 죽임과 죽음에 우리의 책임이 있다는 것, 그것이 우리가 책임져야 할 죽임이며 죽음이라는 사실을 무겁게 의식해야 한다는 것이다.

이 지상에서 반려종들은 서로를 살리고, 죽이거나 죽임을 당하고, 먹고 먹히고, 이용하고 이용당하지 않으면서 번성할 수 없다고, 해러웨이는 생각하는 것 같다. 그 관계를 구체적·상황적으로, 그리고 동시에 복잡한 연결의 관점에서 이해하는 것, 그리고 그 불확실성과 오류 가능성과 그것이 야기할 위험을 감수하면서 선택하는 것, 그 선택에 대한 책임을 회피하지 않는 것, 그것이 해러웨이가 말하는 반려종 인간에게 주어진 의무인 '응답과 존중'의 의미이다.

3. 이야기 바꾸기, 세계 다시 짓기

> "우리가 이야기를 바꿔야 한다.
> 이야기가 달라져야 한다."
> (해러웨이, 2021: 75)

이야기 바꾸기

반려종은 이 지구상의 '우리'는 결코 홀로 살고 홀로 죽을 수 없다는 것을 알려 주었다. 그리고 이 지상에서 크리터들이 어떻게 서로 연결되어 있는지, 어떻게 이 다층적 연결망 안에서 과정적 존재자로 살고 죽는지를 이해할 수 있게 했다. 반려종은, 우리가 '함께 만드는(sympoietic) 체계'이며 쉼 없이 '더불어 되기(becoming-with)' 중이라는 것을 알아차리게 한다. 이 알아차림을 바탕으로, 해러웨이는 세계에 대한 이야기를 바꾸고 '세계를 다르게, 다시 짓는' 문제로 나아가고자 한다. 이종의 관계 맺기, 함께 만드는 '존재론적 안무(ontological choreography)'[89] 안에서 살고 죽고 번성하는 반려종들의 현실을 알아차리는 일은, 인간중심적 세계 짓기(worlding)에서 벗어나 복수종의 '다른' 세계 짓기를 상상할 수 있게 한다. 이 망

---

[89] "캐리스 톰슨(Charis Thompson)은 '**존재론적 안무**(ontological choreography)'라는 용어를 제시한다. 존재의 춤을 안무한다는 표현은 은유를 넘어선다. 인간이든 비인간이든 모든 존재의 몸은 자기 확실성을 만드는 과정에서 분해되었다가 다시 조립된다."(해러웨이, 2019: 125)

가져 가는 지구에서 살아갈 방법을 모색하기 위해[90], 호모 사피엔스(Homo Sapiens), 종으로서의 인간(Human), 인간종으로서의 인류(Anthropos), 근대인(Modern Man)을 세계 짓기의 주인공의 자리에서 물러나게 할 수 있을 다른 이야기, 더 나은 이야기가 필요하다고, 해러웨이는 생각한다. 어떤 이야기는 분명 다른 이야기들보다 더 낫다.

> 다른 이야기들을 이야기하기 위해 어떤 이야기들을 가지고 이야기하느냐가 중요하다. 어떤 매듭이 매듭을 매듭짓는가, 어떤 사유가 사유를 사유하는가, 어떤 설명이 설명을 설명하는가, 어떤 연결이 연결을 연결하는가가 문제이다. 어떤 이야기가 세계를 만드는가, 어떤 세계가 이야기를 만드는가가 중요하다.(해러웨이, 2021: 27)

해러웨이는 스트래선(Marilyn Strathern)으로부터 "다른 관념들을 사유하기 위해 어떤 관념들을 가지고 사유하느냐가 중요하다"는 점을 배웠다고 말한다.(해러웨이, 2021: 26) '다른' 이야기, '다른' 사유를 위해, 어떤 이야기, 어떤 사유가 필요한가? 기존의 지배적인 이야기를 뒤집고, 비판하고, 해체하는 것만으로는 그 이야기가 드

---

[90] Tsing·Swanson·Gan·Bubandt(2017), *Arts of Living on a Damaged Planet*, Minneapolis·London: University of Minnesota Press. 해러웨이의 글 「공생 발생, 심포이에시스, 그리고 트러블과 함께하기 위한 예술 과학 행동들」(Symbiogenesis, Sympoiesis, and Art Science Activisms for Stayin with the Trouble)이 실려 있는 이 책은, 『괴물들과 삶의 기예들』(*Monsters and the Arts of Living*)과 『인류세의 유령들』(*Ghosts of the Antropocene*) 두 권의 선집을 앞뒤로 붙여 제작한 한 권의 책으로 이루어져 있다.

리운 긴 그림자를 벗어날 수 없다. 해러웨이는 이 뒤죽박죽의 트러블이 넘치는 시대에, '이야기, 사유, 매듭, 설명, 연결'을 바꾸어, 인간중심주의적으로 구축된 파괴적이고 폭력적이며 무책임한 세계를 다양한 크리터들과 함께 만들어 가는 '다른' 세계로 재구축할 수 있기를 희망한다.

『트러블과 함께하기』(Staying with the Trouble, 2016)[91]는 반려종의 관점으로 이야기를 바꾸고 세계를 다시 짓는 실험적 실천들을 제안한다. 그 출발은 문제 많은 오늘날의 지구에서 트러블을 들여다보는 것이다. "트러블(trouble)은 흥미로운 낱말이다. 이것은 '불러일으키다', '애매하게 하다', '방해하다'를 의미하는 13세기 프랑스어 동사에서 유래했다. 우리──땅 위에 있는 우리 모두──는 어지럽고 불안한 시대, 뒤죽박죽인 시대, 문제 있고 혼란한 시대에 살고 있다."(해러웨이, 2021: 7) 해러웨이에 따르면, 트러블의 시대에 '지상의 우리 모두'에게 주어지는 과업은 '응답할 수 있게 되는 것'이다. 우리가 해야 할 일은 '두터운 현재(thick present)'[92]에 서로 함께 잘 살고 잘 죽는 법을 배우면서, 창의적인 연결 안에서 '기이한

---

[91] 해러웨이(2021), 『트러블과 함께하기: 자식이 아니라 친척을 만들자』 최유미 옮김, 마농지. 이 번역서에는 저작권 계약상의 문제로 Donna J. Haraway(2016), *Staying with the Trouble. Making Kin in the Chthulucene*, Durham·London: Duke University Press의 5, 6, 7장은 포함되어 있지 않다.

[92] 해러웨이는 과거-현재-미래의 순차적 연쇄로 표상되는 서구 근대의 선형적이고 발전주의적인 시간관을 거부하면서, '카이노스(kainos)'로서의 시간 개념을 도입한다. "카이노스는 지금, 시작의 시간, 계속을 위한 시간, 새로움을 위한 시간을 의미한다. 카이노스에는 관습적인 과거, 현재, 미래를 나타내는 의미가 없다. 이전에 온 것, 혹은 뒤에 오는 것을 일소해야 한다고 주장한다면 그런 시작의 시간이란 완전히 거짓이다. 카이노스는 물려받은 것들, 기억하기, 그리고 도래할 것들, 여전히 존재할 것들을 키우는 일로 충만할 수 있다. 나는 카이노스라는 말을, 무수히 많은 시간성과 물질성을 불어넣는 균사(菌絲)를 가진, 두텁고 진행 중인 현존이라는 의미로 받아들인다."(해러웨이, 2021: 8~9)

친척(oddkin)[93]을 만드는 것, 거친 물결을 잠재우고 조용한 장소들을 다시 세우는 동시에 말썽을 일으키는 것, "파괴적인 사건들에 강력한 응답을 불러내는 것"이다. 그러기 위해서 이야기를 바꾸어 세계를 다시 만들어야 한다. "어떤 이야기가 세계를 만드는가, 어떤 세계가 이야기를 만드는가가 중요하다."(해러웨이, 2021: 27)

트러블과 함께하기—불안정하게 머물기

오늘날 지구가 처한 현실을 가시화하는 대멸종, 기후위기, 자원 고갈 같은 현상들은 우리가 이미 결정지어진 어떤 결말로 다가가고 있는 것 같다는 예감을 준다. '인류세(Anthropocene)'의 트러블들이 불러일으킨 파국에 대한 전망과 공포는 흔히 두 가지 상반된 반응을 불러일으킨다.

첫번째 반응은 기술적 해결(technofix)이 가능하리라는 '우스꽝스러운 믿음'이다. "기술은 버릇없지만 매우 영리한 자손들을 어떻게든 구하러 올 테고, 신은 반항적이지만 더없이 희망에 찬 자손들을 구하러 온다는 것이다." 기술적 해결에 대한 맹목적인 믿음, 기술-종말론(techno-apocalypses)은 어리석다. 이 믿음은 탈역사적이며 탈맥락적이고 무모하다. 그러나 그렇다고 해도, 지금 벌어지고 있는 어떤 특정한 문제를 해결하기 위해 고군분투하며 기술 프로젝

---

[93] "나의 목적은 '친척(kin)'이 혈통이나 계보에 묶인 실체가 아니라 그 이상의 무엇을 의미하게 만드는 것이다. (……) 친척은 (우리가 가족 혹은 씨족이라고 생각했던 존재의 바깥에서) 낯설고, 불가사의하고, 끊임없이 출몰하는, 활동적인 무엇이다."(해러웨이, 2021: 177~178)

트를 수행하고 있는 이들 모두가 배척되어야 하는 것은 아니다. "그들은 [의도치 않았더라도] 트러블과 함께하는 데, 생성적인 기이한 친척을 만드는 데 중요한 일을 할 수 있다."(해러웨이, 2021: 11)

첫번째 반응보다 떨쳐 내기 어려운 두번째 반응은, '모든 것이 끝났다'는 체념이다. 해러웨이는 "게임 종료(Game is over)라거나, 너무 늦었다거나, 상황을 개선하려는 어떤 행위도 의미가 없다거나, 혹은 적어도 세계의 부활을 위해 일과 놀이를 함에 있어서 서로를 깊이 신뢰해 봐야 아무 소용이 없다"고 보는 두번째 관점이 더 파괴적일 수 있다고 본다.(해러웨이, 2021: 11~12) 일부 과학자들, 비판적 문화이론가들, 정치적 급진주의를 자처하는 사람들이 이 같은 쓰라린 냉소주의를 표방한다. 한편으로는 온갖 역량과 에너지를 다 쏟아 복수종의 번영을 위해 집요하게 노력하고 있으면서도 학생을 포함한 타인들의 의욕을 꺾으면서 '게임은 끝났다'는 비관적 태도를 내보이는 이 기이한 이중성의 결합에는 어떤 미래주의(futurism)가 개입되어 있다. 성과가 있어야만, 혹은 어떤 문제를 단번에 해결할 수 있어야만, 투여하는 노력이나 실천이 의미 있다고 생각하는 태도나, 인간을 포함한 지구의 생명이 정말 끝나 가고 있으며 종말이 정말로 가까이 왔다고 결론 내릴 수 있을 만큼 자신이 많은 것을 알고 있다고 생각하는 태도는, 모두 과도하고 위험하며 해롭다. 지구가 처한 곤경을 심각하게 의식하고 외면하지 않는 것은 중요하다. 그러나 "트러블들의 정도와 심각성을 인정하는 것과, 추상적인 미래주의와 그 숭고한 절망의 정서와 무관심의 정치학에 굴복하는 것 사이에는 아주 미세한 차이가 있다."(해러웨이, 2021: 13)

이 미세한 차이에 기대어 해러웨이는 비관적이거나 낙관적인 추상적 미래주의를 피하고 무모한 낙관이나 무기력한 냉소에서 벗어나 지구가 처한 곤경에 머물러 생산적인 '복수종의 실뜨기'를 시도하고 실천하는 것이 더 중요하고 더 현실적이라고 생각한다.

우리는 각자의 전문지식과 경험에 갇혀 너무 많이 알 뿐 아니라 너무 적게 안다. 그래서 절망이나 희망에 굴복하는데, 어느 쪽도 현명한 태도가 아니다. 절망도 희망도 감각에, 알아차리는 일에, 물질적 기호론에, 지구에서 두텁게 공존하며 살아가는 필멸의 존재들에 맞추어져 있지 않다.(해러웨이, 2021: 13)

만연한 고통 앞에서 섣불리 화해나 복구를 말할 수 없다. 해러웨이는 오직 "부분적인 회복, 그리고 함께 잘 지내기 위한 평범한 가능성들에 마음을 쓴다." 그리고 그것을 '트러블과 함께하기'라고 부른다.(해러웨이, 2021: 21~22)

트러블의 시대를 명명하기―인류세, 자본세, 플랜테이션세

'인류세'라는 명칭은 인류가 지구의 지질학적 변화에 남긴 변형적 효과의 증거들이 늘어나고 있다는 사실을 가리키기 위해, 1980년대 초 '담수규조 분야의 전문가'인 생태학자 스토머(Eugene Stoemer)가 처음 도입했던 것이다. 이 용어가 2000년 노벨상 수상자인 대기화학자 크뤼천(Paul Crutzen)에 의해 극적으로 세계무대에 등장하게 되었다. 그는 "인간 행위의 종류와 규모가 지구 변화에 결정적 영향을 미치는 새로운 시대를 맞아 홀로세(Holocene) 대신 ['인류세'라는] 새로운 지질학 용어를 사용할 것을 제안"했다.(해러웨이, 2021: 82)[94] 지질학적 시대의 명칭으로 공식적으로 학계의 인정을 받은 것은 아니지만, '인류세'는 오늘날 지구 생태계의 위기를 상징하는 용어로 널리 받아들여지고 있다. 21세기 들어 많은 과학자들이 점점 더 이 용어를 필요불가결한 것으로 채택하여 사용하고 있고, 예술, 사회과학, 인문학 분야의 프로젝트, 공연, 전시, 학술행사 등에서 "자신들의 작업을 명명하고 사고하는 데 이 용어가 필수적임을 알게 되었다."(해러웨이, 2021: 84)

'인류세'라는 명칭은 인간종의 활동이 지구에 남기는 엄청나게 파괴적인 영향력을 가시화한다. 인간종의 활동이 미친 영향은 "기후변화, 유독성 화학물질, 채굴, 지표면 위아래의 호수와 강의 고갈, 생태계 단순화, 사람들 및 다른 크리터들의 대규모 집단 학살 등" 지구상에 존재하는 모든 종의 생존 시스템을 붕괴시켰다. "어쩌면 인류세라고 불릴 만한 폭력 행위는, 사람들과 다른 크리터들을 위한 피난의 장소와 시간을 파괴한 것일지 모른다." 그래서 "바로 지금, 지구는, 인간이든 아니든, 피난처 없는 난민으로 가득하다."(해러웨이, 2021: 172~173)

---

[94] "홀로세는 약 1만 2000년 전 마지막 빙하기 또는 플라이스토세가 끝나면서 시작되었다. 18세기 중반 증기기관이 발명되고 석탄 사용량이 지구를 변화시킬 정도로 폭발적으로 증가하면서 이미 징후가 나타났는데, 인간이 일으킨 변화는 공기에, 물에, 바위에 분명히 아로새겨져 있다."(해러웨이, 2021: 83)

해러웨이는 '인류세'라는 용어에 대해, 그것이 지닌 유용성과 의의를 인정하면서도, 거리를 두려고 한다. 인류세는 인간(the Anthropos)을 지구 생태계에 가장 결정적인 영향을 미치는 '파괴적인 종'으로 상정한다. 그러나 '종으로서의 인간'을 지구에 지질학적 흔적을 남긴 행위자로 본다면, 인류세의 시작은 언제일까? 현생인류의 출현인가? 농경의 발명인가? 수렵인의 출현인가? 화석연료를 사용하기 시작한 내연기관의 발명인가? '인류세'라는 용어에 담긴 의미는 생각만큼 명확하지 않다. 해러웨이는 '종으로서의 인간'을 생태계 파괴의 주인공으로 확정할 수 있는지 묻는다. "종으로서의 인간은 제3 탄소 시대 혹은 원자력 시대의 조건들을 형성하지 않았다."(해러웨이, 2021: 87) 또한 해러웨이는, 인류세가 원래 의도보다 더 많은 것을, 다시 말해, 인간을 지구상의 '가장 영향력 있는 행위자'이자 '역사의 주인'으로 상정한다는 것에 비판적이다. 이러한 관점은 여전히 인간예외주의와 경계 지어진 개체주의(bounded individualism)에 기대고 있다.

해러웨이는 다음의 여덟 가지 명제로 인류세 개념에 대한 반론을 정식화한다:

① 인류세는 "인간과 연관된 신화 체계는 하나의 설정이고, 이 이야기들은 나쁘게 끝난다"는 정식을 되풀이한다. 이에 따르면, 이야기는 '죽음'으로 끝난다. 이런 이야기는 지속성에 관한 것이 아니다.

② 인류세 개념이 호도하는 것과 달리, "종으로서의 인간은 역사를 만들지 않는다."

③ 인간예외주의자들의 주장과 달리 "인간과 도구의 결합으로 역사가 만들어지지 않는다." 역사는 인간 의도의 일방적 결과물이 아니다.
④ 그러므로 "그 역사(History)는 지구 이야기에, 가이아(Gaia) 이야기에, 땅속에서 함께 살아가는 존재들의 이야기에 자리를 내주어야 한다."
⑤ "인류세에 관한 인간의 사회적 장치는 꼭대기가 무거워서 불안정하고 관료주의가 되기 쉬운 경향이 있다."
⑥ 인류세는 "경계가 있고 공리적인 낡은 개체주의에 너무 많이 의존한다."
⑦ "인류세의 과학은 제한적 시스템 이론들과 현대종합설(Modern Synthesis)이라 불리는 진화이론들 속에 너무 많이 머물러 있다."
⑧ "인류세는 부유한 계층과 지역의 지식인들이 가장 쉽게 의미를 부여하고 가장 사용하기 편한 용어이다."(해러웨이, 2021: 89~90)

그렇다고 해러웨이가 인류세라는 용어의 사용을 전면적으로 거부하는 것은 아니다. 그보다는 이미 많은 이들의 동의를 받으면서 뿌리 내리고 있는 이 용어를 계속 사용해야 한다면 '자본세(Capitalocene)'나 '플랜테이션세(Plantationocene)' 같은 대안적인 용어들과 함께 병행해서 사용할 것을 제안한다. 이런 신조어들과의 병행이 '인류세'라는 용어의 의도를 더 명확히 할 수 있으리라고 생각하기 때문이다.

다른 한편, 해러웨이는 인류세를 하나의 시대(epoch, 世)라기보다는 '경계적 사건'으로 생각한다.[95] "인류세는 심각한 불연속성의 시대이다. 뒤에 오는 것은 이전에 왔던 것과 같지 않을 것이다." 우리의 과제는, 피난처도 없이 내몰리는 인간과 비인간 난민들로 가득한 오늘날의 지구에서 "인류세를 가능한 짧고/얇게 만들고 가능한 모든 방법으로 피난처를 되살릴 수 있는 시대를 함께 육성"하는 것이어야 한다.(해러웨이, 2021: 173) 피난처를 되살릴 수 있는 시대를 복수종과 함께 만들어 가기 위해, 우리는 이야기를 바꾸어야 한다. 해러웨이는 이야기를 바꾸기 위해, 이 시대에 붙여질 또 하나의 새로운 이름이 필요하다고 생각한다. 이 트러블의 시대에 해러웨이가 붙이는 새로운 이름은 '쑬루세(Chthulucene)'다.

쑬루세

발음하기도 어려운, 복잡한 철자를 지닌 단어, '쑬루세'는 그리스어로 '땅'을 뜻하는 크톤(khthôn)과 '시간'을 뜻하는 카이노스(kainos)의 합성어로 만들어졌다.(해러웨이, 2021: 8) 카이노스의 시간은 과거, 현재, 미래로 연속하는 선형적 시간(크로노스)이 아니라, '지금, 시작의 시간, 계속의 시간, 새로움의 시간'을 의미한다. 해러웨이에게 카이노스는 '두껍고 진행 중인 현존'이라는 의미로 받아들여진다. 한편, '크톤'이라는 말이 가리키는 땅속의(chthonic) 것들로 해러

---

[95] "나를 비롯하여 많은 사람들이 인류세는 시대(epoch)라기보다는 백악기와 팔레오기 사이의 K-Pg 경계 같은 경계적 사건이라고 생각한다."(해러웨이, 2021: 173)

웨이는 "촉수, 더듬이, 손발가락, 인대, 채찍꼬리, 거미 다리, 헝클어진 털로 가득 찬 존재"를 상상한다. "이들은 복수의 크리터들의 부식토에서 까불며 뛰어놀지만, 하늘을 쳐다보는 인간을 상대하지 않는다. 이들은 또 가장 좋은 의미에서 괴물이다."(해러웨이, 2021: 9)

땅속의 것들의 두터운 현재를 가리키는 '쑬루세'의 철자는 메타플라즘(metaplasm)[96]의 결과다. '쑬루(chthulu)'는 여덟 개의 촉수를 가지고 있는 캘리포니아 중북부에 사는 거미 피모아 크툴루(Pimos Cthulhu)의 학명(cthulhu)을 변형한 것이다.[97] 쑬루세는 "사람들이 그것의 일부이고, 그 속에서 지속성이 위기에 처한, 역동적이고 지속적인 공-지하적(symchthonic) 힘과 권력을 위한 이름"이다.(해러웨이, 2021: 173)

---

[96] "메타플라즘(어형변이)은 예를 들면 글자·음절·음소 따위가 추가·생략·도치·전도되어 말에 변화가 일어나는 현상을 일컫는다. 이 말이 유래한 그리스어 'metaplasmos'는 구조 변경 및 형태 변경을 뜻한다."(해러웨이, 2019: 141)

[97] 이 학명은 러브크래프트(Howard Phillips Lovecraft)의 SF 「크툴루의 부름」(The Call of Cthulhu)에서 유래했다. 크툴루는 이 소설에서 부활을 기다리고 있는, 원초적이고 통제되지 않는 지하의 괴물적 힘에 붙여진 이름이다. "[크툴루 숭배의] 신도들은 크툴루가 지금도 르리예라는 웅장한 해저 도시의 어두운 처소에서 안식하고 있으며, 언젠가 별들이 준비를 마쳐 크툴루가 세상을 다시 지배할 날이 오면 자신들을 부를 것이라고 장담했다." 러브크래프트(2021), 「크툴루의 부름」, 『하워드 필립스 러브크래프트: 크툴루의 부름 외 12편』, 김지현 옮김, 현대문학, 184쪽. 소설 속에서 크툴루 석상은 다음과 같이 묘사된다. "전반적인 체형은 사람 비슷한데, 문어를 닮은 얼굴에 촉수가 잔뜩 달렸고 고무질 같은 몸은 비늘로 덮여 있다."(러브크래프트, 2021: 177) 과학자 오르미가(Gustavo Hormiga)는 캘리포니아 거미에게 이 이름을 붙여 주었다. 해러웨이는 철자를 바꾸어 이 명칭이 지닌 의미를 부분적으로 보존하면서 변형한다. "다른 이야기를 위해 나[해러웨이]는 과감하게 러브크래프트로부터 나의 거미를 구조하고, 땅 밑의 것들을 좀 더 일반적인 철자법으로 적어 이를 기념한다. 러브크래프트의 무시무시한 지하세계 괴물들은 가부장적 모드에서만 무서운 것이었다."(해러웨이, 2021: 240) 실제로 러브크래프트의 크툴루는 서구적 근대 합리성의 밖에 있는 설명불가능한 힘, 지하적인 것, 비서구 문화에 대한 혐오와 인종공포를 응축한 상징이다. 해러웨이는 메타플라즘을 통해 이 지배적 이야기를 변형한다.

쑬루세는 "필멸의 구성체가 서로에 대해, 서로와 함께 위태로운 관계에 있는 시대"를 말한다.(해러웨이, 2019: 363) 그것은 새로운 것도, 다가올 것도 아니다. 그것은 "있었고, 지금 있으며, 다가올 현재"이다. 그것은 미래의 이야기가 아니라 '두터운 현재'의 사건이다. 쑬루세는 함께 얽혀서 먹고 먹히면서 살고 죽고 세계를 함께 만들어 가는 크리터들의 과정적 관계라는 관점에서 지구 생태계의 이야기를 다시 만들어 낸다. 해러웨이는 이 이야기를 통해 지하로 얽힌, 공지하적 힘을 포착한다.[98] "쑬루세는 (……) 수많은 시간성과 공간성, 그리고 다양한 내부-작용(intra-action)[99]을 하는 군집 속의 실체들과 뒤얽힌다. 여기에는 인간 이상의 것, 인간 이외의 것, 비인간적인 것, 부식토로서의 인간이 포함된다."(해러웨이, 2021: 270)[100]

---

[98] 이 공지하적 힘과 권력에 고래로부터 다양한 문화들에서 많은 신화적 이름이 붙여졌다. "나가(Naga), 가이아(Gaia), 탕가로아(Tangaroa), 테라(Terra), 하니야스-히메(Haniyasu-hime), 스파이더우먼, 파차마마(Patchamama), 오야(Oya), 고르고(Gorgo), 레이븐(Raven), 아쿨루주시(A'akuluujjusi)" 등이 그 것이다.(해러웨이, 2021: 174)

[99] '내부-작용(intra-action)'이라는 개념은 버라드(Karen Barad)에게서 차용한 것이다. "[내부-작용은] 버라드가 상호작용을 뜻하는 interaction과 구분하기 위해 창안한 개념으로 '얽힌 행위성의 상호적 구성'으로 정의된다. 상호작용이 선험적으로 혹은 상호독립적으로 주어진 두 존재자나 행위자 사이의 작용이라면, 내부-작용은 그러한 존재자들에 앞서 행위성들 사이에 수립되는 관계로서 행위성에서 존재자들이 개별화되는 조건이 된다." 이지선(2021), 「물질과 의미의 물의(物議) 빚기: 캐런 버라드의 행위적 실재론에 관한 예비적 고찰」 『시대와 철학』 제32권 1호(통권 94호), 238쪽. Barad(2007), *Meeting the Universe Halfway: Quantum Physics and the Entanglement of Matter and Meaning*, Durham·London: Duke University Press.

[100] 스스로를 '퇴비주의자'라고 밝히는 해러웨이는, 근대 휴머니즘에 대한 비판과 극복으로 출현한 '포스트휴머니즘'이라는 용어에 비판적이다. '포스트휴먼'도 '[남근적] 휴먼'으로부터 자유로울 수 없다고 생각하는 까닭이다. "선생님[캐리 울프]의 책과 분석을 좋아하고, 포스트휴머니즘이 필수불가결하다는 점도 알고 있고, 제 친구들은 실질적으로 모두 그 기호를 빌려 꼭 필요한 창조적 사유를 내놓지만, 저는 그럴 수가 없네요. (……) 어원학적으로 인간(human)은 후무스(humus)에서 나옵니다. '인간'이라는 말은 지나치게 호모(homo)를 연상시킵니다만—'나쁜' 방향이죠.— 후무스로 가는

크리터들이 함께 만들어 가는 세계를 읽어 내고 그려 내는 쑬루세의 새로운 이야기가, 이제까지 인류세와 자본세의 세계를 지배해 온 이야기, 서양철학과 정치경제학의 저 오래된 상투어인 인간 예외주의와 경계 지어진 개체주의에 기초한 발전론적이고 인간중심적인 이야기를 바꿀 수 있을 것이다.

심포이에시스―함께 만들기

어떤 생명도 결코 혼자가 아니다. 모든 것이 모든 것과 연결되어 있는 것은 아니지만, 모든 것은 무언가와 연결되어 있고, 그것은 다시 다른 무언가와 연결된다. "우리는 개체였던 적이 없었다."[101] 생명은 점(點)이나 구(球)로 살아가는 게 아니라, 촉수를 가진 존재로 무수한 선들을 따라 연결되고 연결하면서 살아간다. 이렇게 진행 중인 쑬루세의 지구 생명들은 '함께 만들어 가는(sympoietic)' 중이다.

해러웨이가 사용하는 '심포이에시스(sympoiesis)'라는 개념은 '함께(sym)-만들기(poiesis)'를 뜻한다.[102] 해러웨이는 이 개념으로

'휴먼'도 있는데, 이게 '좋은' 방향이죠. (……) 흙, 지구, 후무스를 만드는 방향의 일부가 될 수도 있고, 호모 방향으로 가는 남근적 '(남성)인간'이 있습니다. (……) 그래서 제 구호는 "포스트휴머니스트 말고 퇴비를(Not Posthumanist But Compost)"입니다."(해러웨이, 2019: 322~323)

[101] "길버트(Scott F. Gilbert)와 셉(Jan Sapp), 타우버(Alfred I. Tauber)는 '우리는 개체였던 적이 없었다'라는 부제를 붙인 논문에서 해부학과 생리학, 유전학, 진화학, 면역학, 발생학에 기초해 경계 있는 단위들에 반대하는 증거를 요약함으로써 생명의 공생과 홀로바이온트(holobionts)에 관한 주장을 편다."(해러웨이, 2021: 120)

[102] 『트러블과 함께하기』의 번역자 최유미는 '심포이에시스'를 '공-산(共-産)'으로 번역한다. "심(sym)은 '함께'이고 포이에시스(poiesis)는 '제작하다', '생산하다'를 뜻하니, 심포이에시스는 공-작(共

지구상의 어떤 것도 "스스로 만들지 못하고, 어떤 것도 실제로 자율생산적(autopoietic)이거나 자기 조직적이지 않다"는 것을 표시하기 위해 이 개념을 사용한다.[103] "지구 생명체들은 **결코 혼자가 아니다**(never alone). (……) 공-산[심포이에시스]은 복잡하고, 역동적이고, 재빨리 응답하고, 상황에 처한 역사적 시스템들에 적절한 용어이다. 그것은 함께-세계 만들기(worlding-with)를 위해 쓰이는 말이다."(해러웨이, 2021: 107)

해러웨이에 따르면, 지상의 크리터들은 결코 하나도 아니고, 개체도 아니다. 크리터들은 함께 만드는 관계 맺기를 통해서만 생겨난다. 해러웨이는 생명 진화에 대한 마굴리스의 이론으로부터 출발하여 심포이에시스를 설명한다. 마굴리스 이론의 핵심은 "새로운 종류의 세포, 조직, 기관, 종들이 주로 낯선 것들 사이에서 오래 지속되는 친밀성을 통해 진화한다"는 것이다. 마굴리스는 이 과정을 공생발생(symbiogenesis)이라고 불렀다.(해러웨이, 2021: 110) 마굴리스는 박테리아와 고세균이 처음 공생발생을 통해 핵을 지닌 세

-作) 아니면 공-산(共-産)을 뜻한다. 모든 제작이나 생산은 다른 무언가와 함께-제작하는 것이고 함께-생산하는 것이다. 혼자 일하는 장인도 그의 도구들과 함께-제작하고, 홀로 조용히 서서 생존하는 소나무도 햇빛, 물, 땅 속의 균류와 영양소 등과 함께 자신의 생명을 생산한다. 후자의 경우는 제작이란 말이 어울리지 않으니 심포이에시스를 함께-생산함을 뜻하는 공-산으로 번역하려 한다."(최유미, 2020: 5)

103 이 개념을 처음 제안한 것은 베스 뎀스터(M. Beth Dempster)다. 그녀는 1998년 자율생산적 시스템들과 달리 "자기 규정적 공간이나 시간적 경계 없이 집합적으로 생산하는 시스템들을 지칭"하기 위해 이 개념을 사용했다.(해러웨이, 2021: 111) 해러웨이가 인용하는 이 개념의 첫 출처는 Dempster, "A Self-Organizing Systems Perspective on Planning for Sustainability"이다. "1998년 뎀스터는 생물학에서는 개별 단위로서의 생명체라는 개념이 일반적이며, 공-산적인 것은 생태계와 문화에 국한된다고 말했다. 그러나 해러웨이는 이 개념을 확장하여 적용한다.(해러웨이, 2021: 266)

포를 진화시켰다는 사실을 입증했다.[104] 마굴리스의 공생발생은 '진핵세포의 기원'에 관한 이야기로만 머물지 않는다. 마굴리스는 지구 행성 전체를 '공생체'로 본다.

> 마굴리스는 제임스 러브록과 함께 가이아 이론을 창시했는데, 지구 자체와 살아 있는 생명체들에 독특한 성격을 부여하는 비환원주의적 조직화와 그 유지가 서로 맞물리는 다층적 시스템의 과정을 알았고, 이를 자율생산적(autopoietic)이라고 불렀다.(해러웨이, 2021: 110~111)[105]

---

104 마굴리스의 공생발생 이론은, "장기적인 공생이 처음으로 핵을 지닌 복잡한 세포를 진화시켰고, 거기에서 곰팡이, 식물, 동물 같은 생물들이 나왔다"는 것이다. 마굴리스의 '진핵세포의 기원에 관한 급진적 이론'을 담은 논문은, 여러 차례 출판 거절을 겪은 후에야 출간되었다. "유전자 서열 분석 같은 분자생물학 기술들은 내[마굴리스]의 세포 공생 이론 중 그 부분이 옳다는 것을 입증해 왔다. 세균이 식물과 동물의 세포로 들어가서 영구적으로 통합되어 색소체와 미토콘드리아로 변했다는 것은 내 연속 세포 내 공생 이론의 한 부분이다. 그 이론은 이제 고등학교 교과서에도 실려 있다." 마굴리스(2007), 『공생자 행성』 이한음 옮김, 사이언스북스, 23~25쪽. '20세기 말의 강력한 사이보그 도구들'인 "전자현미경, 핵산서열 분석기, 면역 측정 기술, 게놈과 단백질군의 (비교 검색이 가능하고 규모가 방대한) 데이터베이스" 등이 "공생발생적 상상력과 물질성을 한데 모을" 수 있었고, 마굴리스의 가설을 입증할 수 있게 된 것이다.(해러웨이, 2021: 114) 그러나 마굴리스는 자신의 공생 진화론이 전면적으로 받아들여졌다고 생각하지 않는다. "새로운 종이 기존 종들의 공생적 융합을 통해 생긴다는 개념은 과학계에서 아직 논의조차 되고 있지 않"기 때문이다.(마굴리스, 2007: 25)

105 러브록(James Lovelock)은 "지구 대기의 화학적 이상을 감지하여 항상성을 유지하는 경향을 보이는 인공두뇌 시스템"으로서의 지구를 부르는 용어로, 『파리대왕』의 저자 윌리엄 골딩(William Golding)이 제안한 '가이아(Gaia)'를 채택했다. 마굴리스는 이 개념을 통해 인간이 생명의 중심이 아니라는 것, 인간은 더 넓은 전체에서 최근 들어 빠르게 성장하기 시작한 작은 부분에 불과하다는 것을 보여 줄 수 있다고 생각한다. 그녀에 따르면, 가이아 개념이 혼란스럽게 쓰이면서 '인격화된 자연-여신'의 신화를 만들어 내고 있지만, "가이아는 지표면에서 하나의 거대한 생태계를 구성하는 일련의 상호작용하는 생태계들이다. 그것이 전부다." "가이아는 집단들의 이런 성장, 상호작용, 죽음의 총합이다."(마굴리스, 2007: 212~213, 214)

마굴리스가 보여 준 것은 자율생산이 아니라 심포이에시스이다. 마굴리스는 이 개념이 있기 이전에 자신의 아이디어를 자율생산이라는 틀로 밝혔지만 '심포이에시스'가 그녀가 보여 준 세계를 더 정확히 보여 주는 개념이라고 해러웨이는 생각한다. 공생적 집합체 홀로바이온트들(holobionts)은 역동적인 복잡계 안에서 다양하게 내부-작용하면서 관계를 맺는다. 이들 공생체는 숙주와 공생자라는 두 개체의 합, '숙주+공생자'가 아니다. 그렇다고 공생이 '상호 이득이 되는'이라는 말과 동의어도 아니다. 이 관계는 "서로 깊숙이 침투하고, 서로 빙 돌아 관통하고, 서로를 먹고, 소화불량이 되고, 서로를 부분적으로 소화하고 부분적으로 동화시키는"[106] 역동적 과정이다.

앞서 「사이보그와 공생체: 신세계 질서 안에서 함께 살기」(1996)라는 글에서 해러웨이가 사이보그와의 관계 안에서 소개했던 공생체 믹소트리카 파라독사는 "복잡한 '개체성', 공생발생, 공생을 설명하기 위해 누구나 선호하는 크리터이다." 이 크리터는 "분류학상으로 적어도 다섯 가지 상이한 종류의 세포들로 구성"되어 있다.(해러웨이, 2021: 111)

낮은 배율로 확대하면 믹소트리카 파라독사는 헤엄치는 단세포 섬

---

[106] 이 표현은, 해러웨이가 "매사추세츠 대학 지구과학과와 생물학과 사이, '라이프 앤드 어스(Life and Earth)' 카페 근처의 홀"에 걸린 대형 그림, 쇼샤나 더비너(Shoshanah Dubiner)의 <세포내공생: 린 마굴리스에게 바치는 경의>(Endosymbiosis: Homage to Lynn Margulis, 2012)를 묘사한 것이다. 해러웨이는 이 그림에서 "크리터들이 어떻게 서로 함께 되는지에 대한 공간적 실마리를 분명하게 느낄 수 있다"고 적는다.(해러웨이, 2021: 108)

모충처럼 보인다. 그러나 전자현미경으로 보면, 다섯 종류의 별개 생물들로 구성된 것으로 보인다. 겉으로 보아 분명히 원생생물로 분류되는 단세포 생명체의 종류이다. 그러나 미토콘드리아가 있을 것으로 예상되는 각각의 핵세포 안에는 구형 박테리아들이 있다. 섬모가 있어야 할 표면에는 25만 개에 이르는 큰 막대박테리아 무리뿐만 아니라, 약 25만 개의 머리카락 같은 트레포네마 스피로케테(Treponema spirochete)가 있다.[107]

이 홀로바이온트는 '다윈개미'라는 호주 흰개미의 내장 속에 산다. "이 흰개미는 복수의 개체와 복수의 다수, 혹은 다수의 홀로언트(holoent)[108]에 관한 자신의 SF 스토리를 가지고 있다."(해러웨이, 2021: 112) 믹소트리카 파라독사는 크리터들의 함께 만들기를 가시화하는 하나의 상징적인 모델이다. 지금 우리는, "동물이 된다는 것은, 박테리아와 함께 되기이다"라는 사실을 잘 알고 있다.[109] 반려종

---

107 Margulis·Sagan(2001), "The Beast with Five Genomes", *Natural History*, June 2001.(해러웨이, 2021: 112에서 재인용)

108 관계 안에 얽힌 크리터들의 공생체를 하나의 단위로 명명해야 할 때, 해러웨이는 '홀로언트'라는 용어를 사용하고자 한다. "나[해러웨이]는 '단위(unit)' 혹은 '존재(being)'를 대체하기 위한 일반 용어로서 홀로언트(holoent)를 제안한다."(해러웨이, 2021: 109)

109 생태계에는 공생을 통한 발달 과정을 보여 주는 재미있고 다양한 모델들이 있다. 해러웨이는 모델로 "조그만 하와이짧은꼬리오징어(Euprymna scolopes)와 그것의 박테리아 공생자인 비브리오 피스케리(Vibrio fischeri)"를 즐겨 사용한다. "오징어가 복부의 주머니를 이용해 냉광(冷光)을 발하는 데 이 박테리아들이 필수적이다." "어린 오징어가 적당한 박테리아에 의해, 적당한 지점에서, 적당한 시기에 감염되지 않으면, 사냥하는 어른이 되었을 때 박테리아를 수용하는 구조를 만들지 못한다. 박테리아는 온전히 오징어 발생생물학의 일부이다. (……) 오징어는 박테리아 수를 조절하고, 불필요한 동료들을 배제하고, 비브리오속(屬)의 각종 세균의 서식지를 마련하기 위해 매력적인 표면을 제공한다."(해러웨이, 2021: 118, 119)

으로서 우리는 여러 차원에서 지구상의 다양한 크리터들과 함께 만들고 있다.

쑬루세의 SF

"쑬루세에서 필멸의 동물로서 잘 살고 잘 죽는 한 가지 방법은 피난처를 재구축하고, 부분적이며 강력한 생물학적-문화적-정치적-기술적 회복과 재구성을 가능하게 하는 힘들에 합류하는 것이다."(해러웨이, 2019: 167~168) 이 회복과 재구성의 과정에는 돌이킬 수 없는 상실에의 애도도 포함되어야 한다. 이미 많은 것이 상실되었고 상실되고 있으며 더 많은 것들이 상실될 것이고, 그것을 되돌릴 수 없다는 사실을 받아들여야 한다. 그러면서도 반려종으로서 세계를 다시 만드는 과정에 참여할 책임을 생각해야 한다. 그렇다면, 세계를 어떻게 다시 만들 것인가? 어떻게 '다른 세계 짓기'가 가능해질까?

해러웨이는 "아기가 아니라 친족(kin)을 만들라!"를 쑬루세에 필요한 슬로건들 중 하나로 제안한다. 출산을 통한 인구조절이라는 생명정치에 저항하면서, 가족·혈통·조상·계통으로부터 자유롭게 '낯설어지는(defamliarizing, 탈가족화하는)' '친족 만들기'가 필요하다는 것이다. 해러웨이에 따르면, 지구 위의 것들(earthlings)은 모두 깊은 의미의 친족이다. 「반려종 선언」은 이미 가까운 반려동물에게서 이 친족관계의 구체성을 확인했다. 살을 맞대고, 침을 섞고, 그렇게 유전자를 교환하면서 공생발생을 이어 가는 반려종들은 이미 친족이다. 그리고 그 관계는 더 넓고 일반적인, 모든 생명체들로 확장되는 '친족관계'로 길게 뻗어 나가고 재조성될 수 있다. 해러웨이에 따르면, 모든 크리터들은 좌우로, 기호학적으로, 그리고 계보학적으로 공동의 '살'을 나눈다. 이런 친족 만들기의 감각이, 쑬루세의 인류에게 요청되는, 모든 살고 죽는 존재자들에게 응답할 수 있는 능력, 곧 책임을 일깨울 수 있다.

다른 세계 짓기는 인간의 예외적 주체성이 아니라 지구 위의 모든 크리터들이 함께 만들어 가는 세계를 그린다. 세계는 인간이라는 거만한 종만의 것이 아니다. 해러웨이는, 존재하는 개체는 많은 다른 것들과 함께 만들어지는 더불어 되기이며, 나를 만드는 것은 나의 반려종들이라고 말한다.

> 나는 내 몸이라는 세속적 공간을 구성하는 전체 세포 중 약 10퍼센트에서만 인간 게놈이 발견된다는 사실이 기쁘다. 나머지 90퍼센트의 세포는 박테리아, 균류, 원생생물 등의 게놈으로 차 있고, 그중 일부는 어떤 식으로든 내가 살아 있는 데 협조하고 있으며 다른 일부는 무임승차하면서 나와 우리의 나머지 부분에 달리 해를 끼치지 않고 있다. 나는 나보다 훨씬 수가 많은 이 작은 반려들과 식사를 함께 하면서 한 사람의 인간 어른이 된다. 하나가 된다는 것은 언제나 많은 **것들과 함께 되는 것**이다.(해러웨이, 2022: 12)

따라서 종들의 상호의존은 지구 위에서 세계 짓기 게임의 이름이다. 그리고 이 게임은 응답과 존중의 게임이어야만 한다. 지구 생태계의 위기에 대해, 지구의 세속적인 것들의 삶과 죽음에 대해, 긍

정의 생명정치를 향해 요청되는 윤리적 책임은 여기에서 출발한다. "희망은 여기에 있다."

쑬루세의 트러블과 함께하면서 다른 세계 짓기로 나가기 위해, 해러웨이는 복수종이 함께하는 다양한 실험적 실천들을 제시한다. 그것은 해러웨이가 『겸손한_목격자@제2의_천년.여성인간©_앙코마우스™를_만나다』에서 대안적이고 실천적인 실험으로 제시했던 실뜨기(string figures)의 의미를 보존하고 확장하면서 만들어 낸 전략――SF들을 통해 구상되고, 제안된다.

> SF는 사변적 우화(speculative fabulation), 사변적 페미니즘(speculative feminism), 과학소설(science fiction), 과학 사실(science fact), 과학 판타지(science fantasy)――그리고, 내가 제안하는바, 실뜨기 놀이(string figures)의 풍요로움을 표시하기 위한 물질적 상징적 기호이다. 고리를 만드는 실들과 무늬의 연결 안에서, 이 SF의 실천은 세계 짓기를 위한 모델이다. SF는 또한 변화무쌍한 시간의 과거, 현재, 미래 안에서 아직-오지-않은 무엇을 향해 열린 '아직까지는(so far)'을 의미해야 한다.[110]

실을 건네고 받으면서 다양한 패턴을 만들어 가는 실뜨기는 다

---

[110] 2012년 제13회 카셀 도쿠멘타(Kassel Documenta)에서 제작한 '100개의 노트-100개의 생각들' 시리즈 33번째 권(dOCUMENTA[13], 100 Notes-100 Thoughts No.033)으로 기획된 작은 책자에서, 해러웨이는 SF라는 기호의 의미를 이렇게 확장해서 설명한다. Haraway(2012), *SF: Speculative Fabulation and String Figures/SF: Spekulative Fabulation und String-Figuren*, Ostfildern: Hatje Cantz Verlag.

수가 참여하는 놀이이자 '연결들을 전달하는' 게임이다. 해러웨이에게 실뜨기는 복수종의 함께 만들기 과정의 이야기를 형상화하는 것으로 받아들여진다. "실뜨기는 땅에서, 지구에서 유한한 번성을 위한 조건들을 만들기 위해 손에 손을 포개고, 손가락에 손가락을 걸고, 접합 부위에 접합 부위를 이어 가는 가운데 이야기를 하는 것이다."(해러웨이, 2021: 23) 실뜨기 SF는 '다른 이야기들을 이야기하기 위한 이야기', '다른 관념들을 사유하기 위한 관념'을 찾아가는 '촉수사유'의 릴레이를 통해 함께 만들어 가는 사변적 우화 SF로 연결된다.

촉수사유의 모델은 촉수 있는 것들의 몸, 활동, 실천이다.

촉수 있는 것은 육체를 벗어난 형상들이 아니다. 그것은 자포동물이고, 거미이고, 인간이나 너구리같이 손가락이 있는 존재이고, 오징어이고, 해파리이다. 신경회로의 화려한 쇼이고, 섬유 모양의 실체이고, 편모가 있는 존재자이고, 근원(筋原) 섬유다발이고, 엉키고 눌어붙은 미생물과 진균류의 얽힘이다. 더듬어 탐사하는 덩굴식물이고, 늘어나는 뿌리이고, 위로 뻗어 올라가는 덩굴손을 가진 것들이다. 또한 클라우드를 들락거리는 망이며 네트워크이고, IT 크리터들이다. 촉수성(tentacularity)은 점이나 구로 살아가는 게 아니라 선, 무수한 선들을 따라 살아가는 생명의 속성이다.(해러웨이, 2021: 60)

촉수 있는 것들이 우리를 SF로 들어서게 한다. SF는 함께 만들기이다. 해러웨이는 다른 이야기를 함께 만들어 갈 친구들, 학자, 예술가, 활동가인 동료들의 아이디어를 찾아 촉수를 뻗는다. 그들과 사유의 실마리를 주고받으면서, 복수종이 함께 만들어 가는 세계의 새로운 이야기를 함께 탐색하고 만들어 가고자 한다.[111]

---

111 『트러블과 함께하기』의 2장 「촉수사유: 인류세, 자본세, 쑬루세」에서 해러웨이가 소개하는 촉수사유의 반려들은, 캐런 버라드(Karen Barad), 이자벨 스탕제르(Isabelle Stengers), 매릴린 스트래선(Marilyn Strathern), 한나 아렌트(Hannah Arendt), 애나 칭(Anna Tsing), 솜 반 두렌(Thom van Dooren), 어슐러 K. 르 귄(Ursula K. Le Guin), 브뤼노 라투르(Bruno Latour) 등이다. 해러웨이가 이들의 주장에 모두 동의하는 것은 아니다. 전적인 동의가 반드시 필요한 것도 아니다.

팁트리의 SF는 젠더 이분법의 자연과 문화의 관계를 재설정하고 '자연의 재발명'을 상상한다는 점에서, 그리고 또 주체와 타자 사이의 경계를 되물으며 글쓰기를 통한 젠더 하기를 실험한다는 점에서, 해러웨이가 말하는 사이보그 테크놀로지로서의 SF 글쓰기 실천으로 읽을 수 있다. (……)
팁트리의 글쓰기는 그렇게 여성과 남성, 인간이라는 경계, 그 정체성과 몸의 지위를 경계 짓는 권력을 문제적인 것으로 만든다.

2부
쓰기

1장.
사이보그
글쓰기 기계와 젠더

2장.
겸손한 목격자
상업적 대리모, 기술생명권력의
겸손한 목격자

3장.
포스트젠더
변형의 시도—페미니스트 SF의 글쓰기 양식

4장.
자연문화
청계천, 도시의 '자연™'

〈더듬이를 쓰라〉, W. Camille, 2025.

1장
[사이보그]
글쓰기 기계와 젠더

> "사이보그 신체는 통합적 정체성을 추구하지 않기에 […] 적대적 이원론을 발생시키며, 아이러니를 당연하게 받아들인다. 하나는 너무 적고, 둘은 오직 하나의 가능성에 불과하다."
> (해러웨이, 2023: 326)

"여성의 자리는 타이프라이터다"

"여성의 자리는 타이프라이터다.(Women's place is at the typewriter.)" 이것은 1870년에서 1930년 사이 미국에서의 여성 사무직 노동의 역사를 추적하는 데이비스(Margery W. Davies)의 책제목이기도 하다.[1] 19세기 말 타이프라이터라는 기계가 보급되면서 사무직 일자리는 급격히 여성화되었다. 이 경향은 앞의 한 문장으로 요약된다. 1874년 미국에서 래밍턴 타자기(Ramington typewriter)의 첫번째 모델이 상용화된 이래로 타자수, 즉 '타이프라이터(typewriter)'는 사무직 여성 노동자의 전형적 형상이 되었다.[2] 1880년대 이후로 미국에

---

[1] Davies(1982), *Woman's Place Is at the Typewriter: Office Work and Office Workers 1870~1930*, Philadelphia: Temple University Press.

[2] 여성 타자수에 대한 재현적 형상과 현실 사이의 괴리에 대한 분석은, Biers(2015), "The Typewriter's Truth", *Kittler Now: Current Perspectives in Kittler Studies*, ed. by Stephen Sale and Laura Salisbury, Cambridge: Polity Press, pp. 132~153을 참조하라.

서 타자수의 여성 비율은 극적으로 증대했고, 이러한 사정은 유럽에서도 크게 다르지 않았다.[3]

	전체	남성	여성	여성 비율
1870	154	147	7	4.5%
1880	5,000	3,000	2,000	40.0%
1890	33,400	12,100	21,300	68.8%
1900	112,600	26,200	86,400	76.7%
1910	326,700	53,400	263,300	80.6%
1920	615,100	50,400	564,700	91.8%
1930	811,200	36,100	775,100	95.6%

[표-1] 미국의 속기사와 타자수의 성별 비율[4]

타이프라이터라는 기계, 그리고 그 기계로 말을 기록하는 일은, 왜, 어떤 경로를 거쳐 이처럼 급격히 여성화되었을까? 와이즈먼(Judy Wajcman)은, 타이프라이터의 젠더화에 "대상으로서의 타자기에 성별을 부여하는 과정과 타자 치는 행위를 여성적인 것으로서 구성하는 과정"이 함께 작용했음을 지적한다. 타이프라이터라는

---

3 Gardey(2008), "Mechanizing Writing and Photographing the Word: Utopias, Office Work, and Histories of Gender and Technology", *History and Technology: An International Journal*, 17: 4, pp. 319~352; Kittler(1986), *Grammophon, Film, Typewriter*, Berlin: Brinkmann und Bose 참조.
4 미국 16차 인구센서스 보고서(1943년). 이 통계에서 속기사와 타자수는 구분되어 있지 않다. (Kittler, 1986: 273에서 재인용)

'대상'의 성별화는 이 기계의 외형과 설계에서 시작되었다. 상업화 초기 숄스(Christopher Latham Sholes)의 타이프라이터 모델은 1874년 래밍턴(Ramington&Son)사의 재봉틀 기계 공장에서 생산되기 시작했다. "이러한 사실은 타자기의 외형과 설계에 영향을 주었다. 최초의 모델은 재봉틀처럼 페달을 밟아 캐리지 리턴이 작동하도록 되어 있었고 철제 주물책상 위에 얹혀 있었다."[5] 재봉틀 또는 피아노와 유사한 외형이 이 기계를 여성 친화적인 것으로 만들었다. 다른 한편, 타자를 치는 기술적 숙련은 바느질이나 피아노 연주와 같은 여성적 손재주와 연결되었다.(Kittler, 1986: 288) 그러면서 "근대성을 상징하는 타자수는 [여성들에게] 진보와 기약으로 가득 찬 시대의 안내자로 소개되었다. 관찰자들과 언론인들은 규칙적인 타이핑이 여성에게 얼마나 적합한 일인지, 타자기가 또한 얼마나 여성적인 기계인지를 열광적으로 떠벌렸다."(와이즈먼, 2009: 84)[6]

숄스 모델의 타이프라이터를 처음 대량생산했던 래밍턴사는 원래 대표적인 총포 생산 기업이었다. 남북전쟁 이후 새로운 사업

---

[5] 와이즈먼(2009), 『테크노페미니즘』 박진희·이현숙 옮김, 궁리, 83쪽.
[6] 위 사진의 모델은 1872년 래밍턴 타자기 앞에 앉아 있던 숄스의 딸, 릴리안 숄스(Lilian Scholes)이다. 그녀는 아마도 역사가 기록하는 첫번째 타자수였을 것이다. "레밍턴 타자기 앞에 앉은 숄스의 딸(1872)"(Kittler, 1986: 286)

영역으로의 전환이 필요했던 래밍턴은 사업을 다각화하려고 시도한다. 그리고 그 일환으로 "래밍턴은 1874년 9월에 숄스 모델[타이프라이터]의 대량생산을 시작했다. 그것은 단순히 남북전쟁 특수가 끝난 이후 사업 성장이 서서히 느려지면서 처리할 수 있는 생산력의 여력이 생겼기 때문이었다."(Kittler, 1986: 283) 이 역사적 사실이 타이프라이터라는 기계를 선전하는 과정에 영향을 미쳤다. 타이프라이터는 '총알처럼 빠르게' 소리를 문자로 전환할 수 있는 '속도의 기계'로 선전되었던 것이다.

데이비스는, 타이프라이터가 여성이 접근하기 쉬운 기술이 된 이유를 이 새로운 기술에 아직 젠더가 각인되지 않았기 때문이라고 분석한다. 타이프라이터라는 기계는 아직 '남성적인 일' 혹은 '남성의 일'과 결부되지 않았기에 여성들의 접근이 용이했고, 이 점이 역으로 이 기계를 여성적인 것으로 젠더화하는 이유가 되었다는 것이다.[7]

매체이론가 키틀러(Friedrich Kittler)는 타이프라이터라는 근대적 기술 매체의 보급이 사회 구조와 교육 담론에 영향을 미치면서, 여성들의 사무직 취업을 증진시키고 "소위 '해방'(sogenannte 'Emanzipation')"을 촉진시켰다고 주장한다.[8] 타자기라는 "빈약한 기

---

[7] Davies(1988), "Women Clerical Workers and the Typewriter: The Writing Machine", *Technology and Women's Voices*, ed. by Cheris Kramarae, New York·London: Routledge & Kegan Paul, p.29. 이 분석은 분명 설득력이 있다. 그러나 다른 한편, 속기사나 전화교환수 같은 일이 이미 여성적인 일, 여성이 할 수 있는 전문적인 직업으로 분류되어 왔다는 사실도 지적되어야 하며, 여기 내포된 연관성에 대해서도 분석이 필요하다.

[8] 도기숙(2008), 「타자기와 여성해방: 키틀러의 매체이론에 나타난 기술과 여성의 문제」, 『독일어

구(器具) (……) 일상적이고 그렇기 때문에 거의 눈에 띄지 않는 [이 기구가] 세계사를 만들었다." 키틀러에 따르면, "타자기가 글쓰기의 젠더를 바꾸어 놓는다. 그와 더불어 문학의 물질적 토대를 바꾼다".(Kittler, 1986: 275)

매체로서의 '글쓰기 기계(Schreibmaschine)'[9]는 어떻게 그렇게 쉽고 강고하게 젠더화되었는가? 키틀러의 매체이론(Medientheorie)은 이 물음을 추적하기 위한 좋은 길잡이다. 키틀러의 매체이론에서 글쓰기 기계, 타이프라이터는 독특한 존재론적 지위를 점하고 있다. 그는, 타이프라이터를 18세기 말에 등장한, 그가 '기록체계 1900'으로 분류했던 축음기나 영화 같은 기계적 기록장치들과 동위(同位)에 둔다. 그러나 '기록체계 1900'의 다른 매체들과 달리 글쓰기 기계는 완전한 기술적 매체, 즉 단순한 기계가 아니라 기계와 인간의 연결체이자 '도구와 기계의 중간물'로 존재한다. 이 같은 글쓰기 기계의 독특한 존재 양상이 키틀러의 매체이론에 불투명한 얼룩을 남기고, 매끄러운 이론 구성이 외면하고자 했던 껄끄러운 문제를 건드린다.

문학』 제43집, 309~330쪽.

9 '글쓰기 기계'는 타이프라이터를 칭하는 독일어 'Schreibmaschine'의 글자 그대로의 의미를 살린 번역어이다. 자판을 쳐서 활자를 종이에 찍는 기계라는 의미를 담아 작동 방식을 표기하는 '타자기(打字機)'라는 용어보다, '글쓰기 기계'라는 번역어가 이 기계의 본질적·관계적 성격을 더 잘 드러낸다고 생각하여, '글쓰기 기계'라는 번역어를 채택한다. 그러나 사용 맥락과 의미론적 필요에 따라 동일한 기계 장치를 명명하는 다른 명칭들을 혼용하여 사용한다.

키틀러의 매체이론과 '기록체계 1900' — 축음기, 영화 그리고 타이프라이터

키틀러는 "매체이론들 가운데 가장 완고하고 논쟁적인 이론을 창시한 인물"로 평가받는다.[10] 그의 매체이론은 인간의 신체와 지각, 나아가 인간 그 자체를 배제하고,[11] 상당히 급진적인 "기술/매체결정론"을 주장한다는 사실로 인해 날카로운 논쟁을 일으켰다. 키틀러는, '매체의 선험성(Medien Aprioris)'에서 출발하며, 매체가 우리의 인지·사고·언어 담론을 실현시킨다고 주장한다.(메르쉬, 2006: 204) "매체들이 우리의 상황을 결정한다. (……)[그리고] 매체들이 무엇이 실재인지 정의한다."(Kittler, 1986: 3) 키틀러는 전통적인 인문학과 정신과학을 매체학(Medienwissenschaft)으로 대체했다.

키틀러에게 '매체'란 "데이터 내지는 신호들의 저장, 전달, 작업에 기여하는 문화테크놀로지(Kulturtechnologien)"를 의미한다.(Krämer, 2004: 202) 키틀러가 매체 개념에서 특별히 관심을 기울이는 주제는 매체의 시대적 전환이다. 매체의 시대적 전환과 더불어 우리의 인지, 사고, 언어 담론의 체계가 달라지기 때문이다. 그것을 보여 주기 위해, 키틀러는 푸코의 '지식의 고고학'으로부터 담론분석의 유산을 넘겨받아 '매체의 고고학(Archäologie der Medien)'을

---

10 메르쉬(2006), 『매체이론』, 문화학연구회 옮김, 연세대학교출판부, 202쪽.

11 Krämer(2004), "Friedrich Kittler—Kulturtechniken der Zeitachsenmanipulation", *Medien-Theorien: Eine philosophische Einführung*, ed. by Alice Lagaay and David Lauer, Frankfurt·New York: Campus Verlag, S.203~205.

실행한다. 그는 푸코의 유산을 급진적으로 변형하여, 담론을 특정한 매체시대의 반영으로 역사화한다.(Krämer, 2004: 207) 키틀러는 구체적인 역사적 자료에서 출발하는 푸코의 지식연구 방법을 커뮤니케이션의 물질성이라는 새로운 자료에 적용한다. 도서관의 아카이브에서 떠나 커뮤니케이션 매체로 돌아서면서 "그는 푸코를 기술혁신하고 확장한다".[12]

'매체의 선험성'에서 출발하는 키틀러에게 매체와 데이터는 분리되지 않는다. "데이터가 있고, 그 데이터로 무언가를 하는 매체가 있는 것이 아니다. 그보다 매체는 데이터의 생산 장소이다. 그리고 이 생산 장소가 곧 '기록체계들'이다. 기록체계란 특정한 시대에 데이터로 여겨질 수 있는 것들을 앞서 결정하는 기술과 제도의 네트워크를 말한다."(Krämer, 2004: 208)

1985년에 출간한 『기록체계 1800/1900』(*Aufschreibesysteme 1800/1900*)에서 키틀러는 1900년경 축음기, 영화, 타이프라이터라는 아날로그 기록기계들이 등장하면서 기록체계의 전환이 야기되었다고 주장한다. 매체의 역사를 다루는 기존의 이론들이 '알파벳', '인쇄술', 그리고 '컴퓨터'의 출현을 각각 매체 전환의 결정적 기점으로 분석해 온 것과 달리,[13] 키틀러는 1900년경에 등장한 축음

---

12 Winthrop-Young(2011), *Kittler and the Media*, Cambridge: Polity Press, pp.58~59.
13 매체의 역사를, 옹(Walter Ong)을 비롯한 캐나다 학파에서는 "구술문화-문자문화-제2차 구술문화(전자기술시대)"로, 플루서(Vilém Flusser)는 "이미지-문자-기술적 이미지"로 구분한다. 유현주 (2013), 「현대 매체이론에서 문자의 개념과 역할: 캐나다 학파, 플루서, 키틀러의 이론을 중심으로」, 『인문과학』 제97집, 325쪽, 329쪽; 그런가 하면 매클루언(Marshall McLuhan)은 "책 인쇄 이전의 구술시대, 그리고 구텐베르크의 시대인 문자와 인쇄의 시대, 그리고 전신 발명 이후인 전자 시대"로 매

기, 영화, 타이프라이터 같은 아날로그적인 '기술적' 기록매체들의 출현을 매체 전환의 가장 결정적인 축이라고 보고 이를 '기록체계 1900'이라고 부른다. 모든 데이터에 대한 '문자 독점의 시대'가 끝나고 '기록체계 1900'의 기술적 기록매체들이 도입되면서, 인지·사고·언어 담론의 생산과 실행에 결정적인 전환이 야기되었다고, 키틀러는 분석한다.

'기록체계 1900'과 그 이전의 문자 독점의 기록체계를 가르는 단절적 차이는, 기록매체가 어떤 데이터를 저장하고 전달하고 작업하는가에 달려 있다. 문자 독점 시대에는 모든 글쓰기가 상징계에 머물러 있었던 반면, 기술적 매체는 '물리적 실재'를 저장하고 전달하고 작업한다. 상징으로 매개된 데이터가 아니라, 소리나 움직임 같은 물리적 실재들 그 자체가 데이터가 된다. "문자 시대에는 상징계의 요소들이 기호에 의해 포착된 '자연'을 적었다면, 문자 독점이 붕괴된 이후 기술적인 아날로그 매체들은 상징적인 것 밖에 있는 자연 그 자체를 기록할 수 있다."(Krämer, 2004: 202) 축음기, 영화, 타이프라이터 같은 기술적 기록매체의 등장으로 인해 감각 데이터를 다루는 방식이 바뀌었다. 소리와 시각 자료를 그 자체로 기록하는 축음기와 영화, 그리고 글쓰기 기계인 타이프라이터는 인간의 감각을 부분적인 하위 감각들인 청각, 시각, 문자로 분할하게 된다.

키틀러는 라캉(Jacques Lacan)이 제시했던 실재적인 것(das

체의 역사를 구분한다. 최소영(2011), 「F. 키틀러의 매체 개념과 신체의 의미에 관한 연구」, 『미학·예술학연구』 33집, 184쪽.

Reale), 상상적인 것(das Imaginäre), 그리고 상징적인 것(das Symbolische) 사이의 "방법론적 구분(methodologische Distinktion)"을 세 가지 기술적 매체들과 연결한다.[14] 유의미한 소리와 무의미한 소음의 구분 없이 모든 소리를 기록하고 재생하는 축음기는 실재계와, 거울에 비친 몸의 환영과 같은 이미지들을 포착하는 영화는 상상계와, 문자를 배열하고 기록하는 타이프라이터는 상징계와 연관된다.(Kittler, 1986: 27~28)

키틀러는 축음기와 영화, 타이프라이터를 모두 '기록체계 1900'에 속하는 기술적 매체로 묶고 있지만, 이 세 매체가 모두 동질적이지는 않다는 사실을 인정한다. 이 세 매체는 두 가지의 서로 다른 특징으로 분리되고, 구분된다. 한편에는 "기록할 수 없는 데이터의 흐름을 처음으로 고정시킨 두 가지의 기술 매체들"인 축음기와 영화가 있다. 그리고 다른 한편에는 "도구와 기계 사이의 '중간물'(ein 'Zwischending')"인 타이프라이터가 있다. 하이데거(Martin Heidegger)가 이미 간파했던 것처럼, "여기서, 글쓰기 기계는 기계 기술의 엄밀한 의미에서 아직 기계는 아니라는 것, 오히려 그것은 도구와 기계의 '중간물', 하나의 메커니즘이라는 의식에 주의를 기

---

[14] 1950년대와 1970년대 사이 상상계, 상징계 그리고 실재계에 대한 라캉의 개념화에 많은 변화가 있었다. 그러나 "대략 말한다면 라캉에게 상징계란 언어, 개념 체계, 그리고 이것들 속에 용해되어 있는 문화적 규율을 뜻한다." 그리고 "실재(le réel)는 사유의 그물에 잡히지는 않지만 의식 외부에 실재적으로 존재하는, 결코 **부정될 수 없는** 존재의 질서이다." 따라서 "**실재는 상징화되기를 절대적으로 거부하며, 상징계에 동화될 수 없다는 것은, 실재는 상징계의 은폐되어야 할 전제조건이라는 것을 뜻한다.**" 홍준기(1999), 『라캉과 현대철학』, 문학과지성사, 204쪽, 208쪽, 215쪽.

울여야 한다."[15]

키틀러에 따르면, "축음기와 촬영기가 처음으로 저장 가능하게 만든 것은 시간이었다."(Kittler, 1986: 10) 이전에는 고정시킬 수 없었던 소리와 움직임 같은 데이터의 흐름을 저장하면서, 이 매체들은 흘러가면서 사라지는 시간을 기록매체에 담는다. 그러나 이 기술적 매체들이 시간을 '최초로' 기록한 것은 아니다. 크레머(Sybille Krämer)가 지적한 것처럼, 사실 모든 매체는 언제나 '시간조작기술(Zeitmanipulationstechnik)'이었다.

키틀러도 "문자가 역사적으로 첫번째 시간조작기술"이었다는 사실을 인정한다.[16] 알파벳 문자는 "시간 계열의 발화 연쇄에 공간적 위치를 배당하는" 기술이었고(Kittler, 1993: 183), 그런 의미에서 텍스트와 악보는 유럽이 가지고 있던 전통적인 시간저장장치로 인정되어야 한다. 다만, "이 둘[텍스트와 악보]은 모두 문자에 닿아 있었고, 문자의 시간은 (라캉의 개념에 따라) 상징적인 것"(Kittler, 1986: 11)이었던 반면, 이 새로운 기술적 기록매체들, 즉 축음기와 영화는 상징계 밖에서의 시간의 흐름을 기록할 수 있다는 점에서 결정적으로 다르다. 문자와 기술 매체가 모두 시간을 조작하는 기술이라 하더라도, 기술적 매체 시대의 시간조작기술은 문자 독점 시대의 시간조작기술과 완전히 다르다. "문자와 책의 시대에는 통사론적 구조를 통해 선형화된 '상징적인 것의 시간'이 공간화를 통해 반복 가

---

15 Heidegger(1982), "Parmenides(Vorlesung Wintersemester 1942/43)", Gesamtausgabe, II. Abteilung, Bd. 54, hsg. Manfred S. Frings, F/M.(Kittler, 1986: 292에서 재인용)

16 Kittler(1993), *Draculas Vermächtnis. Technische Schriften*, Leipzig: Reclam, S.183.

능하게 되고, 또한 부가적 방식으로 치환 가능하게 된다."(Krämer, 2004: 206) 반면, 축음기와 영화에서부터 컴퓨터에 이르는 기술적 매체의 시대에는 '실재적인 것의 시간'이 작동한다. 여기서는 통사적 구조로 고정될 수 없는 혼란스럽고 개별적인 과정들을 시간적 사건으로 저장하고 조작할 수 있게 된다.

키틀러에 따르면 기술적 기록매체는 '의미'를 모른다. 그것은 의미에 무관심하다. 기술적 매체 시대에는 데이터의 흐름들만이 존재할 뿐이다. 또한 기술적 매체의 도입은 문자 독점 체제에서는 처리할 수 없다고 여겨졌던 소리나 영상과 같은 상징계 밖의 실재와 그 데이터의 흐름을 저장하고 전달하고 처리할 수 있는 것으로 만들었다. 기술적 매체의 도입이 가져온 전환의 계기는 바로 이 지점에 있다. 따라서 키틀러는 문자 독점의 기록체계에서 기술적 기록체계로의 전환이 가져온 단절을 가장 결정적인 것으로 본다. 그에 비해 기술적 기록이 아날로그 매체에서 디지털 매체로 전환되는 과정은 그다지 극적인 단절을 야기하지 못한다.

글쓰기 기계와 젠더

키틀러에 따르면, '기록체계 1900'의 기술적 기록장치 중 하나인 타이프라이터라는 기계가 글쓰기를 변화시킨다. "글쓰기 기계는 영화처럼 상상적인 것을 마법으로 불러올 수도 없고, 소리의 저장처럼 실재적인 것을 모방할 수도 없다." 그러나 이 새로운 글쓰기 기계는 글쓰기에 두 가지의 결정적인 전환을 가져온다. "글쓰기 기계

만이 글쓰기의 젠더를 전도시킨다. 그리고 그와 더불어 문학의 물질적 토대를 변화시킨다."(Kittler, 1986: 275)

글쓰기 기계는 문자 독점 시대에는 상상할 수 없던 것을 성취했다. 그 첫번째 성취는 바로 글쓰기의 성별을 바꾼 것이다. "계열적 데이터 작업의 문자 독점은 남성의 특권이었다."(Kittler, 1986: 275) 인쇄된 서적의 유통과 알파벳화(Alphabetisierung)된 읽기 등이 지배하던 문자 독점의 '기록체계 1800'에서도 점점 더 많은 여성이 철자를 배우고 읽을 수 있게 되었지만, 이 읽을 수 있는 능력의 향상이 글쓰기의 욕망으로 전환되지는 못했었다. 키틀러는 구텐베르크 은하계도 성별에 갇혀 있었다고 지적한다.

키틀러의 분석에 따르면, '기록체계 1800'에서 '알파벳화된 읽기'가 모성을 생산했다. 1800년대에 들어 독일에서 이상적인 '어머니'가 등장하기 시작하는데, 이 '어머니'는 '양육하는' 어머니다. 1800년을 전후로 "어머니들에게 아동을 육체적·심리적으로 양육한 다음에는 알파벳도 가르쳐야 한다고 조언하는 책들이 갑자기 무수히 쏟아진다."[17] 쏟아져 나오기 시작한 아동 알파벳 교육서들은 먼저 어머니들에게 알파벳을 가르치는 법을 가르친다. 여기서 배워야 할 '알파벳 가르치기'는 문자 교육이 아니라 음성학적 발음 교육을 말한다. 정확하고 표준화된 발음을 가르치기 위해서, 어머니는 먼저 자신의 입에 관해 배워야 한다. "음성학적 교습법은 (……) 이상적인 '어머니의 입'을 생산한다."(키틀러, 2015: 61) 이 이상적인 '어

---

[17] 키틀러(2015), 『기록시스템 1800·1900』 윤원화 옮김, 문학동네, 50쪽.

머니의 입'이 원형적 목소리를 생성한다. "그 목소리는 역사상 처음으로 '언어가 원하는 방식'대로 발음하는 법을 가르친다."(키틀러, 2015: 63)

이 '어머니'는 아이들에게 발음을 가르치지만 자기를 표현할 언어를 가지고 있지 않다. 따라서 자동기계처럼 단지 언어의 이상적인 소리를 복제하고 학습시키는 매체가 될 뿐이다. 전통적이고 경험적인 언어 습득 방식은 알파벳화된 발음 교육을 통해 '탈자연화'된다. 그리고 이 탈자연화된, 즉 잘 훈련된 이상적인 '어머니의 입'이야말로 진정한 '자연'의 언어에 도달할 수 있는 매체가 된다. 그렇게 1800년 무렵 유럽의 교양국가들은 어머니에게 그들의 자녀를 교육해야 한다고 명령한다. "단순히 인간이 인간을 잉태하는 것이 아니라, **어머니다운 어머니들**이 더욱더 많아져야 하는 것이다." "이것이 역사적으로 새로운 '여성의 사명'이다."(키틀러, 2015: 98) 그리고 그런 어머니를 길러 내는 것이 국가의 책무가 된다. 키틀러는 폰 튀르크(Wilhelm Von Türk)를 인용한다. "국가의 책무는 딸들이 미래에 더 훌륭한 어머니가 되도록 교육하여, 먼 훗날 미래의 남녀 국민들을 맨 처음 교육하고 육성하는 임무를 전보다 더 유능한 사람에게 위임할 수 있도록 전력을 다하는 것이다."(키틀러, 2015: 98에서 재인용)

이렇듯 '기록체계 1800'에서 여성의 읽기 교육은 그 자신의 쓰기로 연결되지 못하고, '이상적인 어머니'라는 매체를 길러 내기 위한 수단에 불과한 것이 된다. 그러면서 "인쇄된 원고와 저자의 이름으로 주어지는 영예가 여성들에게는 폐쇄되었다.──실제로는 그렇지 않더라도, 매체기술적으로는 그러했다. [그래서 여성 작가] 자신의 시, 소설, 드라마 위에 [쓰인] 이름은 거의 언제나 남성 가명이었다."(Kittler, 1986: 276) 그런데 기록체계의 전환 이후 점점 더 많은 여성들이 타이프라이터로 일하게 되면서, 그리고 여성들이 타이프라이터를 통한 글쓰기에 접근하게 되면서, 구텐베르크 은하계의 성별 분할은 종말을 고하게 되었다는 것이다. 키틀러에 따르면, 이러한 전환은 글쓰기 기계가 펜과 손의 글쓰기를 대체하면서 발생하게 된 것이다.

서구 문화 안에서 연필과 펜대는 남성의 성(性)을 상징해 왔다. 키틀러는 1889년에 발간된 한 잡지의 글을 인용하면서, 이 글이 향수 어린 아쉬움의 어조로 타이프라이터와 더불어 점차 상실되어 가는 두 가지에 대해 서술한 것을 언급한다. 그 글이 한탄하는, 글쓰기의 기계화가 야기한 첫번째 상실은 "글쓰기 표현의 내밀성, 특히 우리가 잃어버리고 싶어 하지 않는 사적인 관계에서의 글쓰기 표현의 내밀성"이다. 두번째로 상실한 것은, 서구 상징체계의 핵심을 이루는 "남성의 정신적 창조의 본래적 상징[물]인, 펜"이다.(Kittler, 1986: 277) 키틀러에 따르면, 근대적 산업화가 수공업과 수작업을 붕괴시켰고, 그것이 곧 전형적인 남성적 수작업이었던 텍스트 짜기(Textur)와 전형적인 여성적 수작업이었던 직물 짜기(Textur)를 빼앗아 갔다. 산업화로 인해 수공업과 수기(手記, Handschrift)는 함께 사라졌다. 그렇게 산업화와 더불어 발생한 글쓰기의 기계화가 수작업의 성별 분업을 붕괴시켰고 '글쓰기의 탈성별화'를 야기했다는 것이다.

글쓰기 기계의 지위

글쓰기 기계가 야기한 글쓰기의 탈성별화는 '글쓰기의 탈신체화'와 연결된다. 글쓰기 기계는 필적(Handschrift)이 구현하던 신체와의 연관성을 끊어 내면서, 종이와 몸, 글쓰기와 영혼 사이의 내밀한 관계를 붕괴시켰다. 손으로 쓴 글씨가 신체적 흔적과 개성을 담고 있고 그것을 통해 개인의 고유성이 표현된다는 오랜 믿음 체계는, 타이프라이터로 글을 쓰게 되면서 점차 무너진다. "글쓰기 기계는 어떤 개인도 저장하지 않는다."(Kittler, 1986: 27) 글쓰기 기계와 더불어 글쓰기의 체현적 성격은 사라졌다. 기계를 통한 글쓰기는 필적을 앗아 간다. 하이데거는 "글쓰기 기계가 손의 본질적 영역, 곧 언어의 본질적 영역으로부터 문자를 떼어 낸다"고 말한다. 그에 의하면, 글쓰기 기계는 문자를 언어의 본질로부터 분리시킨다. "문자로서의 언어는 필적이기 때문이다." 하이데거는 다음과 같이 적는다.

> 근대적 인간이 글쓰기 기계와 '더불어' 쓰고, 기계'에' '받아쓰게 하는' 것은 우연이 아니다. 글쓰기 방식의 이 '역사'는 점증하는 언어파괴의 근본 이유이다. 문자는, 이제 더 이상 글을 쓰는, 본래적으로 행위하는 손을 통해서가 아니라, 기계적인 인쇄(Druck)를 통해서 오고 간다. 글쓰기 기계는 손의 본질적 영역으로부터, 즉 언어의 본질적 영역으로부터 문자를 떼어 낸다.(Heidegger[1942/43], Kittler, 1986: 290에서 재인용)

글쓰기가 기계화되기 위해서는, 그리고 글쓰기의 탈신체화가 가능하기 위해서는 먼저 "하나의 완전히 새로운 사물의 질서"가 준비되어 있어야만 했다. 키틀러는 생리학의 대두가 바로 글쓰기의 기계화를 가능하게 만든 하나의 조건이었다는 점을 지적한다. '기록체계 1900'으로 전환되기 전인 18세기부터 이미 '기계로 글쓰기' 내지는 '글쓰기 기계'에 대한 아이디어와 상상이 있었고, 기계의 개발도 시도되었다.(Kittler, 1986: 278) 그러나 생리학과 같은 사유체계가 출현하기 전까지 '글쓰기 기계'는 받아들이기 어려운 아이디어로만 남아 있었다. "생리학, 이 자연과학이 인간에게서, 손으로 쓰기와 다시 읽기가 자기 영혼의 발견을 보증한다는 [기존의] 심리학적 표상을 떼어 낸다."(Kittler, 1986: 279) 그러면서 니체의 말처럼 "인간이란 어쩌면 사유기계, 글쓰는 기계, 말하는 기계일지도 모른다"는 생각이 가능해졌다. 뇌생리학과 정신 공학을 통해 글쓰기는 더 이상 영혼의 직접적인 활동이 아니라, 기계적인 작용의 일부로 받아들여질 수 있게 되었다. 언어 자체가 기계장치의 제어시스템과 같은 것이라면, 이제 글쓰기 기계의 제작을 가로막을 것은 아무것도 없게 된다.

글쓰기 기계는 '기록체계 1900'의 다른 기술적 매체들과 더불어 '완전히 새로운 사물의 질서'의 출현이라는 조건하에서 등장할 수 있었다. 그러나 그럼에도 불구하고 이 매체는 다른 기술적 매체들과는 다른 독특한 지위를 갖는다. 우선, 글쓰기 기계는 축음기나 영화와 달리 이전 시대의 문자와 마찬가지로 여전히 상징계에 연루된다. 다른 한편, 글쓰기 기계는 다른 기술적 매체들과 달리 완전히 기계적인 기계가 아니다. 하이데거가 지적하듯이 타이프라이터는 "기계 기술의 좁은 의미에서 [보면] 아직 기계가 아니다."(Heidegger[1942/43], Kittler, 1986: 292에서 재인용) 그것은 도구와 기계 사이의 '중간물', 하나의 메커니즘일 뿐이다. 글쓰기 기계는 글쓰기를 손에서 벗어나게 하지만, 손을 완전히 배제하지는 못한다. 키틀러도 이 기술적 매체의 독특한 존재론적 지위를 의식하고 있다. 그는 이렇게 적는다. "**타이프라이터**(Typewriter)는 두 가지 뜻을 갖는다. 이 단어는 타자기이자 타자수를 말한다."(Kittler, 1986: 273) '타이프라이터'라는 단어는 기계를 의미하는 동시에, 그 기계의 앞에서 그것과 연결되어 그것의 일부로 그것을 작동하는 사람을 의미하기도 한다. 이 이중적 의미가, 글쓰기 기계는 기계와 인간, 두 타이프라이터의 결합체라는 사실을 드러낸다.

 타이프라이터가 일정한 질서에 맞춰 표준화된 자판으로 철자의 배열을 통해 텍스트를 생산하는 기계이고, 글쓰기에서의 수작업과 몸의 흔적을 삭제하면서 몰개성적이고 표준화된 활자 서체로 글자를 새기는 기술적 장치이기는 하지만, 이 기계는 몸으로부터 독립해서 완전히 탈신체화된 형태로 움직이지 않는다. 이 기계는 몸과 기계의 연결체로서, 기계 앞에 앉아 자판을 두드리는 몸의 활동이 함께해야 작동한다. 그런 의미에서 해러웨이를 좇아 이 글쓰기 기계의 존재론적 특징을 '사이보그'라고 칭할 수 있다. 해러웨이의 정의에 따르면, 사이보그는 "특별하고 역사적이며 문화적인 실천 속에서 주조된 유기적인 것과 기술적인 것의 융합"이다. 그리고 타이프라이터가 지닌 '사이보그'로서의 독특한 지위와 혼종적인 존재 방식에 주목하게 되면, 키틀러의 매끄럽게 정돈된 매체이론의 구조 안에서 해소하기 어려운, 불투명하고 애매하면서도 벗어 버릴 수 없는 신체의 흔적을 발견할 수 있다.

"우리의 생각은 우리의 글쓰기 도구와 함께 작업한다"

키틀러에 따르면, 타이프라이터라는 기술적 기록매체의 도입이 문학의 글쓰기를 바꿔 놓았다. 매체가 글쓰기를 바꾼다. "우리의 생각은 우리의 글쓰기 도구와 함께 작업한다."[18] 키틀러는 타이프라이터가 19세기의 낭만주의적 '시작(詩作, Dichtung)'을 언어의 물질성에 더 많이 주목하는 '문학(Literatur)'으로 바꾸었다고 주장한다. 키틀러의 이러한 주장은 매클루언(Marshall McLuhan)의 주장과 공명한다. 그 또한 "타자기로 글을 쓰는 것은 언어와 문학의 형식에 많은 변화를 주었다"고 지적했다. 매클루언에 따르면 "이[와 같은 문학적 글쓰기의 변화]는 헨리 제임스의 후기 소설에서 잘 엿볼 수 있다. 그는 자기의 소설을 불러 주어 시어도라 보즌켓(Theodora Bosanquet)에게 받아쓰게 하였는데, 그녀는 속기가 아니라 타자기로 그것을 받아 적었다."[19] 그리고 이와 같은 글쓰기 방식이 "구속받지 않는 어떤 주문(呪文)과도 같은" 문체를 발전시키는 계기가 되었다는 것이

---

[18] 키틀러는 일찍이 초기 형태의 타자기(Schreibkugel)를 사용했던 니체가 쓴 이 문장을 인용하면서, 니체가 사용했던 타이프라이터가 그의 문체와 사유에 미친 영향을 가늠해 본다.(Kittler, 1986: 293)

[19] 매클루언(2013), 『미디어의 이해: 인간의 확장』 김상호 옮김, 커뮤니케이션북스, 443쪽.

다.(매클루언, 2013: 444) 매클루언은, 이러한 사실이 타이프라이터가 "구술적 도구이며, 신체의 움직임을 그대로 전하는 도구"라는 사실을 증명한다고 본다. 그러므로 "우리 문화와 경제 구석구석까지 구텐베르크 테크놀로지를 가져다준 타자기가 또한 이러한 정반대의 구어적 효과를 가져왔다는 것은 그야말로 기막힌 반전 현상이다."[20]

매클루언에 따르면, 타이프라이터의 도입이 글쓰기에서 구어적 효과를 되살리는 반전을 가져올 수 있었던 이유는, 타이프라이터가 구어의 속도를 따라가며 기록할 수 있는 타이핑 속도를 획득했기 때문이다. 타이프라이터는 상품화 초기부터 빠른 속도를 자랑하며 선전되었다. 타이프라이터는 증기기관차에 비견되었고, 손으로 글을 쓰는 것보다 빠른 기록 속도를 통해 이 기계의 유용성을 증명하고자 했다. 타이프라이터는 숙련되기만 하면 불러 주는 말을 그대로 받아 기록할 수 있을 뿐 아니라, '판독하기 어려운 필적의 차이' 없이 표준화된 활자로 기록되기 때문에 쉽고 빠르게 읽힐 수 있다. 또한 타이프라이터가 일반화되고 타자수의 숙련도가 향상되면서 방대한 양의 텍스트들을 기록물로 전환할 수 있게 되었다. 이때 타자수의 능력과 숙련도를 평가하는 중요한 기준은 속도였다. 따라서 빠른 타이핑 속도는 사회적으로 가치 있는 것으로 평가되었다. 이런 맥락에서 매클루언은 "타자기는 가까이에서 즉시 사용할 수 있는 확성 장치와 같다"고 평가한다.(매클루언, 2013: 444) 매클루언,

---

[20] 매클루언은 엘리엇(T. S. Eliot)과 파운드(Ezra Pound)도 자신들의 시에서 중요한 효과를 내기 위해 타자기를 이용했다고 적는다. 타자기는 "그들에게 재즈와 래그타임의 세계와 같은, 구어적인 표현이라는 자유로움을 주었던 것이다."(매클루언, 2013: 447)

혹은 그가 언급한 구술을 타이핑하도록 하면서 글쓰기 작업을 진행했던 작가들은, 말이 곧 문자가 되고 소리가 곧 텍스트가 된다는, 즉 어떠한 의미의 변형이나 오염 없이, 음성언어가 곧바로 타이프라이터를 통해 문자텍스트로 기록된다는 환상에 사로잡혀 있는 듯하다.

음성-문자-글쓰기 기계

데리다는, 서구 형이상학의 역사에서 문자는 언제나 음성의 대리물, 음성기호에 기생하는 이차적이고 부수적이며 외재적인 기호로 규정되어 왔음을 짚는다. 데리다가 음성/로고스중심주의라고 부르는 이 체계 안에서 목소리는 투명성과 근접성이라는 특권을 갖는다. "자기가 하는 말을 스스로 듣는" 의식 내부에서 울리는 목소리는 투명한 기의(signifié)와 가장 가까이에 있다. 이 근접성에 근거한 투명성의 관점에서, "로고스의 시대는 문자 언어를 매개(médiation)의 매개로서, 의미의 외면성으로의 실추로 깎아내린다."[21] 서구 형이상학의 음성중심주의는 로고스의 절대적 확실성, 기의의 투명한 근접성을 토대로 구축된다. 이 구조 안에서 목소리의 절대적 근접성 또는 직접적 현전성으로부터 떨어져 나온 "문자는 [음성 언어의] 바깥쪽이며 언어활동과 '생각-소리'의 외재적 대리 표기다."(데리다, 2010: 114) 이 외재화와 대리(supplément)의 과정에서 음성 언어는 오염된다고, 그리고 이 지점에서 의미와 표현의 분리, 불확실

---

21 데리다(2010), 『그라마톨로지』, 김성도 옮김, 민음사, 52쪽.

성, 불투명성이 개입한다고 생각되었다. "서양 전통에서 문자 언어, 철자, 감각적 문자 표기 등은 언제나 정신, 호흡, 태초의 말씀, 로고스의 바깥에 존재하는 육체와 물질로 간주되어 왔다."(데리다, 2010: 120)

음성중심주의는 '자기 음성을 스스로 듣는' 의식의 절대적 현전이 보증하는 확실성, 기의의 투명성에 근거한다. 의식 내부에서 일어나는 음성의 현전성이 보증하는 투명성과 달리, '매개의 매개'로 외재화된 문자는 확실성과 투명성을 보증할 수 없다. 그런 의미에서 문자는 오염이며, 악이다. 문자에 대한 이와 같은 비난이, 플라톤 이래 서구 형이상학의 역사를 지배해 왔다. "그것[문자]은 영혼의 내면성, 참된 진리 속에서 스스로에 현전하는 영혼의 살아 있는 현전, 음성 언어 자체가 자신에게 미치는 도움 등에 손상을 끼치면서 **바깥쪽이 안쪽**으로 난입하는 것이다."(데리다, 2010: 119) 문자 언어가 만들어 내는 '인위적 외재성'과 대립하여, 음성은 그 순수한 자기의식의 현전적 관계와 투명성의 환영을 유지한다. 그 같은 체계 안에서 글쓰기는, 의식 내적 목소리에서 발화로, 발화된 음성에서 문자적 재현으로, 두 번의 매개를 통해 외재화된 결과이다.

매클루언은 구술을 문자로 전환하는 타이프라이터의 글쓰기가 손으로 기록하는 수기의 글쓰기와 달리 음성을 '직접' 기록할 수 있다고 주장한다. 축음기로 녹음된 음성조차도 문자화된 텍스트가 되려면, 문자로의 전환과 기록을 요구한다. 여기서 문제는 음성을 문자로 전환하는 과정에서 생기는 틈새가 '오염'이 되지 않도록, 타이프라이터가 기능하게 하는 것에 있다. 타이프라이터가 말하기와

'동시적'인 기록 속도에 도달할 수 있게 되면, 그래서 타이프라이터가 불러 주는 말을 곧바로 고스란히 문자로 옮겨 적을 수 있게 되면, 음성은 의식의 흐름에 가장 근접하게 기록될 수 있다. 기계가 음성을 아무런 매개 없이 직접 문자로 전환하여 기록할 수 있다면, 어떤 오염이나 개입도 없이 의식은 투명하게 기록될 수 있을 것이다. 매클루언의 이러한 믿음은 데리다가 비판한 바로 그 음성중심주의적 형이상학에 머물러, 그렇게 이루어진 기록이 '타이프라이터'라는 매체/신체를 경유하여야 한다는 사실을 감춘다. 매클루언은 타이프라이터가 '확성기'처럼 음성을 문자로 기록하여 전달할 수 있다고 말하면서, 글쓰기 기계라는 매체의 혼종적 존재 방식을 투명하게 만든다.

키틀러는 매클루언과 달리 직접성 또는 근접성이라는 의미에서 음성의 우위를 주장하지 않는다. 오히려 그의 매체 분석은 "음성중심주의의 매체적 붕괴"를 보여 준다.[22] 그가 관심을 기울이는 기술적 기록매체들은 데이터의 흐름을 물질로 저장하고 조작하고 전달하기 때문에, 그 안에서 음성과 비음성의 차이는 사라진다. 예를 들어, 음성을 소리로 기록하고 저장하는 축음기는 의미로서의 음성을 기록하지 않는다. 그 장치 안에서 음성과 소음은 구분되지 않고 동일한 층위의 물질로, 데이터의 흐름으로 취급되고 저장된다. 그

---

[22] 박영욱은 "1900년경의 대표적인 세 가지 기록매체인 축음기, 영화, 타자기에 관한 키틀러의 논의는 음성중심주의가 정점에 이른 인쇄매체의 글쓰기 양식이 어떻게 해체되는가를 잘 보여 준다"고 적는다. 박영욱(2009), 「문자학에 대한 매체철학적 고찰: 데리다의 음성중심주의 비판과 키틀러의 매체분석을 중심으로」, 『범한철학』 제54집, 379쪽.

러므로 투명한 의미 전달체로서의 음성의 우위는 더 이상 작동하지 않는다. 더욱이 그의 매체이론은 매체로서의 신체와 인간적인 지각을 배제한다.(Krämer, 2004: 203) 그의 매체는 철저히 의미에 무관심하다. 그런 맥락에서, 키틀러는 음성중심주의적 형이상학의 전통에서 벗어나 기호와 매체, 정보와 저장장치, 기술과 기술적 기록체계 등을 전면에 내세우는 듯하다. 키틀러에게 매체가 선험적이고, 매체를 통해서만 경험과 인지가 만들어지기 때문이다.

키틀러의 탈체현적 매체이론과 성별이라는 에크리튀르

키틀러의 매체결정론, 반(反)인간주의적이고 탈체현적인 매체 이해는 음성중심주의적 전통 형이상학 체계로부터 멀리 떨어져 있는 듯이 보인다. 기술적 매체들은 이제까지 기록될 수 없었던 것, '상징적인 것의 격자'를 빠져나가는 물질적인 실재들을 데이터로 가공하여 저장하고 재조작할 수 있도록 만든다. 문자 매체와 달리 기술적 매체들은 물리적 실재를 조작 가능한 코드로 변형한다. 이러한 조작은 시간적 사건들을 되돌리는 것을 가능하게 한다. 그리고 이와 같은 기술적 매체의 특징은, 키틀러가 분석하는 것처럼, 디지털 매체로부터 기인한 것이 아니라 아날로그 기록 매체로부터 시작된 것이다. 그런데 크레머를 비롯하여 키틀러의 매체이론의 탈체현적, 반인간주의적 매체 선험성을 분석하는 글들은, 이 계열 안에서 축음기와 영화의 사례를 다루면서 종종 타이프라이터는 그 분석에서 빠뜨린다. 그 이유는 아마도 타이프라이터의 독특한 존재론적 지위가 키틀러의 매체이론을 매끈하게 구조화하는 것을 방해하는 요소로 남아 있기 때문일 것이다.

  타이프라이터는 언어를 물질화하고 문자 기호의 배열로 바꾸는 글쓰기 기계이다. 따라서 다른 매체들처럼 의미에 무관심할 수 있다. 키틀러도 타이프라이터의 출현이 언어의 물질성에 주목하게 했다고 주장한다. 그러나 타이프라이터는 의미에 완전히 무관심할 수는 없다. 타이프라이터는 다른 기록 매체들과 달리 여전히 상징계에 연루된다. 더욱이 타이프라이터는 '좁은 의미에서의' 기계가 아니다. 이 기록매체는 도구와 기계의 중간물이자 기계와 인간의 연합체다. 음성과 문자, 발화와 기록기계 사이의 관계에 대한 키틀러의 분석은 이 글쓰기 기계가 기계와 유기체의 연속체로 기능하고 있다는 사실, 기계와 신체의 결합으로만 기능하는 매체라는 사실을 의식·무의식적으로 삭제한다. 타이프라이터의 기록 속도, 타이프라이터의 평준화된 서체로 인한 필적의 사라짐, 직접적인 구술성의 부활 등 글쓰기 기계가 가져온 변화의 특징들은, 이 기계가 작동하기 위해 기계의 일부로, 기계의 앞에 자리를 잡은 또 다른 타이프라이터, 타자수의 존재를 투명하게 만든다. 마치 목소리와 구술, 기록하라고 명령하는 말이 기계적 기록 장치를 통해 바로 활자화되는 양, 타자기 위에 손을 얹고 몸을 기울여 소리를 문자로, 그리고 궁극적으로는 다시 읽을 수 있는 문장으로 변환하는 노동을 지워 버린 채, 이 기계는 묘사된다. 키틀러 매체이론에서의 신체성 배제의 원리가 불가피하게 개입되어야만 하는 신체를 지워 버린다. 그러면서 타자수는 숙련될수록 존재감을 잃고 투명해진다. 글쓰기 기계의 이 이중적 특징, 즉 연합체로서의 타이프라이터의 존재 양식은 키틀러의 매체 고고학에서 맹점으로 남는다. 그러면서 아이러니컬하게도 타이프라이터라는 매체가 그 투명해진 여성들에게 글쓰기를 가능하게 했고, "소위 '해방'"을 가져다주었다고 평가된다.

키틀러는 '타이프라이터'라는 복합적, 연합체적 매체의 자리에서 여성들을 삭제하면서 불러 세우고, 불러 세우면서 추상화한다. 키틀러는 19세기의 기록체계인 '기록체계 1800'에서 여성들은 글쓰기에서 배제되면서 오직 남성들의 시작(詩作)에서 영감의 근원인 '영원한 여성성(die ewige Weibliche)'으로, 또는 열정적인 독자로 호출되었을 뿐이라는 점을 정확히 지적했다. 그리고 '기록체계 1900'으로의 매체 전환 과정에서, 타이프라이터가 여성을 글쓰기로 데려갔다고 분석한다. 그러면서 키틀러는, 새로운 기록체계에 접어들면서 이상적인 보편 여성(Die Frau)은 사라지고, 실제 여성(reale Frau)이 등장하기 시작했다고 주장한다. 그러나 그가 발견한 여성은 여전히 현실적이지 않다. '여성'이라는 기표는 그의 매체 이론 안에서 이중화된다. 인간이 사라지고 신체성이 삭제된 매체의 작동 안에서, 여성은 지워지기 위해서 불러내진다.

데리다의 문자학은, 음성중심주의가 근거하고 추구하는 비매개적 확실성이 형이상학적인 믿음이라는 사실을 밝히면서, 오히려 음성 이전에 문자가 있음을 주장한다. 이 문자는 음성 언어를 대리하고 보충하는 문자 언어가 아니라, 음성 언어의 의미화 작용에 앞서 작용하는 흔적을 말한다. 이것을 데리다는 '에크리튀르(écriture, 글쓰기/문자)'라고 명명한다. 언어 이전에, 발화된 음성 이전에, 에크리튀르가 작동한다. "'근원적' '자연적' 등으로 수식되는 언어는 결코 존재한 일이 없으며, 에크리튀르의 작용 때문에 있는 그대로 순수하게 존재했던 적도 없고, 그 언어가 바로 일종의 에크리튀르였다는 조건을 말한다."(데리다, 2010: 147)

키틀러도 타이프라이터의 존재론적 이중성을 의식했다. 타자수와 타자기의 연결체로만 기능할 수 있는 타이프라이터의 특수한 존재 방식을 인식했음에도 불구하고, 그는 여성 타자수의 존재를 추상화된 기능으로 환원해 버렸다. '기록체계 1900' 안에서 타이프라이터는 다른 두 기록매체와는 다른 지위를 갖는다. 축음기나 영화와 달리 타이프라이터는 상징계에 머물며, 설령 의미에 무관심할 수 있을 것처럼 보일 때조차 상징계의 격자를 무시하지 못한다. 음성이 문자로 들리지 않으면, 타이프라이터는 그것을 기록할 수 없다. 타이프라이터는 순수한 기호 물질을 기록하는 기계가 아니다.

그런 의미에서 '기록체계 1900'의 매체적 선험성으로 인해 타이프라이터가 성별 질서를 생산하는 것이 아니라, 음성과 문자와 글쓰기 기계의 관계가 이미 성별 질서의 에크리튀르 안에 기입되어 있다. 그러므로 글쓰기 기계가 글쓰기의 성별을 바꾸었다고 주장하기에 앞서, 키틀러가 삭제하고 맹목으로 남겨 둔 바로 그 지점에서 글쓰기 기계에 부착된 성별화의 에크리튀르가 분석되어야 한다. 그리고 그런 관점에서 키틀러가 말하는 타이프라이터의 매체적 선험성은 어떤 형태로든 이미 '매개된 것'이라는 사실이 드러난다. 키틀러의 매체이론이 극복하지 못한 음성/로고스중심주의의 흔적은 바로 여기에 있다. 타이프라이터라는 기술 매체에 내재된 신체를 지우고 데이터의 흐름에 작용할 수밖에 없는 매체적 개입의 혼탁함과 불투명성을 의식·무의식적으로 삭제하면서, 키틀러는 자신의 소박한 매체결정론 안에 성별 질서를 다시 기입한다. 이것이 키틀러의 매체이론에 드리운 음성/로고스중심주의의 흔적이다.

타이프라이터—탈체현이라는 거짓 문제를 폭로하는 사이보그

캐서린 헤일스(Katherine Hayles)는 '정보의 탈신체화'라는 주제를 추적하는 책『우리는 어떻게 포스트휴먼이 되었는가』에서, 1943년부터 1954년까지 개최되어 사이버네틱스의 새로운 패러다임 형성에 기여했던 '메이시(Macy) 회의'의 기록물들을 분석한다.[23] 그리고 1953년에 찍은 한 장의 사진에서, 이 회의에 참석한 단 한 명의 여성으로 알려져 있던 마거릿 미드(Margaret Mead) 외에도 또 한 명의 여성이 그 자리에 있었다는 사실을 발견한다. "이제야 나는 미드가 사진 속 유일한 여성이 아니라는 사실을 깨닫는다. 또 다른 여자가 사진사에게 등을 향한 채 팔을 뻗어 정확히 보이지 않는 기계를 향해 손을 내밀고 앉아 있다." 그녀는 재닛 프리드(Janet Freed)라는 여성 타자수다. 그녀는 "오직 그녀 덕분에 기록이 우리가 읽을 수 있

---

[23] "사이버네틱스의 기초가 정립되던 시기에 노버트 위너, 존 폰 노이만, 클로드 섀넌, 워런 매컬러를 비롯한 저명한 연구자 수십 명은 메이시 재단의 후원을 받아 연례회의를 개최했다. 이들은 동물과 인간, 기계에 똑같이 적용되는 커뮤니케이션 및 제어 이론을 만들기 위한 주요 개념을 정립하겠다는 원대한 희망을 품고 있었다. 후대에 메이시 사이버네틱스 회의라고 불리게 되는 이 모임은 1943년부터 1954년까지 개최되어 새로운 패러다임 형성에 기여했다." 헤일스(2013), 『우리는 어떻게 포스트휴먼이 되었는가』, 허진 옮김, 플래닛, 31쪽.

는 목소리를 갖게 되었지만 기록 안에서는 목소리를 내지 않는 여자"였다. 다른 사람들, 즉 회의에 참석한, 대부분이 남성인 학자들은 회의의 내용을 걱정하지만, 그녀는 "소리를 글자로, 기호를 책으로 만드는 과정의 물질성에 초점을 맞추었다."(헤일스, 2013: 153~154) 이 불가결하지만 비가시적인 프리드의 존재 방식에 대해 헤일스는 다음과 같이 결론짓는다. "재닛 프리드는 말을 넘어서는 차원, 이론과 등식을 넘어서는 차원에서 자기 몸과 팔과 손가락과 아픈 허리를 통해서 안다. 정보는 절대 탈신체화될 수 없음을, 메시지는 저절로 흐르지 않음을, 인식론은 신체를 통해 표현으로 연결될 때까지 옅디 옅은 공기를 떠다니는 단어가 아니라는 사실을 말이다."(헤일스, 2013: 157~158) 많은 타자수들이 타이프라이터로 목소리를 기록하여 문자화하면서, "빈칸이 아주, 아주 많은"[24] 목소리들을 읽을 수 있는 문장으로 만드는 일에 기여해 왔다. 그런데 그들의 존재는 글쓰기 기계와 기록물 사이에서 투명해지고, 비가시화되었다.

키틀러는 그 타자수들의 존재를, 성별을 의식한다. 그는 타이프라이터라는 새로운 기술적 매체를 통해 글쓰기의 성별이 전환되었고, 문학적 글쓰기가 달라졌다고 분석한다. 그러나 상징계에 연루되고 신체와 결탁한 이 기계는 축음기나 영화와 같은 기술적 기록매체들과 달리 독특한 존재 방식을 갖는다. 이 고유하고 독특한

---

[24] "프리드는 제2회 메이시 회의 기록을 타이핑해서 매컬러에 보내면서 '빈칸이 아주, 아주 많다'는 건 알지만 프리몬트 스미스 박사가 그녀와 직원들에게 테이프를 두 번 듣고 들리는 대로만 적으라는 명령을 내렸다고 애처롭게 썼다."(헤일스, 2013: 154)

타이프라이터의 존재 방식을 키틀러의 탈신체적, 반인간적 매체결정론은 충분히 분석하지 않았다. 그리고 오늘날에 이르러 타이프라이터는 낡은 매체가 되었다. 그것은 이제 컴퓨터라는 디지털 매체 안에 수렴되었다. 컴퓨터를 통한 "일반적 디지털화를 통해, 개별 매체들 간의 차이는 사라진다."(Kittler, 1986: 7) 컴퓨터에서는 모든 것이 숫자다. 그림도, 소리도, 단어도, '양'으로 환원된다. 그리고 "숫자로는 불가능한 것이 없다."(Kittler, 1986: 8) 일반적 디지털화를 통해 매체는 융합된다. 디지털 매체 기술은, 매체들의 쌍방향적 결합과 번역을 가능하게 하고, 더 쉽게 모든 것을 데이터의 흐름으로 바꾼다. 그리고 컴퓨터는 모든 매체들을 연결하고 수렴한다. "기록체계의 역사로 매체의 역사를 재구성하는 키틀러의 아이디어는 컴퓨터의 작동 방식 안에서 이상적인 형태의 예증에 도달한다. (……) 컴퓨터는 글을 쓰고 읽지만, 컴퓨터는 글을 쓰고 읽는 사람을 더 이상 알아차릴 수 없는 방식으로 그것을 한다."(Krämer, 2004: 216)

그러나, 일반적 디지털화라는 매체의 새로운 조건 변화에도 불구하고 타이프라이터에게 던져졌던 물음은 변하지 않는다. 지금 매체와의 관계에서 다루어져야 할 것은 흘러 다니는 데이터들로 환원되는 "'탈체현(disembodiment)'이라는 거짓 문제"가 아니다. 오히려 키틀러의 매체 선험성이 빠져 있던 맹목을 간파하면서, 다음과 같은 물음들이 계속, 다시금 던져져야 한다. 무엇이 이 선택적 맹목을 가능하게 하는가? 슬쩍 눈감은 이 무관심은 무엇을 반영하는가? 이 무관심을 드러내는 것으로, 무엇이 더 밝혀질 수 있을 것인가?

2장.
[겸손한 목격자]
상업적 대리모, 기술생명권력의 겸손한 목격자

"나의 겸손한 목격자 [⋯] 그/녀는
의혹을 품으면서 연루되어 있으며,
다 알고 있는가 하면 무지하고,
걱정스러워하면서도 희망을 품고 있다."
(Haraway, 2018: 3)

'구글 베이비'—글로벌 생식 시장의 출현

2009년 개봉한 지피 브랜드 프랭크(Zippi Brand Frank) 감독의 다큐멘터리 영화 〈구글 베이비(Google Baby)〉는 세 대륙을 넘나들며 한 아기가 제작되는 과정을 보여 준다. 이스라엘의 한 게이 남성이 미국의 공여자에게서 구입한 난자를 자신의 정자와 체외수정시키고, 그 냉동 배아를 들고 인도의 대리모 클리닉을 찾아간다. 그가 찾아간 시설에는 그 지역의 여성들이 대리모로, 또는 대리모가 되기 위해 머물고 있다. 영화 속의 의뢰인은 이 클리닉에서 대리모 출산에 성공하여 딸을 얻는다. 이 영화 이후 '구글 베이비'는 글로벌 생식 시장의 환유가 되었다.

〈구글 베이비〉는 초국가적인 대리모 시장이 어떻게 작동하는지를 알려 주었고, 그 시장에서 가장 중요하면서도 가장 취약한 위치에 자리하고 있는 상업적 '출산 대리모'의 존재를 가시화했다. 그 이후 영화가 보여 준 '아기 만들기' 실천은 더욱 널리 퍼졌다. 누구든 구글링을 통해 아기를 만드는 데 필요한 난자 또는 정자 공여자의 카탈로그, 상업적 대리모 시술이 가능한 병원의 리스트 같은 정보를 쉽게 구할 수 있다.

오늘날 생식보조기술(assisted reproductive technologies, ARTs)은 글로벌 의료시장에서 가장 대중적인 서비스에 속한다. 아기를 갖고자 하는 사람은, 연령, 혼인 여부, 섹슈얼리티 등과 상관없이, 비용을 치를 만한 여유만 있으면 글로벌 시장에서 그 소망을 실현할 수 있다. '숙명이 아닌 선택'이라는 이 눈부신 가능성의 말단에 출산 대리모가 있다. 생식의 외주화 과정의 가장 마지막 단계에서 반드시 필요한 것은 언제나 배아를 키워 낼 몸, 어머니의 자궁이다. 출산 대리모는 오늘날의 생식 의료 시장에서 불가결한 동시에 가장 문제적인 고리이다.

지난 세기까지 출생과 죽음은 극복할 수 없는 '자연적 숙명'이자 근본적으로 '인간적인' 일로 여겨졌다. 그러나 지금 우리는 기술의 개입과 결정으로부터 온전히 자유로운 '자연적' 출생이나 '자연스러운' 죽음이 거의 불가능한 '인간적인 숙명 이후'의 세계를 본다.

생식보조기술의 글로벌 의료시장 규모가 급격히 확대되고 있고 그것이 전통적 휴머니즘 원리에 대한 근본적인 도전이 되고 있다고 해도, 전 인구의 차원에서 보자면 그것은 생명의료기술의 작은 '틈새시장'에서 벌어지는 극히 '일부' 사람들의 관심사에 불과하다. 이 시장은 '모든' 사람을 대상으로 하지 않는다. 실제로 지구상의 전체 인구 중 90% 이상은 이 시장과 아무 상관이 없다. 모든 사람의 일이 아닌 이 작은 틈새시장은 그럼에도 불구하고 오늘날의

'기술생명권력 체제(the regime of technobiopower)'[25]의 가장 소란한 각축장이 되었다.

신생식기술의 회로 속, 여성의 몸

임신과 출산은 '암컷 몸(female body)'의 일이다. 그것은 암컷의 몸이 담당해야 하는 일이자, 그 몸에 고유한 일이다. 보부아르(Simone de Beauvoir)는 『제2의 성』에서 생물학적 조건이 여성을 '몸'에 묶인 존재로, '제2의 성'으로 만들어 왔다고 분석했다.[26] "여자도 남자와 마찬가지로 바로 그 육체이다. 그러나 여자의 육체는 그녀 자신과는 별개의 것이다."(보부아르, 2002: 61) 여성은 몸을 자유롭게 통제할 수도, 완전히 극복할 수도 없다. 임신과 출산이 여성을 '몸'에 묶인 존재자로 만들기 때문이다. 여자는 생식과 모성을 통해 생명을 영속시키지만, 초월을 통해 "현재의 테두리를 넘어 미래를 개척"하는 '창조'에 이르지는 못한다. 그렇게 여자는 생식이라는 '생물학적 숙명'에 의해, "언제나 내재성에 바쳐지고 있다"는 것이다.(보부아르,

---

25 '기술생명권력의 체제'라는 개념은 해러웨이로부터 유래한 것이다. 그녀는 이 개념을 통해 기술, 생명과학, 정치와 경제가 복잡하게 뒤얽힌 21세기의 지배 체제를 묘사한다.(Haraway, 2018: 2)

26 보부아르(2002), 『제2의 성』 조홍식 옮김, 을유문화사. "보부아르에 따르면, 여자가 주체가 되지 못하고 늘 비본질적 존재로 내재성에 묶여 있는 이유는, '육체성' 때문이다. 인간의 본질은 자신에게 주어진 현실적 한계를 뛰어넘어 자신의 자유의지를 실현하는 존재라는 데 있다. (……) 그런데 여자의 경우, 몸이 초월을 방해한다는 것이다. 보부아르에 따르면, 아이를 낳고 기르는 일에서 여자는 '자기 실존의 강력한 주장의 동기를 발견하지 못한다. 여자는 피동적으로 생물학적 숙명을 받아들인다.'(보부아르, 2002: 101)" 김애령(2010), 「'여자 되기'에서 '젠더 하기'로: 버틀러의 보부아르 읽기」, 『한국여성철학』 제13권, 28~29쪽.

2002: 114)[27]

 그렇다면 생물학적 숙명에서 벗어나 임신과 출산을 자율적·자의적으로 조절할 수 있게 된다면, 여성은 그 몸의 한계, 그 생물학적 '상황'으로부터 자유로워질 수 있지 않을까? 슐라미스 파이어스톤(Shulamith Firestone)은 보부아르에게 헌정한 자신의 책『성의 변증법』(The Dialectic of Sex)에서 급진적 성해방 혁명의 중요한 전제로 '인공 생식(artificial reproduction)'을 통한 '생식의 압제로부터의 해방'을 제시했다.[28] 생식기술의 발전이 여성을 임신과 출산이라는 굴레에서 해방시켜 주리라는 낙관적 전망은, 당시 인류 역사상 처음으로 여성이 자신의 몸에 대한 통제력을 가질 수 있게 해준 피임과 임신중절 같은 임신조절기술의 출현에 의해 가능해졌다.[29]

 생식기술의 진보가 여성해방에 기여할지, 아니면 그 비판자들이 주장하는 것처럼 오히려 가부장제를 강화할지, 혹은 그것이 중립적 도구인지, 아니면 지배 권력의 도구인지, 페미니스트들의 논

---

[27] 보부아르의 이러한 주장은 크룩스(Sonia Kruks)나 리톤(Jean Leaghton)과 같은 후세대 페미니스트 철학자들의 비판을 받았다. 여성의 신체를 '열등성'의 근거로 인정하면서 "이분법과 여성 육체에 대한 적대감을 표현"하고(크룩스), 모성을 파괴하면서 초월이라는 남성세계에 특권을 부여한다는(리톤) 비판은 일견 타당해 보인다. 그러나 보부아르는 실존주의 윤리에 근거하여, 몸을 극복해야 할 '상황'으로 인식한다. 보부아르는 분명한 어조로 프로이트를 비판하면서 "생물학은 숙명이 아니다"라고 선언한다. 그녀에게 "몸은 사물이 아니라 하나의 상황이고, 자연과 역사의 복합체이다." 그러므로 "보부아르에게 더 중요한 것은 자연이 아닌 역사, 조건이 아닌 선택이다."(김애령, 2010: 31)

[28] 파이어스톤(2019), 『성의 변증법』, 김민예숙·유숙열 옮김, 꾸리에, 294쪽. 흥미롭게도 파이어스톤은 생식을 통한 인구 조절뿐 아니라 노동의 종말도 함께 상상했다. 그녀는 '사이버네이션(cybernation, 컴퓨터에 의한 자동 제어)'이 미래의 생산과 노동을 급진적으로 변화시킬 것이라고 예언했다. 그렇게 되면 아무도 일하지 않는 시대가 올 것이고, 성공의 의미가 달라지고, 직업상의 차별도, 성별 분업도 사라질 것이라고, 그렇게 되면 여성해방이 가능해질 것이라고 말한다.

[29] 와츠맨(2001), 『페미니즘과 기술』, 조주현 옮김, 당대, 109쪽.

쟁은 계속되고 있다. 그리고 페미니스트들의 논쟁과 우려, 관심, 개입 시도와 무관하게 생식기술은 꾸준히 발전해 왔다.

'첨단 생식기술(new productive technologies)'은, 임신과 출산 과정에 개입하는 최신의 생명기술을 말한다. 그것은 피임, 불임시술, 산전관리기술, 그리고 출산기술 등 4개의 범주로 나눌 수 있다. 생식기술은 정자와 난자의 생산, 수정, 착상, 영양공급, 출산 등 재생산의 전 과정을 세분화된 단계들로 나누어 관찰하고 개입하면서 생식의 전 과정을 합리화했다. 그 결과 건강한 임신과 안전한 출산의 가능성은 확대되었다. 각 과정의 분절화를 통해 태아의 발육상태를 기술적으로 점검할 수 있게 되었고, 결함이 있는 태아를 낙태할 수도 있다. 생식기술의 발달로 인해 임산부와 태아의 건강이 향상되었고, 출산 시 산모 및 신생아의 사망률이 현격히 낮아졌다. 또한 전에는 선택의 여지가 없던 '불임'도 치료 가능한 질병으로 취급할 수 있게 되었다.

오늘날 흔히 사용되는 신생식기술에는 "과배란제 투여, 인공수정, 복강경, 체외수정, 배아의 냉동보관, 초음파 스캔" 등이 포함된다.[30] 이 같은 기술들을 통한 임신과 출산의 관리는 여성의 임신한 몸을 객관화하고, "수정, 착상, 그리고 더 광범위하게는 임신에 대한 과학적 관리를 자연스러운 것으로 보증한다."(발사모, 2012: 136)[31]

---

30 발사모(2012), 『젠더화된 몸의 기술』 김경례 옮김, 아르케, 153~154쪽.
31 좁게는 '임신과 출산' 과정에서의 직접적인 의료기술적 개입을 염두에 두겠지만, 생식기술이 포괄하는 개입 범위는 한층 광범위하다. 특히 혼인 연령의 후퇴, 출생률의 저하로 인한 인구감소가 중요한 사회적 이슈가 되면서, 생식기술의 개입과 국가 차원의 정책적 지원은 더욱 정당화된다. 그

그 결과 임신의 전 과정은 공적 감시와 기술적 관리의 대상이 되었고, 이 감시와 관리의 목적은 여성의 몸에 담겨 있는 생명, 즉 태아의 안전을 향한다.

신생식기술은 '태아'[32]라는 새로운 주체를 만들어 냈다. 객관적으로 관찰 가능한 영역으로 들어서게 된 태아는 점차 인격적 주체로 가시화된다. 보조생식기술의 전문가들은 초음파 검사에 의해 "불투명했던 자궁이 투명하게 되었고, 어두운 몸속 밀실의 신비의 베일이 벗겨졌으며, 수줍어하며 비밀에 싸여 있는 태아에게 과학적인 관찰의 빛이 비치게 되었다"고 강조한다. 이렇게 만들어진 태아의 이미지는 생명의 기원을 드러내는 '공적 물체'가 되었다. 초음파 기계와 같은 시각화 기술의 발달, 그리고 영상을 읽어 낼 수 있는 전문가적 읽기와 해석을 통해, "태아는 사람, 가족, 국가, 기원, 선택, 생명, 미래를 형상화하기(configurations) 위한 일종의 환유어, 모결정(母結晶, seed crystal) 혹은 아이콘으로 기능한다."(Haraway, 2018: 175) 초음파 장치는 이 세계에 누가 존재하는지를 알려 주는 문자 그대로의 '교육학'이 되었다.(Haraway, 2018: 177) 더 발전한 시

러면서 생식 관련 의료는 점차 정자와 난자 냉동기술 쪽으로 시장을 확대하고 있다. 그런데 난자의 동결 보존은 정자의 경우보다 한층 제약적이다. "난모세포는 [정액과 마찬가지로] 동결될 수 있다. (……) 하지만 냉동 난모세포를 활용할 경우 태아 생존율은 높지 않다. 난모세포는 세포질의 부피가 높아 해동 과정에서 세포 내에 얼음 결정을 생성하는 경향이 있다. 이는 부정교합된 염색체는 물론, 기타 형태의 조직 손상을 유발한다." 쿠퍼·월드비(2022), 『임상노동: 지구적 생명경제 속의 조직 기증자와 피실험대상』 한광희·박진희 옮김, 갈무리, 101쪽.

[32] "[아이는] 8주 이전의 태아(pre-embryo), 8주까지의 태아(embryo), 8주 이후의 태아(fetus), 유아(baby) 또는 아동(child)으로 다양하게 언급되는데, 여성 안에서, 여성으로부터, 여성을 통해서 성장하는 이 실체는 어머니의 몸에 고통을 주고 어머니의 몸에서 적절한 영양분을 공급받는다. 또한 어머니의 몸을 통해 태어나는 신세를 지지만, 어느 정도의 우월한 권리는 갖는다."(발사모, 2012: 136)

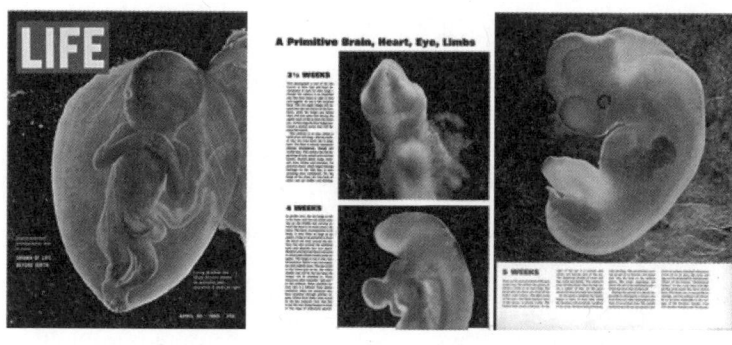

『라이프』(Life)지 1965년 표지 및 본문 일부

각 테크놀로지 덕분에 초음파 사진은 이제 더 이상 읽기 어려운 얼룩이 아니다. 그것은 하나의 인격적 이미지로 주체화된 개별자를 드러낸다.

시각 테크놀로지는 태아를 주체로 만드는 중요한 도구이다. 해러웨이는 초음파 기술의 일반화와 정밀화가 이루어지기 전이었던 1965년 『라이프』(Life)에 실린 태아 사진을 언급한다. 이 사진 시리즈의 제목인 "출생 전 삶의 드라마(Drama of Life Before Birth)"는 많은 것을 시사한다. 여기서 태아는 생명의 기표이자, 기술과학의 성체(聖體)가 된다.

'생명의 기표'가 된 태아는 단지 거기에 있는 것을 확인할 수 있는 하나의 생명-가능성이라는 지위를 넘어 임산부의 인격을 약화시키거나 삭제할 수 있는 '초주체(super-subject)'가 되었다.(보르도, 2003: 106 이하) 반면, "태동촉감 혹은 그녀의 자궁 속에 있는 보이지 않는 예비 아이(child-to-be)의 움직임에 대한 어머니의 증언은, 체현의 다른 역사적 양태들 아래에서 가졌고, 가지고 있는 경험적 권위나 인식적 권위를 여기서는 갖지 못하게 된다."(Haraway, 2018: 177) 이제 점차 태아의 건강과 생명은 모체의 그것보다 우선시되고, 그것을 위협하는 모체는 죄악시된다. 초음파 기술의 일상적 사용은 태아를 점점 더 하나의 인격체로 생각하게 한다. 독립적 인격체로 등장하게 된 태아와는 대조적으로, 임산부의 자율성은 태아의 건강에 종속되고 반성과 죄책감으로 최소화되고 주변화된다. 태아의 초주체성이 모체의 주체성을 탈취하면서, 임산부의 자궁은 '살로 이루어진 인큐베이터(fleshy incubator)'처럼 다루어질 수 있는 것이 된다.(보르도, 2003: 111)

'태아의 권리', 태아의 초주체적 지위를 만들어 낸 '생명 담론'은 이 독립적 주체의 상관물인 '살로 이루어진 인큐베이터'에 적극적으로 개입하여 관리하는 것을 정당화한다. 이러한 관점과 태도의 일관성 안에서 대리모는 '불임치료' 과정의 허용 가능한 선택지가 된다.

생식 외주화의 조건

생식의 전 단계를 외주화할 수 있게 된 가장 중요한 조건 가운데 하나는 생식보조기술의 발전이다. 생식보조기술은 20세기 축산 분야에서 개발된 인공수정, 배란 주기 호르몬 조작, 배아 이식, 배아 및 정자 동결 등의 생식기술들을 1970년대와 1980년대에 인간 불임치료에 적용하면서 가능해졌다. "이후 보조생식기술은 생식 생물학을 규정하고 표준화하였으며 몇몇 요소들을 생체 밖(ex vivo)의 것으로 만들었다. 이제 수정은 체외의 시험관 내(in vitro)에서 이루어지며, 배아와 난자는 여성의 몸과 절연되어 전 지구적 공간에서 그리고 상이한 주체들 사이에서 유통된다."(쿠퍼·월드비, 2022: 61) 생식의 외주화는 생식의 전 과정을 분화하여 거래 가능한 물질로 바꿀 수 있게 되면서 가능해졌다. 전통적인 생명윤리의 표상체계에서는, 신체 조직의 매매나 신체의 일부 또는 전부를 대여하는 거래 행위는 인간의 존엄성과 관련된 문제로 여겨졌다. 그러나 생식물질 중개시장은, 정자나 난자를 재생 가능하고 잉여가 만들어질 수 있는 물질로 재현하고 인적 자본의 일부인 '인간 유전 자본'으로 개념화하면서 양도 가능한 것으로 인식하게 만든다.(쿠퍼·월드비, 2022: 73).

다른 한편, 자발적이고 자유로운 교환관계의 주체로 자기 소유의 물질을 거래하는 '계약 당사자' 개념이, 이 거래를 정당화한다. 그러나 생식 계약은 "계약 당사자들을 예외적인 방식으로 배치한다." 쿠퍼(Melinda Cooper)와 월드비(Catherine Waldby)는 "수태 대리모와 난모세포 공급자 모두 가격 협상에서 배제된다"는 점에 주목한다. 이들은 '자유로운 계약 당사자'여야 하지만, 스스로 협상을 시도하는 공급자는 해당 업무에서 심리적으로 부적격한 자로 간주되어 이를 빌미로 계약에서 제외될 수 있다. 이러한 역설을 만드는 것은, "삶이 준 선물(the gift of life)과 잠재적인 대리모와 난모세포 제공자의 모성적 관대함에 대한 언급으로 물든 중개업체의 마케팅 수사"다.(쿠퍼·월드비, 2022: 92) '증여의 수사학'에 근거한 마케팅 서사가 당사자의 협상 시도를 적극적으로 배제한다.

생식의 외주화 과정에서 특히 흥미로운 점은, 아기를 제작하는 과정에서 각 단계의 생식 노동이 분절화되면서 의뢰자가 그 각 단계마다 기대하는 바가 각기 다르기 때문에, 생식 의료시장에서 여성 공여자에 대한 수요는 지역적으로 분화된다는 것이다. 생식시장은 개별 구매자와 공급자 사이의 거래에 불과한 것이 아니다. 이 시장은, "생식력을 하나의 계급과 장소로부터 다른 계급과 장소로 옮겨 새로운 생식적 잉여와 결핍의 [세계] 지도를 만들고 있다."(쿠퍼·월드비, 2022: 118)

세분화된 생식시장은 수요에 따라 지역적으로 분화한다. 난자 공여자에 대해서는 정자 공여자에게 그러한 것처럼 '유전 자본'이라는 측면에서 학력, 인종, 피부/머리카락/눈동자 색 같은 신체적 표현형, 지능, 건강상태 등 비교적 상세한 통제가 작동한다. 오늘날 난자 공여자에 대한 선호가 많고 그 공급이 급증하는 지역은 동유럽이다. 생식시장에서의 '백인성' 선호로 인해 "난모세포 시장은 동유럽 여성이 자신의 표현형적 자산을 자본화할 수 있는 조건을 만들어 주었다."(쿠퍼·월드비, 2022: 106) 반면 "수태 대리모는 (잠재적일지언정) 실로 전 지구적"이다.(쿠퍼·월드비, 2022: 127) 수태 대리모는 아기에게 유전적 흔적을 남기지 않기 때문에, 국가 규제의 차이와 비용 절감 등의 요인으로 지구적 차원에서의 '생식의료 관광산업'을 유인한다.

난자 시장과 수태 대리모 시장은 각기 다른 유인 요인에 따라 나뉘지만, 두 시장 모두 지구적 신자유주의 경제체제하에서 취약한 여성노동의 현재 상황을 반영한다. "건강과 복지를 위한 공공자금이 축소되고, 경제 자유화로 인해 공식적인 노동은 점점 경쟁 상태에 놓이게 되었다. 따라서 여성은 비공식적 경제에서 새로운 생산적 틈새시장을 개발해야만 한다. 특히 여성은 양육, 출산, 섹슈얼리티에 대한 여성적 역량을 협상 가능한 자산으로 재구성해야 했다."(쿠퍼·월드비, 2022: 105) 그 과정에서 안정적이고 공식적인 일자리가 부족한 지역의 여성들은, 육아와 노인 돌봄, 가사 노동과 같은 사적인 재생산 노동이나 생식 노동에 참여하게 된다는 것이다.

'상업적 수태 대리모'에 대한 페미니스트의 개입 관점

생식보조기술의 발달, 지구적 자본주의 경제체제가 만들어 낸 불안정한 여성 노동시장, 그리고 생식시장 매개자들이 만들어 내는 담론과 서사의 영향이 수태 대리모 시장을 번성케 하는 조건들이다. 그리고 여기에 전제가 되는 것은 생식의 전 과정을 분절적으로 표상하고, 모체를 '살로 이뤄진 인큐베이터'로 다루게 되는 기술담론의 맥락이다. 신재생산기술에 의해 자궁은 태아의 양육처로, 태아라는 초주체와는 독립된 기관(organ)처럼 다루어지면서, 태아와 모체의 연결은 끊어진다. 신생식기술은 임신과 출산의 각 단계를 객관적으로 분할하면서, 각각의 단계에 필요한 적절한 조치로 개입한다. 수태 대리모도 그 과정의 한 단계를 담당하면서 시장에 등장한다.

여러 가지 이유에서 '자발적'으로 수태 대리모가 되는 여성들이 있지만[33] 아기를 원하는 모든 사람이 자발적 대리모의 도움을 받을 수는 없기에, 경제적 보상을 매개로 한 대리모 계약은 '아기 만들기'에서 선택 가능한 하나의 옵션으로 활용되고 있다. 페미니스트 학자들은 상반된 관점과 서로 다른 정치적 입장에서 상업적 수태 대리모 현상에 접근한다. 상업적 대리모에 대한 페미니스트 관점은 폐지주의(abolitionists)와 개혁주의(reformationist)라는 두 주도적인 대표 범주로 나뉜다.[34]

■ 폐지주의—'여성의 상품화', '인신매매'

상업적 수태 대리모에 반대하는 폐지주의자들은 '여성의 상품화'에 반대하는 관점에서, 상업적 대리모의 전면적인 금지를 주장한다. 이 관점에 따르면, 상업적 대리모는 성매매와 비견될 만한 '소외된 노동'이다. 임신과 출산은 친밀성의 영역에 속하고 다른 육체노동보다 더 내밀하게 자아와 연관된다고 보기 때문에, 생식은 '거래될 수 없는 것', 자아의 존엄과 연결된 것이라고 생각한다. 가난한 대리모가 이 노동을 '선택'했다는 점을 강조하는 자유주의자들의 주장에 반대하여, 폐지주의자들은 대리모와 의뢰인 사이의 계급

---

[33] 자발적으로 대리모가 되고자 하는 개인적 이유는 다양하지만, 대리모를 전면적으로 반대하는 일부 페미니스트들은 이들이 주장하는 자발성 자체에 대해 의문을 제기한다. 계약에 의한 거래가 아니더라도 여러 다른 형태의 보상이 개입할 수 있다는 점, 가족이나 친족의 경우라면 가족/친족 공동체 내의 젠더 위계와 가시적·비가시적 압력이 작용할 수 있다는 점 등을 들어, 자발적 대리모의 자율성을 의심할 수 있다는 것이다.

[34] Maniere(2017), "Mapping feminist views on commercial surrogacy", *Babies for Sale? Transnational Surrogacy, Human Rights and the Politics of Reproduction*, ed. by Miranda Davies, London: Zed Books.

적, 경제적, 사회적 불평등 및 정보 격차를 지적한다.(Maniere, 2017: 323) 불평등한 조건에서 계약에 참여해야 하는 가난한 여성들은 착취적이고 억압적인 계약조건을 감수하게 된다는 것이다.

폐지주의자들은 상업적 대리모의 자궁 판매 또는 대여는 몸의 일부를 파는 장기 밀매와 같은 비윤리적 행위이며,[35] 아기를 사고파는 아동매매와 같은 것이라고 본다. 이 거래에서 아기는 '좋은 생산품'으로 다루어진다는 것이다.[36] 실제로 대리모 계약에서 장애를 가지고 태어난 아기의 인계를 거부하거나 건강하지 않은 태아의 낙태를 강요하는 것은 흔히 발견된다.[37] 의뢰인은 원하는 아기를 자기가 원하는 방식대로 디자인하고 건강한 상태로 넘겨받고자 한다.

위와 같은 이유로 폐지주의자들은 상업적 대리모의 법적 금지를 주장한다. 그러나 90년대 이래로 폐지주의자들이 보여 준 강력한 반대 주장에도 불구하고 상업적 대리모의 글로벌 시장은 계속 확대되고 있고, 실로 많은 제3세계 여성들이 이 '9개월의 노동'을 선택하고 있다. 실상 글로벌 차원에서 보면, 각국의 정책은 폐지주의에 가깝다. "[한국을 비롯한] 많은 사법권이 [여전히] 대리모에 대한 어떤 성문화된 정책을 가지고 있지 않지만, 성문화된 정책을 가지고 있는 71개국 중 62개국은 상업적 형태의 대리모 계약을 금지하고 있다."(Maniere, 2017: 314) 그럼에도 불구하고 국가 차원의 금지

---

[35] Panitch(2013), "Surrogate tourism and reproductive rights", *Hypatia*, vol. 28, no. 2, pp. 274~289.
[36] Tong(1997), *Feminist Approaches to Bioethics: Theoretical Reflections and Practical Applications*, Colorado·Oxford: Westview Press.
[37] 혹실드(2013), 『나를 빌려드립니다』 류현 옮김, 이매진.

를 피해서, 또는 비용을 절감하기 위해서, 의뢰인들은 글로벌 대리모 관광산업에 참여한다.

■ 개혁주의―'9개월의 노동'

2016년까지 상업적 수태 대리모가 합법이던 인도는 오랫동안 생식 관광산업의 초국가적 허브라는 오명을 안고 있었다.[38] 인도의 높은 생명의료기술 수준, 상대적으로 저렴한 시술 비용, 상업적 대리모에 자원할 여성을 쉽게 구할 수 있는 환경 등이 인도를 '초국적 대리임신 산업이 가장 번성한 나라'로 만들었다. 2015년경에 인도의 불임클리닉은 약 3,000개로 추산되었고, 등록된 병원만도 1,400여 곳에 이르렀던 것으로 보인다.[39] 그 당시까지만 해도 1년에 약 3만 명의 아기들이 인도 대리모의 몸에서 태어난다고 보도된 바 있다. 인도는 '아기 공장'이라는 오명에서 벗어나고자, 2016년 대리모 규제 법안을 통과시켰다. 이 법안에 따르면, 결혼 5년에 이른 자국 불임부부의 의뢰를 제외한 모든 상업적 대리모 계약이 금지된다. 그러나 인도에서 상업적 대리모 금지가 철저히 이루어지고 있는지 여부를 확인하기는 어렵다. 지금은 인도에 뒤를 이어 태국, 네팔, 캄

---

[38] 인도 구자라트(Gujarat)주의 서쪽 도시 아난드(Anand)를 중심으로 생식 관광산업의 초국가적 허브가 형성되었다. <구글 베이비>에 소개되었던 나냐 파텔(Nayna Patel) 박사가 2003년 설립한 아난드의 아칸크샤 병원(Akankscha Clinic)에서는, [2013년에 발표된 논문에 따르면] 그때부터 [이 논문의 연구가 진행되던 시기까지] 167명의 대리모가 고용되어 216명의 건강한 아기들을 출산했다. 당시 장래의 부모들이 지불하는 총 비용은 약 1만 달러이고, 인도에서 대리모 산업은 4억 4천 5백만 달러 규모의 비즈니스로 추정되었다.(Panitch, 2013: 276~277)

[39] 허라금·조소연(2015), 「인도의 상업적 대리모 연구」, 『한국여성학』 제31권 1호, 38쪽.

보디아, 멕시코, 루마니아 등의 지역이 글로벌 상업적 대리모 시장의 새로운 공급처로 떠오르고 있다.(Davies, 2017)

사실 국가 단위의 상업적 대리모 규제는 글로벌 생명자본과 생명노동 시장에서 실질적인 효력을 발휘하기 어렵다. 의뢰인은 인터넷을 통해 쉽게 정보를 수집하여 다양한 종류의 서비스를 선택할 수 있고, 대리모가 될 여성 자신도 의뢰인의 요청에 따라 쉽게 국경을 넘을 수 있다. 또한 임신과 출산 자체가 '사적 영역'에 속하는 만큼 개인적 차원에서 이루어지는 상업적 대리모 계약은 암암리에 자행되어도 알려지지 않는다. 특히 한국처럼 아무런 규제가 없는 나라에서 상업적 대리모 계약은 '불법이 아니'라는 이유로 법망의 밖에 놓인다. 그렇기 때문에 불임클리닉들은 암암리에 상업적 대리모를 권유하거나 브로커를 소개하기도 한다.[40]

법적 규제의 한계를 인정하면서 개혁주의자들은 '대리모 노동'에 참여하는 여성들의 삶과 현실에 주목한다. 인도의 상업적 대리모에 관한 민속지 연구를 진행했던 판데(Amrita Pande)는 대리모 계

---

[40] 한국에는 대리모 관련법이 없다. 따라서 대리모 출산 자체는 처벌되지 않는다. 한국에서 상업적 대리모와 관련해서 적용할 수 있는 법규는 크게 두 가지이다. 하나는 '생명윤리 및 안전에 관한 법률' 제23조 3항으로, 이에 따르면 돈을 받고 난자를 제공하거나 이를 알선, 이용하는 행위는 불법이다. 따라서 자기 난자를 제공한 대리모의 경우는 위의 법령에 의해 처벌받을 수 있다. 다른 하나는 민법 제103조의 '선량한 풍속 및 기타 사회질서에 위반한 사항을 내용으로 하는 법률 행위는 무효로 한다'는 조항이다. 이 법규에 의거하여, 대리모 계약은 법적 효력을 인정받지 못하게 된다. 따라서 브로커나 대리모가 계약을 이행하지 않고 변제하지 않아도 의뢰인은 법적으로 권리를 보호받을 수 없다. 2019년의 한 신문 기사는 대리모 브로커로 일하던 30대 여성이 사기범으로 처벌받게 된 사건을 소개한다. 인터넷 사이트를 개설해 브로커로 활동하던 이 여성은 스스로 상업적 수태 대리모가 되었다. 그리고 수감 중 의뢰인의 아이를 낳았다. 이 아이는 그녀와 남편의 아이로 입적되었다. 「"대리모 일을 그만두려면 대리모를 할 수밖에 없었다"」『한겨레신문』 2019. 7. 13. http://www.hani.co.kr/arti/PRINT/901671.html

약을 가난한 지역의 여성들이 선택할 수 있는 '생존을 위한 합리적인 경제 전략'으로 이해한다. 인도의 여성들은 그 지역 평균 임금 10년 치에 달하는 생활비를 벌 수 있는 이 고된 '9개월의 노동'을 통해, 다양한 주체들과 협상하고 자신의 비참한 현실에 저항한다는 것이다.[41]

수태 대리모의 노동을 자발적인 또는 강요된 선택이라는 차원에서 논의하게 되면, 이 노동이 전체적 노동시장의 변화와 연결되어 있다는 사실이 가시성의 영역 밖으로 밀려날 수 있다. 쿠퍼와 월드비는 인도가 수태 대리모의 대표적인 공급지가 되었던 이유로, 불안정한 인도의 여성 노동시장 상황을 지목한다. "수태 대리모와 관련된 노동 형식은 여러 면에서 인도에 존재하는 다른 형태의 여성화된 노동의 연장이다."(쿠퍼·월드비, 2022: 132) 저숙련의 복수 직업에 종사하고, 일자리를 계속 옮겨 다녀야 하는 비공식 경제 영역에 속한 여성 노동자들의 대다수는 가사와 양육을 병립할 수 있는, 중개자가 끼어 있는 의류 산업의 도급계약 가내노동 같은 것을 선택하게 된다. "따라서 대리모 노동을 수행하는 [인도의] 마을 여성 대다수에게 이 대리모 노동은 다른 여성화된 노동과 특정한 연속성을 갖는다."(쿠퍼·월드비, 2022: 135)

대리모를 불평등한 계약의 일방적인 '희생자'로 보는 관점에 반대하여, 개혁주의자들은 대리모 노동에 참여하는 여성들의 행위

---

[41] Pande(2010), "Commercial Surrogacy in India: Manufacturing a Perfect Mother-Worker", *Signs*, vol. 35, no. 4, pp. 969~992.

성에 주목하면서 상업적 대리모 문제를 노동조건, 행위자 주체성 등의 차원에서 논의하고자 한다. 물론 이들도 대리모 노동을 완전히 자유로운 선택에 의한 것이라고 말하기 어렵다는 점을 인정한다. 그러나 "'자유로운 선택'에서 '자유'가 상대적인 것과 마찬가지로, 완전히 비-억압적인 맥락 같은 것은 없다"고 본다.[42] 개혁주의자들은, 상업적 수태 대리모가 서구 자유주의자들이 말하는 것과 같은 절대적 자율성을 갖는 것은 아니지만, 최선의 합리성을 가지고 그 노동을 선택하고 그것을 통해 자신의 현실에 저항하고 있다는 점에 주목한다. 이런 근거에서 이들은 상업적 수태 대리모를 전면적으로 금지하기보다는 이들의 노동을 보호할 수 있는 적절한 규제정책이 필요하다고 주장한다. 금지와 불법화가 이 노동에 참여하는 여성들을 법적 보호의 가능성 밖으로 내몰고, 전통적인 도덕주의의 관점에서 이 여성들을 낙인화하기 때문이다. 그러나 "개혁주의자들의 해결책은 (……) 세심한 정책 제안은 결여하고 있다"는 한계가 있다.(Manirere, 2017: 320)

'재생산 권리'

서로 다른 출발점을 가지고 서로 다른 관심에 집중하는 상업적 대리모 폐지주의와 개혁주의 사이의 입장 차이는 쉽게 좁혀질 수 없

---

[42] Marwah(2014), "How surrogacy is challenging and changing our feminisms?", *Reconfiguring Reproduction: Feminist Health Perspectives on Assisted Reproductive Technologies*, Sarojini·Marwah(eds.), Delhi: Zubaan, location p. 4990.

을 것처럼 보인다. 상업적 수태 대리모가 여성의 몸을 대상화하고 도구화한다는 비판이나 결국 아기를 매매하는 것이라는 윤리적 비난, 불평등한 계약으로 인한 착취와 소외라는 인본주의적 경고 같은 문턱들에도 불구하고, 상업적 수태 대리모를 도덕적으로 정당화하는 근거 중 하나는 최근 적극 논의되고 있는 '재생산 권리(reproductive rights)' 개념이다.

세계보건기구(World Health Organization, WHO)는 2010년 "모든 커플과 개인이 자유롭게 그리고 책임감 있게 자녀의 수, 터울, [임신 및 출산] 시기를 결정하고, 그들이 원하는 대로 가족을 가질 수 있도록 정보와 수단을 획득할 기본권"을 인정하면서, 생식을 '생명 유지에 필수적인 인류의 관심(a vital human interest)'으로 확인했다. 여기서 말하는 '재생산 권리'는 소극적으로도, 적극적으로도 해석될 수 있다. 소극적 의미에서 재생산 권리란 개인들이 건강하고 안전하게 후손을 낳을 권리뿐 아니라, 타인의 간섭 없이 언제, 어떻게 자녀를 가질지 혹은 가지지 않을지를 결정할 수 있는 자유와 권리를 의미한다. 여기에는 국가나 종교, 가족 공동체 등에 의해 임신 또는 낙태를 강요당하지 않을 권리가 포함된다. 다른 한편, 재생산 권리는 더 적극적으로 해석될 수 있다. 적극적 의미에서 재생산 권리는 '모든' 개인이―성적 지향, 성별, 연령, 성적 파트너 유무, 가임 능력 등과 상관없이―생식에 필수적인 수단에 동등하게 접근할 수 있는 권리를 말한다. 상업적 수태 대리모는 적극적 재생산 권리 옹호를 근거로 정당화될 수 있다.(Panitch, 2013)

왜 아기를 가지고 싶어 하는가? 누가 그것을 원하는가? '모든'

개인이 적극적인 의미의 재생산 권리를 갖는다는 주장을 지지하고 강화하는, 그 재생산 '욕망'이란 무엇인가? 아기를 갖고자 하는 것, 내 유전자를 가진, 혹은 자신이 디자인한 아기를 만들겠다는 욕망이 '본능'이라고, 또는 행복을 추구하는 개인의 기본권이라고 말하는 근거는 무엇인가?

엠리(Merve Emre)는, 아기를 갖고자 하는 개인적 욕망이 '판타지'에 불과하다 하더라도, 불임이 '구조적 불평등'의 결과를 감수해야 하는 '부정의'가 되어서는 안 된다고 주장한다.[43] 재생산 권리를 적극적으로 해석하는 주장의 근거는 두 가지다. 첫째, 오늘날 모든 생식은 기술적 보조를 받는다. 그렇다면 기술적으로 해결할 수 있는 '결함'을 '자연적 불운' 또는 '숙명'으로 치부할 수 없다. 둘째, 아이를 낳을 권리가 누구에게나 있는 동등한 권리라면, 그 권리를 보호하기 위해 누구나 '동등하게' 생식보조기술에 접근할 수 있어야 하고 그것을 적극 활용할 수 있어야 한다. 이를 근거로, 아이를 갖고자 하는 불임의 커플 또는 개인뿐 아니라, 출산과 양육을 늦추면서라도 유전적으로 연결된 후손을 갖고자 하는 여성 또는 남성, 혹은 가족을 만들고자 하는 동성커플 모두에게 생식보조기술에의 동등한 접근권이 보장되어야 한다는 결론이 도출된다.

---

[43] 엠리(2019), 『재생산에 관하여: 낳는 문제와 페미니즘』 박우정 옮김, 마티.

'아기 만들기'와 '어머니 되기'의 의미 변화

욕망은 순수하지도, 무매개적이지도 않다. 욕망은 본능이 아니고, 본성에서 기인하는 것은 더더욱 아니다. 아이를 갖고자 하는 불임의 커플 또는 개인은 그 희망을 실현하기 위해 생식보조기술을 활용하기 '시작'할 수 있다. 통계에 의하면, 제1세계의 커플 10쌍 중 하나는 '자연적으로' 아이를 갖는 데 어려움을 경험하고, 다양한 형태의 생식보조기술에 의지한다.(Panitch, 2013) 불임치료에 진입하는 개인의 최초 동인은 유전적 연계가 있는 아기를 갖고자 하는 욕망이다. 그러나 불임치료 과정에서 단계적으로 심화되는 '아기 만들기'의 경로를 추적해 보면, 흔히 생각하는 것처럼 바로 '그' 욕망을 실현하기 위해 기술을 이용하는 것이 아니라, 역으로 기술적 가능성이 부모됨의 의지를 자극하고 생산한다는 사실이 드러난다. 생식보조기술로의 진입은 의뢰자의 생식세포로부터 시작하지만, 거듭되는 실패와 재시도의 과정을 겪으면서 점차 직접적인 유전적 연계는 덜 중요해지고 '부모가 되고자 하는 의지'만 강하게 남겨진다는 것이다. "유전적 연결 본능을 핵심으로 하고 그 외곽에 부모가 되고자 하는 의지가 덧붙여진 것이 아니라, 부모됨의 의지를 핵심으로 하고 그 외곽에 유전적 연결이 있다면 더 좋은 형태로 간주되는 그림이 그려지게 된다."[44] 이 과정에서 '어머니 되기'는 오랜 준비

---

44   하정옥(2015), 「한국의 임신·출산 거래연구: 생식기술과 부모됨의 의지」, 『페미니즘 연구』 제15권 1호, 196쪽.

를 필요로 하는 계획적 실천이 되고, 또 반드시 실현해야 하는 과업이 된다. 그러면서 모성은 '재발명'된다.

사실 '어머니 되기'는 언제나 생물학적인 것 못지않게 문화적인 것이었다. '어머니'는 성취되어야 할 과업이자, 사회적 이상형에 비추어 도달해야 할 존재 유형이었다. 예를 들어, 독일에서 '이상적인 어머니'가 등장하기 시작한 것은 1800년대 들어서이다. 이때 모성이라는 본성을 일깨우는 것이 여성의 새로운 사명이 되었다. 그리고 어머니에게 모성을 가르치는 근대 교육이 등장했다. "어머니는 스스로 어머니가 **될 수** 없고, 강제로 어머니가 **되어야 한다**."[45] 여기에 아이러니가 있다. '자연법칙이 부여한' 모성은 교육되어야만 하는 것이 된다. 그리고 이때 교육되어야 하는 모성의 본질은 어머니의 몰아(沒我)와 자기 망각이다. 모성에는 어머니의 자아가 아니라 '자연/본성'이 작동해야 하기 때문에, 어머니는 자아부재의 존재가 되어야 한다. 반면, 자기 의지, 능동성을 주장하는 어머니는 '비-모성'을 의미하게 된다. '이상적 어머니'는 자연을 따르기 위해 교육되어야 하고, 그러기 위해서 텅 빈 가능성이 되어야 한다. 그렇게 이상적인 '어머니 되기'는 자연과 문화, 본성과 교양이 겹치는 기묘한 명령체계에 의존한다.

19세기 유럽에서 이상적 어머니가 만들어졌던 것처럼, 20세기 자본주의적 핵가족 내의 어머니 역할이라는 표준을 지나, 생식보조기술의 지배를 통과하면서 '어머니 되기'의 이상은 재구성된다. 생

---

[45] 폰 브라운(2003), 『히스테리: 논리 거짓말 리비도』 엄양선 옮김, 여이연, 218쪽.

식보조기술은 생식의 의미와 실천을 변화시켰다. 생식의 자유와 재생산 권리의 확대라는 측면에서, '어머니 되기'는 이제 생물학적 의미를 초과하는 개인의 생애사적 계획에 따른 과업이 되었다. 여기에서 한편으로는 피임과 낙태의 자유와 권리가, 다른 한편으로는 온전하고 건강한 아기를 출산하기 위해 적극적으로 기술을 활용할 자유와 권리가 공존한다. 급격한 출생률 저하가 증명하는 적극적인 출산 거부 권리의 주장과 출산 및 양육 시기를 자신이 기획한 생애 주기에 맞춰 조정하고자 하는 적극적 재생산 권리의 주장은, 동일한 의지의 앞뒷면이다. 이제 생식보조기술은 여성의 연령, 건강 상태, 생애 주기와 무관하게 어머니가 되고자 하는 의지를 실현시켜 주겠다고 약속한다. 미래를 위한 보험으로 난자를 채취해 냉동보관하고, 난자를 수정시킬 정자를 시장에서 선택할 수 있으며, 자기 몸이 아닌 다른 여성의 몸에 체외수정된 배아를 이식할 수 있다.[46] 이와 같은 가능성의 확대가 생식보조기술을 여성의 '역량강화(empowerment)'를 지지하는 수단으로 양식화할 수 있게 한다. '어머니 되기'는 임의로 조절할 수 있다. 가장 적합하고 이상적인 방식

---

[46] 미래의 어느 시점에 '인공 자궁'을 통해 전적으로 기술에 의존하는 출산이 가능해질 수도 있을 것이다. 현재, 한편으로는 시험관에서 수정된 배아의 체외 생존기간을 연장하는 연구가, 다른 한편으로는 '초극소 미숙아'의 생존율을 높이기 위해 자궁과 유사한 인큐베이터 환경을 만드는 연구가 진척되면서, 양쪽이 점차 그 기간을 늘려 만나게 되는 어느 시점에, 인공적 환경에서 태아를 키우는 일이 가능해질 것이다. 클레어 혼(Claire Horn)은 이 양쪽의 재생산 기술이 각기 불임연구와 미숙아 생존을 위한 연구라는 '선한 의도'를 앞세워 사회적·법적 통제를 피해 연구를 더 진척시켜 완성하기 전에, 적절한 사회적 대응을 준비하기 위해 윤리적 문제들을 검토하는 비판적 토론이 시작되어야 한다고 경고한다. 혼(2024), 『재생산 유토피아: 인공자궁과 출생의 미래에 대한 사회적·정치적·윤리적·법적 질문』 안은미 옮김, 생각이음.

으로 '어머니 되기'라는 인생의 기획을 실현할 수 있다. 그래서 출산은 그 어느 때보다도 합리적인 계획과 최선의 노력의 결과가 되어야 한다. 이 상황에서 "생식보조기술은 생식을 탈-자연화하는 동시에, 생식보조기술을 자연화한다."[47] 불임 여성은 생식보조기술의 도움으로 '자연/본성으로서의 모성'을 회복한다. 자연에게 텅 빈 가능성의 자리를 내주기 위해 탈자연화된 교육을 받아야만 했던 19세기 유럽의 어머니처럼, 신생식기술 시대의 어머니는 생식의 탈자연화를 통해 모성의 자연을 완성한다.

여기에서 모성은 분열한다. 누가 어머니인가? 생식의료와 생식보조기술의 발달은 이 확실성을 무너뜨렸다. 이제 "하나의 어머니는 너무 적다." 낳은 어머니가 반드시 양육하는 어머니는 아니었다는 점에서, 전통적으로도 모성은 늘 일정하게 분화되어 있었다. 그러나 신생식기술은 '자연'의 영역에 속한다고 여겨지던, '출산이 보증하는' 어머니의 생물학적 연관성을 해체했다. 의뢰하는 어머니 (intended or commissioning mother), 난자를 제공하는 유전적 어머니, 그리고 수정된 배아를 자궁에 품어 출산하는 어머니가, 한 아기의 출생에 동시에 개입하면서 모성은 파편화된다. '전통적 모성신화'를 완전히 해체하지 못하면서, 모성을 탈자연화하는 동시에 재자연화하는 이 착종적 분화의 전 과정은 글로벌 상업적 생식시장의 확장을 통해 번성한다.

---

47 Neyer·Bernardi(2011), "Feminist perspectives on motherhood and reproduction", *Historical Social Research*, vol. 36, no. 2(136), p. 171.

'상업적 대리모'라는 틈새를 통해—회절 패턴 읽기

생식보조기술의 그물망 안에 있는 상업적 대리모는 생명기술공학 시대의 사이보그이자, 앙코마우스™의 자매이며, 이 시대 기술생명권력 체제의 겸손한 목격자다. 상업적 수태 대리모는 기술과 자본에 의해 포획된 몸이자, 전통적인 '자연으로서의 모성'을 해체하는 경계 위반의 혼탁한 주체다. 그녀의 몸은 아주 좁은 구역에 놓여 있지만, 생명자본, 생명권력, 재생산 권리 담론, 생식세포 거래, 글로벌 자본주의 노동시장, 생체·임상노동의 현실 등을 아우르는 복잡한 그물망에 포획되어 있다. '상업적 대리모'는 21세기 기술생명권력과 생식 거래시장을 대표하는 상징적인 표식이자 물질적 실재다. 그녀의 눈을 통해 우리는 무엇을 볼 수 있게 되는가?

해러웨이는 비판의식을 나타내는 시각적 은유로 '회절'을 사용했다. 겸손한 목격자의 위치에서 출발하는 상황적 지식들은 사태를 '반영'하지 않고 '회절'시킨다. '회절 패턴'은 작은 틈새를 통과해서 분산된 광선이 만들어 내는 '상호작용, 간섭, 강화, 차이의 역사'를 기록한다.(해러웨이, 2005: 170)

'상업적 대리모'라는 기술생명권력 체제의 겸손한 목격자의 시선을 통과하면서 어떤 회절 패턴이 기록되는가? 기술생명권력 체제하에서 상업적 대리모는 가장 극적인 방식으로 낡은 질서와 첨단 질서가 교차하는 육체-장소가 된다. 상업적 대리모 몸을 통해서, 신생식기술이 주는 가능성과 기대, 그리고 여성 몸에 대한 대상화와 착취가 동시에 실현된다. 그런 의미에서, '상업적 대리모'라는 겸손한 목격자의 시각은 가장 주변부의 위치에서 출발하는, 상황 지어진 지식을 제공한다.

상업적 대리모는 생식보조기술의 허용치의 경계면에 자리 잡고 있다. 그 경계 안에 놓인 생식보조기술들은 대체로 '정상적'이고 수용할 만하며 도덕적으로나 법적으로 어떤 문제를 야기하지 않는다. 반면, 상업적 대리모는 해결하기 어려운 문제, 결정하기 어려운 선택, 가장 논쟁적인 이슈로 등장한다. 이 가장 주변부에 놓인 겸손한 목격자의 시각에서 기술생명권력의 서사를 쓴다면, 어떤 회절 패턴들이 드러날 수 있을까?

■ 드러나거나 감추어진 실패

가장 먼저 가시화되어야 할 경로의 기록은 첨단기술이 가능성을 약속하는 곳에 감춰져 있는 만연한 실패다. 생식보조기술로 아기를 만들고자 하는, 생식을 제어하고 통제하고자 하는 사람들의 기대는 점점 더 부푸는 데 반해, 성공은 낙관적이지 않다. 생식보조기술의 성공률은 고작 30% 정도에 불과하다. 2001년 미국에서 시험관 아기 시술을 받은 사람 가운데 27%가 정상아를 출산했다. 체외수정된 배아의 임신 성공률도 33%에 불과했다.[48] 많은 불임클리닉들이 성공률이 증가하고 있다고 선전하지만, 현실은 그렇지 않다. "생식보조기술의 성공률, 즉 치료 후 살아 있는 [아기를] 출생할 비율이 단 30%에 불과함에도 불구하고(Center for Disease Control

---

[48] 스파(2007), 『베이비 비즈니스』 심재관 옮김, 한스미디어.

and Preventions 2010), (20~44세 사이의) 난임여성 절반 이상이 생식보조기술 치료를 받을 것으로 예상된다."(Neyer and Bernardi, 2011: 163)⁴⁹

■ 잉여 난자, 잔여 배아의 향방

높은 실패 가능성을 뚫고 정상아를 성공적으로 출산하기 위해서, 먼저 생식보조기술에 쓰일 많은 난자와 배아가 필요하다. 임신 가능성을 높이기 위해 많은 수의 난자를 적출해야 하고 그러기 위해 과배란 호르몬제 투약이 치료 과정에서 일상적으로 이루어진다. 과배란 호르몬제 투약은 과배란 증후군이라는 심각한 위험을 야기하지만, 이런 방식으로 잉여 난자를 만드는 것은 체외수정에 필수적이고 불가피한 과정처럼 여겨지고 있다. 고통스러운 과정을 통해 적출된 난자들이 모두 체외수정에 쓰이는 것은 아니다. 남겨진 여분의 난자들은 냉동되어 보관된다.

체외수정을 통해 생산된 배아의 경우도 마찬가지이다. 전 세계적으로 시술에 쓰이고 남은 '잔여' 배아의 수는 헤아릴 수 없이 많다. 냉동보관되는 '잔여' 배아들을 어떻게 처리해야 할까? 그것은 폐기되어야 할 잉여물인가? 생명이 될 가능성, 잠재적 생명인가? 잔여 냉동 배아는 생명/비생명, 인간/비인간, 폐기물/비폐기물의

---

49 2010년 대한산부인과학회 보조생식술소위원회의 보고에 의하면, 한국에서도 약 70%의 체외수정 주기가 성공하지 못한다. 성공한 경우들을 받치고 있는 성공의 두 배가 넘는 실패의 경험들은 쉽게 간과된다.

경계를 묻게 하는 '생-물질들(bio-objects)'이다.[50] 그것은 생명이자 신체의 일부이며 생산되어 쓰이고 남겨져 폐기를 기다리는 물질이다. 경계가 모호한 이 대상들은 각기 다른 가치들과 연결되어 '재사용'된다. 스파(Debora Spar)는 이 폐기되고 처리되어야 할 냉동 배아들이 미국에서 '배아시장'을 출현시키게 된 과정을 기록한다. 미국의 보수적 임신중절 반대론자들은 '배아입양' 논의와 실천을 통해 냉동 배아를 새로운 생명체로 탈바꿈시켰다. 시험관 아기 시술로 생겨났지만 이식에 사용되지 않은 냉동 배아들을 '입양'시키는 프로그램을 통해, 시험관 시술이나 아동 입양보다 저렴한 냉동 배아시장이 형성되었다. 그리고 실제 이 입양 프로그램을 통해 냉동 상태에서 깨어나 착상된 아기들이 출산되고 있다. 그렇다면 배아는 이 프로그램 담당자가 말하는 것처럼 '태어나기를 기다리는 아이들'인가?[51] 그러나 배아들은 이 시장에서 상품처럼 움직인다.

■ 재생의학 산업에서의 '재활용'

잔여 냉동 난자와 냉동 배아는 재생의학과 줄기세포 과학이 서로 교차하는 지점에서 특별한 관심의 대상이 된다. 오늘날 줄기세포 과학은 무한한 가능성을 약속하며 재생의학 시장을 열어 가고 있다. 이 시장의 미래는 불투명하지만, 의학 산업이 그리는 장밋빛 미래를 향해 재생의학 시장이 성공적으로 상업화된다면 '난자 시

---

50 정연보(2013), 「'잔여' 배아와 난자의 연구목적 이용을 둘러싼 쟁점: '폐기물', 신체, 국가 발전의 의미를 중심으로」, 『한국여성학』 제29권 1호, 1~35쪽.

51 https://www.nightlight.org/snowflakes-embryo-adoption-donation/embryo-adoption/

장'은 생식 노동의 새로운 시장으로 등장하게 될 것이다.[52] 생식보조기술은 연구 재료인 난자와 배아를 공급한다는 점에서 줄기세포 과학과 연관되어 있다. 아기를 만들기 위해 사용하고 남은 '잔여'의 물질이라면, 그리고 어차피 폐기되기를 기다리는 '잉여'의 산물이라면, 그것을 생명과학 기술 연구에 활용할 수 있어야 하지 않을까?[53] 냉동 배아의 존재론적 지위가 미결정인 상태에서, '폐기물을 재활용한다'는 '생태주의적' 프레임은 냉동 배아의 재활용을 바람직한 것으로 정당화한다.

■ 위험

생식보조기술을 통해 태어나는 아기들, 그 아기를 임신하고 출산하는 모체들, 제3자의 배아를 임신하고 출산하는 대리모들의 장·단기적인 건강상의 위험에 대한 자료는 거의 없다. "데이터의 부재가 리스크의 부재를 의미하지는 않는다."[54] 출산 과정에서의 사망, 다태아 임신과 태아 선별 낙태로 인한 위험[55], 제3자의 배아 임신으

---

[52] 쿠퍼(2016), 『잉여로서의 생명』 안성우 옮김, 갈무리.

[53] 한국의 생명윤리법은 난자와 배아를 과학연구만을 위해 기증하는 것은 금지하지만, 불임클리닉에서 생산된 '잔여' 또는 '잉여' 난자나 배아는 동의를 얻은 후 연구에 사용할 수 있도록 허용하고 있다. 냉동 배아는 5년간 보관한 이후에는 폐기하도록 법적으로 규정되어 있는데, 폐기를 기다리는 '잔여물'이라는 개념이 이와 같은 '재활용' 담론을 합리화한다.(정연보, 2013: 3)

[54] Beeson·Lippman(2017), "Gestational surrogacy: how safe?", *Babies for Sale? Transnational Surrogacy, Human Rights and the Politics of Reproduction*, London: Zed Books, p.89.

[55] 상업적 대리모들은 이식 성공률을 높이기 위해서 수정된 배아 4개를 이식한다. 만일 이 4개의 배아들이 성공적으로 이식해서 자궁 내에서 성장하게 되면, 적절한 시기에 한두 개의 태아를 남기고 나머지는 선별해 낙태한다. 이 과정에서 대리모 자신은 결정에 참여하지 못한다.(Beeson·Lippman. 2017: 85) 또한 대리모 클리닉에서 대리모의 출산은 산모의 건강 상태 등과 무관

로 인한 면역 상호작용상의 문제, 임신 준비 과정의 호르몬 치료로 인한 문제 등은 부재하는 데이터 안에서도 이미 예측 가능하고 쉽게 가시화되는 위험들이다. 특히 상업적 대리모의 경우는, 임신과 출산 과정에서의 위험에 대한 충분한 정보를 제공받을 수 없고, 시술 과정에서 자신의 몸과 관련된 어떠한 결정에도 적극적으로 참여할 수 없으며, 체계적인 산후조리를 기대하기 어렵다. 모든 임신과 출산에 개입된 위험, 생식보조기술의 각 단계에서 모체에 시행하는 일반적인 호르몬 치료의 위험에 더하여, 상업적 대리모의 취약한 위치는 위험을 배가한다. 계약 관계 안에서 대리모의 노동이 인정되는 것은 배아를 이식하여 수태할 수 있을 때이다. 따라서 실패의 전후 과정과 그 결과는 규정된 노동계약의 외부에서 오롯이 그녀의 몸이 겪어야 하는 일로 남겨진다.

■ 생체·임상노동

비가시화된 실패와 위험, 고통받는 몸에도 불구하고 생식보조기술 시장은 확대되고 있다. 1990년대 첨단기술 영역에서 생명공학 산업은 자본주의적 성장의 한계를 극복할 새로운 가능성으로 예찬되었다. 21세기 초에 이르러 아시아의 한국, 싱가포르, 중국, 대만, 인도 등이 개입하면서 생명공학 산업의 지형은 더욱 복잡해졌다. 신자유주의적 생명자본의 흐름은 일상적인 '생체 내' 노동, 즉 약물실험, 조직 추출, 임신, 혈액 채취에 참여하는 신체조직의 '기증

하게 출산 과정을 기억하지 못하게 하려는 의도로 제왕절개를 통해 이루어진다.

자 내지는 판매자', 대리모, 인간 대상 연구 피험자 등의 노동을 필요로 한다. 이러한 활동들은 글로벌 생명공학 산업이 만들어 낸 독특한 노동의 형태들이다.

*

'상업적 대리모'라는 작은 틈새를 통해, 신생식기술이 약속하는 성공의 배후에 있던, 그 성공을 보장하기 위해 시도되었던 두 배가 넘는 실패를, 힘겨운 과배란 호르몬제 투약과 난자 적출을 통해 어렵사리 만들어져 보관되고 있는 '잉여'의 냉동 난자와 냉동 배아들을, 임신 과정에 포함된 선택적 낙태[56]를, 지금 드러난 것보다 훨씬 더 많은 미래의 위험에 대한 부재하는 데이터들을, '개인의 선택'이라는 자유가 감추었던 그 자유를 조건 지은 자본의 논리와 열악한 여성의 노동시장을, 첨단기술이라는 조건의 역사를 기록할 수 있다. 상업적 대리모에 대한 폐지주의나 개혁주의의 페미니스트 정치학의 시각이 '반영하는' 현실에서는 포착되지 못했던 복잡한 회절 패턴을 여기서 발견할 수 있다. 이 회절 패턴이 하나의 대안적 정책이나 현실적 규제 방안을 제시할 수는 없지만, 어떠한 대안도 이것이 보여 주는 복잡한 현실을 충분히 고려하지 않는 한 부족한 대안이 될 수밖에 없다는 사실도 보여 준다.

---

[56] 성공률을 높이기 위해 여러 개의 배아를 착상시키고, 임신 과정에서 그중 일부를 선택적으로 낙태하는 것은, '불임 치료'에 흔히 포함되는 당연한 과정 중 하나이다.

기술생명권력 체제에서의 '모성'

고대 로마 친족법에 의하면, 아버지는 몰라도 "어머니는 항상 확실하다.(mater semper certa est.)" 누가 어머니인가? 신생식기술이 전통적인 의미의 부모 개념을 해체한다. '배아의 제조'와 상업적 대리모 출산과 같은 생식기술은 유전적 부모와 생물학적 부모의 연결고리를 끊고, 출산을 선택하는 어머니와 아기를 배태하는 어머니를 분리한다. 어떤 정자와 어떤 난자가 만나, 어떤 몸에 착상하는가? 그것은 누구에 의해 '기획'되고, 어떤 과정을 거쳐 '완수'되는가? 누가 어머니인가? 오늘날 '어머니 되기'에, 기술적 개입 바깥의 '자연스러움' 같은 것은 없다. 그렇다면 이 교란과 탈자연화를 통해 가부장제 '모성신화'는 해체되었는가?

생식기술이 보장하는 '가능성' 안에서 '모성신화'는 변형되었을 뿐, 해체되지 않았다. 탈자연화된 모성은 재자연화된다. '의뢰하는 부모'는 강한 욕망에 이끌리며 생식기술의 허들을 차례로 넘는다. 그렇게 얻은 아이는 '기획'의 결과물, 성과가 된다. 상업적 대리모 계약에 들어서 9개월의 생체 노동을 수행하는 여성들도 자신의 선택을 '모성'으로 정당화한다.[57]

---

[57] 대리모들은 "아이들에게 더 나은 미래를 제공하기 위해서", "자신의 어린 딸의 교육과 미래를 위해서" 이 생체 노동을 선택한다고 말한다.(허라금·조소연, 2015: 48~49) 인도에서 상업적 대리모 규제가 있기 전인, 2015년 구자라트 지역의 아칸크샤 병원을 취재한 연합뉴스 TV 보도에서 인터뷰에 참여한 한 여성도, 자신이 대리모를 선택한 이유를 자녀들의 교육과 미래를 위해서라고 이야기한다. 이 같은 설명은 대내외적으로 자신의 선택을 정당화하기 위한 것일 수 있다. 그리고 아마도 어쩌면 습득되어 반복된 정당화 담론의 일부일 수도 있다. 다른 한편, '낙인화'에 맞서 자신

'모성신화'를 해체하지 못했다 해도, 첨단 생식보조기술이 만들어 내는 '이익'은 확실해 보인다. 생식보조기술의 발전 덕분에 여성들은 피임과 임신중절, 난자의 냉동보관과 체외수정 등을 통해 쉽게 임신 유지 여부를 결정하고 임신 및 출산 시기를 조절할 수 있게 되었고, 의료기술의 관리하에서 건강하고 안전하게 출산할 수 있게 되었다. 생식보조기술이 보장하는 것처럼, 이제 불임은 불운이 아니라 치료할 수 있는 결함처럼 여겨진다. 그리고 누구든 그렇게 할 수 있도록 '재생산 권리'가 보장되어야 한다고, 경제적 능력이나 사회적 지위나 성적 지향과 무관하게 그 기술에 접근할 수 있어야 한다고 주장할 수 있다. 생식은 숙명이 아니라, 자유로운 선택의 일부가 되었다. 그렇다면 이 '이익'의 배후에 무엇이 감추어지는가?

21세기 기술생명권력 체제의 겸손한 목격자인 상업적 대리모는 논쟁의 여지가 있는 이 시대 생식기술의 향방을 압축적으로 보여 주는 형상이다. 생명윤리와 생명자본, 글로벌 생명공학산업, 저출생 시대의 생명정치, 재생산 권리, 모성신화, 기술이 제공하는 낙관적 가능성과 그것이 길러 내는 욕망, 그것을 실현하기 위해 감수해야 하는 신체적 고통, 소외된 노동, 감수해야 할 위험, 글로벌 생식 의료시장의 명암——이 겸손한 목격자의 눈을 통해 이 모든 것들이 얽힌, 신생식기술의 현실에 대한 상황적 지식이 드러난다. 가

의 선택을 '윤리적'으로 정당화하면서 공식적인 '모성 담론'의 언어를 내면화한 것이거나, 또는 이와 같은 담론을 선택하여 발화할 수밖에 없었던 것일 수도 있다. 「아기공장 오명에도 대리모 산업 활황」 『연합뉴스 TV』 2015. 10. 31. 이 영상은 유튜브에서 확인할 수 있다. https://youtu.be/rZeuG4w5T7A?si=lvbhl-s1oy9Adipe

가장 사적이고 내밀한 영역으로 수렴되는 동시에 글로벌하게 국경을 넘어 펼쳐지고, 가장 구체적인 어머니의 몸으로 침투하는 동시에 기술적 가능성이라는 추상적이고 불투명한 약속에 사로잡혀 있는, 상업적 대리모는 기술생명권력의 복잡하고 혼란스러운 상황을 묘사하는 이 시대의 '겸손한 목격자'다.

3장.
[포스트젠더]
변형의 시도—페미니스트 SF의 글쓰기 양식

> "사이보그는 포스트-젠더 세계의 피조물이다."
> "사이보그 글쓰기는 본원적 순수함이라는 기반 없이,
> 그들을 타자로 낙인 찍은 세계에
> 낙인을 찍는 도구를 움켜쥠으로써 획득하는
> 생존의 힘과 결부된다."
> (해러웨이, 2023: 274, 317)

SF라는 장르

토머스 모어(Thomas More)의 『유토피아』(1516)나 조너선 스위프트(Jonathan Swift)의 『걸리버 여행기』(1726) 같은 장르적 원형들이 있음에도 불구하고, 메리 셸리(Mary Shelley)의 『프랑켄슈타인』(1818)은 SF의 특질을 갖춘 첫번째 소설로 지목되곤 한다. 아직 SF(science fiction)라는 장르가 출현하기 이전에 쓰인, '고딕소설'로 분류되어야 할 이 소설을 '첫번째 SF'로 지목하는 이유는, 이 작품이 당대의 과학담론과 미래 기술발전에 대한 추론적 상상을 담고 있었다는 점에서 기인한다.[58] 장르로서의 SF의 중요한 전제는 기술과학이 만들어 낼 '다른' 가능성에 대한 상상이다. "SF가 하나의 문학형식으로 존재할 수 있게 된 것은 인간이 현재와는 다른 미래, 특히 새로운 지

---

58   스콜즈·라프킨(1993), 『SF의 이해』 김정수·박오복 옮김, 평민사, 16쪽.

식, 새로운 발견, 새로운 모험, 새로운 돌연변이가 인생을 과거와 현재의 친숙한 양식과는 전혀 다른 것으로 만들어 놓을 미래를 상상할 수 있을 때에만 가능"(스콜즈·라프킨, 1993: 16)하다. 그런 만큼 본격적인 SF는 폭발적인 기술 발명의 시대였던 19세기 말에 출현했다. 그리고 '과학적 오락'의 형태로 대중문화의 맥락 안에서 성공을 거두기 시작했다.

싸구려 잡지나 조야한 인쇄물의 형태로, 하위문화의 현장에서 SF는 만들어졌다. 1926년 건즈백(Hugo Gernsback)은 미국에서 "최초의 공상과학소설 잡지인 『신기한 이야기들』(Amazing Stories)을 창간하고, '과학적 소설(scientifiction)'이라는 말을 만들어 냈다. 이 말은 1929년 '공상과학소설(science fiction)'로 바뀌었다."[59] 그리고 이후 싸구려 잡지 중심의 대중적 하위문화가 SF의 황금시대를 만들었다. 이 같은 기원과 역사는 SF가 '진지한 문학계'의 바깥에서 자유롭게 유영하는 장르문학으로 성장했다는 것을 보여 준다.

문학에서 '장르(genre)'는 단지 분류를 위해 공통적 속성들로 텍스트들을 묶어 내는 문학의 유형화에 머물지 않는다. 장르는 '담론적 속성들의 체계화'이며, 개별 작가들의 창작 행위를 통해 반복되는 제도적인 것이다. "장르가 독자들에게는 '기대 지평'으로, 작가들에게는 '글쓰기의 모델'로 기능하는 것은 장르가 하나의 제도로 존재하기 때문이다."[60] 작가들은 장르적 체계에 부응하여 글을

---

[59] 칸토·팔리우(1997), 『인간은 미래를 어떻게 상상해 왔는가』, 김승욱 옮김, 자작나무, 32쪽.
[60] 토도로프(2004), 『담론의 장르』, 송덕호·조명원 옮김, 예림기획, 74쪽.

쓰고, 독자들은 "평론, 학교, 책의 보급체계, 혹은 단순하게 소문을 통해 알게 되는 종속체계에 따라 책을 읽는 것"이다.(토도로프, 2004: 76)

'제도로서의 장르'는 문학 안에서 관습적 실천을 통해 반복, 재생산된다. 그렇게 장르는 개별 글쓰기를 제약한다. 그런가 하면 '제도화된 문학' 안에는 장르들을 평가하는 가시적·비가시적 위계가 있다. 이론적·미학적 차원에서 진지하게 다루어지는 장르가 있는가 하면, 문학적 평가의 대상이 되기보다는 대중적 상품으로 평가절하되는 하위의 장르들도 있다. 과학적 오락물로 시작된 SF는 오랫동안 저급한 하위장르에 머물러 있었다. 양식적으로 정교하게 다듬어지고 미학적으로 진지하게 고려된 '작품성'으로 인정받지 못하고, 정형화된 패턴의 플롯과 공상적 소재를 반복적으로 양산하는 오락물로 취급되었다. 그러나 하위의 장르문학이라는 표지가 SF를 즐겨 읽는 독자들을 취향으로 결속시켰고, 그 독자 집단의 기호가 SF의 플롯, 인물, 문체 등의 정형화된 패턴을 반복하고 강화하게 하는 장치로 작동했다. 그 결과 SF는 '10대 소년들의 모험 공식을 따르는 오락적 장르문학'으로 낙인찍혔다.[61]

'남성적' 영역으로 간주되어 온 과학과 기술이라는 상상력의 출발점, 게토화된 장르의 하위문화 어법, '소년들의 모험과 판타지'라는 정형화된 서사 공식이 SF를 "본질적으로 남성우월주의적인(masculinist)" 장르로 만들었다. 이와 같은 젠더화된 선호와 인식이,

---

[61] 디쉬(2017), 『SF 꿈이 만든 현실』, 채계병 옮김, 이카루스미디어, 9쪽.

"기껏해야 만화보다 조금 나은 정도로 아주 저급하고 천박한 분야"
일 뿐이었던 SF 장르에 여성 작가들이 진입하는 것을 저해하는 요
인이 되었다. 그래서 "통속잡지 시대의 공상과학소설(1926~1956)
은 대체로 남자들의 영역이었다." 이 분야에 뛰어드는 여성 작가가
드물었을 뿐 아니라, "공상과학소설 '속'에 등장할 때 여자들은 무
시당하고, 터무니없는 말로 모욕당하거나 참고 견뎌야 했다."(디쉬,
2017: 171) SF 소설에서 여성에 대한 성적 착취나 물리적 폭력의 묘
사는 드물지 않았다. 심지어 "통속잡지 시대의 SF 옹호론자들은 흔
히 여자를 무시하는 장르적 관행이 SF가 세속적인 문학과 차별화되
는 강점이라고 주장"하기까지 했다.(디쉬, 2017: 172)

'소년들의 오락물'은 어떻게 '여자들의 놀이터'가 되었나?

하위의 장르문학으로 게토화되어 있던 SF가 1970년대 미국 페미니
스트 문학이론 내에서 실험적이고 대안적인 페미니스트 플롯을 제
공하는 장르적 가능성으로 새롭게 발견되었다는 사실은 특기할 만
하다. 조애나 러스(Joanna Russ)는 SF를 페미니스트 문학의 가장 낙
관적이며, 가장 권장할 만한 장르라고 생각했다. 그녀에 따르면, SF
의 플롯은 새로운 세계를 개념적으로 실험할 수 있게 하고, 물리적·
사회적 장치들을 창조할 수 있게 하며, 기술(技術)적인 변화의 결과
를 가늠할 수 있게 한다.[62] 바로 그렇기 때문에 SF에서는 전통적인

---

[62] Russ(1995), *To Write Like a Woman: Essays in Feminism and Science Fiction*, Bloomington

젠더 역할을 역전시킨 '다른' 사회 질서를 상상할 수 있다는 것이다.

러스뿐 아니라 1970년대 SF에 투신한 페미니스트 작가들은 페미니스트의 상상적 프로젝트를 위한 강력한 무기가 될 수 있고 "페미니스트의 정치적 기획을 성취할 문화적·사회적 변형을 약속하는 필연적인 첫걸음"이 될 수 있다는 점에서[63], SF를 페미니스트 서사 전략으로 활용했다. 그리고 그들의 SF를 읽으면서 해러웨이는 그들의 상상력이 급변하는 현실에 대한 비판적이고 성찰적인 참조점이 될 수 있다고 보았고, 그 관점을 적극적으로 활용하여 '사이보그 페미니즘(cyborg feminism)'이라는 새로운 페미니스트 정치학을 제안했다.

'소년들의 오락물'이라는 게토에서 출발한 SF가 페미니스트 문학의 대안적 서사 전략이자 새로운 페미니스트 정치학의 단초가 되기까지, 여성 작가들은 SF 장르의 '담론적 속성의 체계'를 변형시켜야 했다. 장르적 관습에 부응하여 글을 쓰고 또 그것을 바꾸고자 시도하면서 페미니스트 작가들이 SF 장르를 어떻게 활용했는가? SF는 어떻게 젠더 이분법을 해체하는 '사이보그 테크놀로지'가 되었는가?

'통속잡지 시대'를 지나 SF는 1960년대 말 영미문학계에서 일어난 일련의 변화와 만나면서 점차 문학담론 안에서 진지하게 다

---

and Indianapolis: Indiana University Press, p. 91.

[63] Hollinger(2003), "Feminist Theory and Science Fiction", *The Cambridge Companion to Science Fiction*, ed. by Edward James and Farah Mendlesohn, Cambridge: Cambridge University Press, p. 128.

루어질 만한 대상으로 변모하기 시작했다. 문학계에서 포스트모더니즘이 대두하면서 그와 더불어 SF 창작은 '게토화된 장르적 경계'를 넘기 시작했고,[64] 문학비평도 고급/순수문학과 저급/대중문학을 가르는 전통적인 구분에 내재된 위계를 낡은 엘리트주의로 규정하면서 SF를 진지한 비평 대상으로 취급하게 되었다.[65] 그리고 1970년대 초에 이르러 페미니즘 제2의 물결을 타고 페미니스트 SF 작가로 등장한 르 귄(Ursula K. Le Guin), 러스(Joanna Russ), 피어시(Marge Piercy) 등의 소설들이 출판되기 시작했다.

특히 조애나 러스는 다른 장르들보다 SF가 페미니즘에 더 많은 가능성과 자유를 준다고 생각했다. 페미니스트 문학비평의 관점에서 그녀는 서구 문학의 거의 모든 플롯은 근본적으로 '남성적'이라고 비판한다. "영웅적인 전투, 미개척지로의 여정, 세속적인 야심의 의기양양한 성취, 파멸할 운명인 시인의 매혹적인 자기희생 등"과 같은 플롯은 남성 주인공의 것이다. 반면, 이러한 플롯 속에서 여성 주인공의 역할은 수동적이고 한정적이다. 그들은 남성이 욕망하거나 혐오하거나 두려워하는 대상으로 플롯에 삽입된다. 러스에 따르면, "플롯의 문제는 전통적으로 남성이 도맡았던 역할을 여성 등

---

[64] "장르에서 벗어나 주류화된 (또는 장르와 주류의 경계 사이를 오가는) 보니것(Kurt Vonnegut)과, 장르작가는 아니지만 SF 비전을 보여 준 (……) 레싱(Doris M. Ressing), (……) 버제스(Anthony Burgess), (……) 핀천(Thomas R. Pynchon)은 빼놓을 수 없는 이 시대의 거장들이다." 임종기(2004), 『SF 부족들의 새로운 문학 혁명, SF의 탄생과 비상』 책세상, 54쪽.

[65] 피들러(1990), 「경계를 넘어서고 간극을 메우며」 『포스트모더니즘론』 정정호·강내희 편, 도서출판터, 51쪽. "포스트모더니즘에서는 젊은 대중 독자들이 나이 든 비평가들로 하여금 미적지근한 태도에서 벗어나 과거의 엘리트적 위치를 내던질 것을 촉구하면서 그 대가로 그들을 고양시키기보다는 더욱 두렵게 만드는 전망의 자유를 향유하라고 외친다."

장인물로 대체한다고 해서 해결할 수 있는 것이 아니다."[66] 따라서 여성에 대해 쓰고자 하는 여성 작가에게는 새로운 여성신화가 필요하다. 러스는 SF가 바로 그 새로운 여성신화를 가능하게 할 장르라고 주장한다. "전통적인 젠더 역할을 벗어나 새로운 신화를 창조하는 데 가장 전망이 좋다는 점에서" SF는 페미니즘에 더 '낙관적인 장르'라는 것이다.(펠스키, 2010: 160)

SF, 사이보그 테크놀로지

페미니스트 SF는 해러웨이에게 하이테크놀로지 시대에 적합한 새로운 페미니스트 정치학을 상상할 수 있게 하는 원동력이 되었다. 해러웨이는 '사이보그' 형상을 통해 이 새로운 페미니스트 정치를 묘사하는데, 그녀가 그리는 사이보그 형상 자체가 페미니스트 SF들이 만들어 낸 혼종적 '괴물 자아'로부터 착안한 것이다. 해러웨이의 사이보그 형상은 "침범된 경계, 강력한 융합, 위험한 가능성"을 가시화하고, "인간과 동물", "유기체와 기계", "물리적인 것과 비물리적인 것" 사이의 경계 해체를 상징한다. 그런 의미에서, 해러웨이의 사이보그는 위계적 이분법을 가로지르는 '혼종적 주체'라는 넓은 의미망을 갖는다. 처음 소개될 때부터 사이보그는 경계 위반의 상징이었다. 해러웨이에 따르면, 서양문화 전통 안에서 '괴물'이 언제나 경계를 흐리고 혼탁하게 만드는 불편한 기형의 존재이자 불편한

---

66 펠스키(2010), 『페미니즘 이후의 문학』 이은경 옮김, 여이연, 158~159쪽.

물음으로 등장했던 것처럼, 사이보그는 하이테크놀로지 시대에 변화하는 정체성의 경계들을 근원적으로 문제 삼을 수 있게 하는 형상이다. 사이보그 형상은 대문자로 쓰인 보편 '여성(Woman)'이 아닌 경계에 선 혼종적 여성 주체'들'의 연대로 이루어진 페미니스트 정치학의 가능성을 가시화한다.

다른 한편, SF 글쓰기는 해러웨이에게 새로운 사이보그 페미니스트 정치학의 테크놀로지로 이해되고 해석된다.

> 글쓰기는 무엇보다도 사이보그의 기술로, 20세기 후반에 만들어진 글자판이다. 사이보그 정치는 언어를 향한 투쟁으로서, 완벽한 소통이나 모든 의미를 완벽하게 번역해 내는 하나의 코드, 즉 남근이성중심주의라는 중심 원리에 대항하는 투쟁이다. 사이보그 정치학이 소음을 고집하며 오염을 긍정하고 동물과 기계의 불법적 융합을 기뻐하는 까닭은 여기에 있다. 이 결합은 [대문자] 남성과 여성(Man and Woman)을 문제 삼고 언어와 젠더를 생산한다고 여겨지는 힘인 욕망의 구조를 전복함으로써 자연과 문화, 거울과 눈, 노예와 주인, 신체와 정신이라는 '서구의' 정체성이 재생산되는 구조와 양태를 전복한다.(해러웨이, 2023: 319)

그렇다면, 페미니스트 SF에서 사이보그 정치학은 어떻게 구현되는가? 그것을 확인하기 위해 팁트리 주니어(James Tiptree Jr.)의 SF를 읽는다. 해러웨이가 참조했던 페미니스트 SF들 사이에서 팁트리 주니어의 위치는 다소 독특하다. 르 귄이 보여 준 젠더 정치에 대한 선명한 입장이나 러스나 피어시가 보여 준 페미니스트 유토피아의 뚜렷한 전망 같은 것을 담지 않으면서, 팁트리 주니어는 전혀 다른 방식으로 사이보그 테크놀로지로서의 글쓰기를 보여 준다.

'제임스 팁트리 주니어'는 누구인가?

1976년이 1977년으로 넘어갈 때, 별이 폭파했다. 제임스 팁트리 주니어는 앨리스 셸던(Alice B. Sheldon)으로 밝혀졌다. 팁트리의 가면이 벗겨졌을 때, 셸던은 61세였다. 사이언스 픽션은 일반적으로 젊은 남자들의 게임으로 생각되어 왔다. 그런데 그 거인들 중 하나가 5, 60대에 자기 작품을 생산한 여성이라는 사실이 밝혀진 것이다.[67]

1967년 처음으로 세 편의 SF를 출판하게 되었을 때, 이제 막 실험심리학 박사가 된 52세의 앨리스 셸던은 한 통조림 회사의 이름을 따서 자신의 필명을 '제임스 팁트리 주니어'라고 지었다. 훗날 독자들이 추측했던 것과는 달리, 그녀는 특별한 의미 없이 그 이름을 선택했다고 말한다. "팁트리는 신중한 계획은 아니었다. 그렇다고 완전한 우연도 아니었다." 앨리스 셸던은 "말하기 위한 권위를 위해서뿐 아니라, 게임을 할 용기를 위해서도" 이 남자 이름이 필요했다고 말했다.[68]

---

67 Sturgis(2006), "The Man Who Didn't Exist", *The Women's Review of Books*, vol. 23, no. 6, p. 3.
68 Phillips(2006), *James Tiptree, Jr: The Double Life of Alice B. Sheldon*, New York: Picador, p. 247.

앨리스 셸던은 1915년에 태어났다. 6세에 탐험 작가였던 어머니와 함께 콩고 정글을 탐험했고, 19세에 했던 짧고 불행했던 결혼 이후 공군에 입대했다. 2차 대전 후 CIA에서 비밀요원으로 일했고, 거기서 만난 남편과 결혼하고 나서는 실험심리학 연구로 박사학위를 받았다. 그녀는 1967년부터 제임스 팁트리 주니어라는 남자 이름으로 SF를 썼다. 그리고 1976년부터는 라쿠나 셸던(Raccoona Sheldon)이라는 여자 이름으로도 SF를 발표했다.

팁트리 주니어는 독창적이고 다른 어느 누구와도 다른 목소리를 지닌, 강렬하고 견고한 문체의 '남성' SF 작가로 인정을 받았다.(Sturgis, 2006: 3) 작가로 등장한 1968년부터 8년간 그의 정체는 비밀로 남아 있었지만, 비평가들은 그의 '남성적인 글쓰기 스타일'에 대해 장황하게 말하곤 했다.[69] 팁트리의 감추어진 정체는 그러나 조심스럽게 조작된 것은 아니었다. 팁트리는 앨리스 셸던의 이력을 그대로 가져갔다. 그리고 그 결과 어머니의 죽음 이후 신문 부고에 실린 망자의 딸 앨리스 셸던의 이력이 팁트리의 그것과 같다는 사실을 발견한 사람들에 의해 그의 정체가 '폭로'되었다.

그런가 하면 얼굴을 감추고 활동하던 중에도 팁트리는 많은 사람들과 진솔한 편지를 주고받았고, 가까운 편지 친구 중에는 페미니스트 SF 작가인 르 귄과 러스도 포함되어 있었다. 러스는 팁트리의 '성차별주의적인 은유'들을 비판했고, 그녀의 비판에 솔직하

---

[69] Lefanu(1988), *Feminism and Science Fiction*, Bloomington and Indianapolis: Indiana University Press, p. 105.

게 답하면서 가부장제에 대한 분노에 진지하게 응답하는 그에게 러스는 그가 '동성애자(gay)'인지 묻기도 했다.[70] 팁트리는 20세 이상 연하인 러스로부터 페미니즘을 배우고 싶어 했다. "섹스와 섹슈얼리티, 솔직함과 가장(假裝), 권력, 분노, 인정, 페미니즘, 소녀의 성장 등, 그들은 그들의 서신 교환의 주제들을 그렇게 설정했다."(Phillips, 2006: 351)

팁트리의 SF가 가부장적 젠더질서와 남성중심적 위계, 여성을 인간으로 취급하지 않는 사회질서와 문화에 대한 신랄한 비판의 관점을 담고 있었음에도(그래서인지 여성일 거라는 '암시'와 독자들의 '추측'이 있었음에도 불구하고), 제임스 팁트리 주니어라는 작가의 '남성' 이름 뒤에 글을 쓰는 생물학적 '여성'이 있다는 사실이 밝혀지기 전까지 그의 SF들은 의심의 여지 없는 남성 작가의 것으로 받아들여졌다. 팁트리 소설집의 서문을 썼던 편집자 로버트 실버버그(Robert Silverberg)는 팁트리가 여성일 수 없다고, 그의 글쓰기와 그가 만들어 낸 스토리가 여성에 의해 쓰여진 것일 수는 없다고 단언했다. "팁트리가 여성일 거라고 암시되어 왔는데, 이는 터무니없는 이론이라고 나는 생각한다. 내가 보기에 팁트리의 글쓰기에는 피할 수 없이 남성적인 어떤 것이 있다. 나는 제인 오스틴의 소설이 남자에 의해 쓰여질 수 있다거나, 어니스트 헤밍웨이의 소설이 여자에 의

---

[70] 다른 편지 친구 앨버트 디취(Albert Dytch)도 그에게 '게이'인지 물었다. 디취의 물음에 대해, 팁트리는 자신은 여성을 좋아한다고 '우회적으로' 답했다. "지금 나는 왜 내가 여성에 대해 매력을 느끼는지 알아. 나는 언제나 [여성들을] 경이로워했어. 내 말은, [그녀들이] 훌륭한 이방인 애호가(xenophile)라는 거야. 사실, 여자들은 마지막 화성인, 정녕 가장 실질적인 외계인이니까. 그렇지 않아?"(Phillips, 2006: 356)

해 쓰여질 수 있다고 생각하지 않는다. 마찬가지로 나는 제임스 팁트리의 스토리 작가는 남성이라고 믿는다."[71] 이 믿음은 작가의 남성 이름으로 인한 오인이었을까? 그렇게만 보이지는 않는다. 폭로 이후 많은 독자들이 진정으로 당황했던 이유는, 그의 글이 너무나도 남성젠더의 관점을 반영하는 것으로 보였기 때문이다.

다른 한편에서, 페미니즘의 새로운 물결은 앨리스 셸던에게도 영향을 미쳤다. 그녀는 여성단체에 가입했고, 모든 여성들을 '자매들(sisters)'로 부르기 시작했다. 그러나 젊은 페미니스트들과는 세대 격차를 느꼈고, 그들의 분노와 급진성에는 일정한 거리감을 갖기도 했다.(Phillips, 2006: 321) 1973년에 팁트리는 페미니즘에 대한 답변으로「보이지 않는 여자들」(The Women Men Don't See)을 발표했다. 그러나 그것으로 만족할 수 없었던 앨리스 셸던에게는 '여성으로 말할' 다른 분신(alter ego)이 필요했다. 그래서 그녀는 라쿠나 셸던(Raccoona Sheldon)을 새롭게 탄생시켰다. 그리고 그녀를 이제 막 글을 쓰기 시작한 팁트리 주니어의 오랜 친구로 소개했다. 그녀를 위해 새로운 사서함을 만들고 새 타이프라이터를 샀다. 그리고 자신의 생애사적 이력을 이미 모두 팁트리 주니어에게 주었기에 그녀를 위해서 새로운 이력을 만들어 냈다.(Phillips, 2006: 328) 그렇게 페미니즘의 제2의 물결 한가운데에서 '라쿠나 셸던'이라는 페미니스트 여성 SF 작가가 등장했다.

---

[71] Silverberg(1975), "Who Is Tiptree, What Is He?", *Warm Worlds and Otherwise, James Tiptree, Jr.*, New York: Ballantine Books, p. xiii.

팁트리 주니어의 세계

팁트리 주니어와 라쿠나 셸던, 두 작가의 SF에는 공통된 세계관이 반영되어 있다. 여성은 '인류'에서 배제되어 있고, 여성들이 이 세계에서 선택할 수 있는 유일한 해방의 가능성은 탈주밖에 없는 것이 그것이다. 이런 공통점에서 불구하고, 팁트리 주니어와 라쿠나 셸던의 글쓰기는 상당히 다르다. 그렇다고 팁트리 주니어의 글이 더 남성적이어서 더 '보편적'이라거나 라쿠나 셸던의 글이 더 '페미니스트적'이라고 구분할 수 있는 것은 아니다.(Lefanu, 1988: 122) 하지만 작가 이름이 지닌 젠더 차이가 양편의 글쓰기 양식과 독자들의 읽기에 일정한 작용과 역할을 하고 있음은 분명하다. 그 차이의 생산 과정을 살피기 위해, 팁트리 주니어의 「보이지 않는 여자들」(1973)과 「휴스턴, 휴스턴, 들리는가?」(Houston, Houston, Do You Read?, 1976)를 라쿠나 셸던의 「서쪽으로 가는 배달 여행」(Your Faces, O My Sisters! Your Faces Filled of Light![오 나의 자매들, 그대들의 얼굴을! 그대들의 얼굴은 빛으로 가득 차 있구나!], 1976), 「체체파리의 비법」(The Screwfly Solution, 1977)과 비교해 볼 수 있다.

팁트리 주니어의 글쓰기가 '남성적'이라고 평가되었던 이유는 그의 SF가 남성의 심리, 성적 판타지, 욕망과 공포를 날카롭게 묘사하고 있기 때문이다. 「보이지 않는 여자들」과 「휴스턴, 휴스턴, 들리는가?」는 모두 남성 주인공의 관점에서 상황과 사건을 묘사한다. 「보이지 않는 여자들」의 화자인 "진지한 낚시꾼 복장에 머리가 센, 지친 양키" 돈(Don)은 비행기 사고로 "다른 일이 없었다면 다시 그들을 보지도, 생각하지도 않았을" '보이지 않는 여자들(the women men don't see)'인 파슨스 모녀와 아마존 한복판에서 조난을 당한다. 그는 점차 '성적인 매력도 없고' '특별히 기억할 만하지도 않은' 루스 파슨스 부인이 '아버지 없는' 딸을 데리고 이 오지에 도착하게 된 데에는 특별한 목적이 있었다는 사실을 알게 된다. 그것은 그녀가 기다리는, 그녀와 딸을 데려갈 외계인과 조우하기 위해서였다. 지구에서 남은 일들을 처리해 줄 고향의 여자친구에게 부칠 편지 한 통을 돈에게 부탁하고 나서, 파슨스 모녀는 외계인과 함께 가볍게 지구를 떠난다. 이 소설에 대해 실버버그는 "전적으로 남성적인 입장에서 그린, 심원한 페미니스트 스토리"라고 논평한 바 있다.(임종기, 2004: 148)

한편, 「휴스턴, 휴스턴, 들리는가?」의 주인공 로리머(Rorimer)는 두 명의 '알파 수컷(선장인 데이비스와 조종사인 버나드)'과 함께 우주탐사선에 탑승한 과학자, 남성성을 의심받는 '부족한 남성'이다. 소설에서 사건은 그의 관점으로 묘사된다. 세 명의 남자가 탄 비행선은 우연히 태양 주위에서 300년 후로 시간이동을 하게 된다. 그리고 미래의 지구에서 온 탐사선을 만나 그들의 구조를 받는다. 그 얼마 후 미래 지구의 탐사선에 탑승한 여성 탑승자들로부터 그들이 건너뛴 시간 사이에 지구상에서 남성들은 절멸했고 여성들만으로 이루어진 인류는 복제(cloning)를 통해 다음 세대를 재생산하면서 일정한 규모의 인구와 경제를 유지하고 있다는 사실을 알아낸다. 이 미래의 우주선에서 이루어진 '약물 실험' 과정에서 알파 수컷들은 자신들의 '본성'을 드러낸다. 버나드의 공격적이고 폭력적인 성적 판타지와 데이비스의 종교적 지배 열망이 속속 드러나면서, 미래 우주선의 탑승자들은 남자들을 지구에 데려가는 것을 포기한다. 싸움은 이미 예전에 끝났고, 남자들은 죽어야 한다.[72]

이 두 편의 SF는 남성 화자/관찰자의 관점에서 그들의 욕망과 불안, 공포를 세심하게 묘사한다. 소설 속 사건이 진행되는 동안 이들 남성은 관점의 한계 또는 맹목 때문에 생기는 무지에서 점차 벗어나게 되는데, 이들을 일깨워 주는 것은 여성들이다. 이 두 편의 SF 안에 성차별주의를 해결할 유토피아적 전망 같은 것은 없다. 「휴스턴, 휴스턴, 들리는가?」의 미래 지구는 여성들의 유토피아일지는 몰라도,[73] 남성들에게는 절멸의 디스토피아다. 그 세계의 묘사를 통해 해방에 대한 여성들의 희망은 오직 생물학적 차이가 근절된 이후, 인류가 다른 무언가로 변형된 이후에나 가능하다는 것이 확인될 뿐이다.[74] 남성들이 모두 사라진 세계에서 여성들은 자유롭다. 알파 수컷들의 허세가 깨지고 남성적 위계가 사라진 후 짧게 해방

---

[72] 팁트리 주니어(2016a), 「휴스턴, 휴스턴, 들리는가?」, 『체체파리의 비법』, 이수현 옮김, 아작, 270쪽.

[73] 러스는 그렇게 읽는다. 러스는 팁트리가 묘사한 미래 사회를 페미니스트 SF가 그리는 유토피아로 분류한다. 페미니스트 SF에서 묘사하는 유토피아 사회의 공통적인 성격은 러스에 의해 다음과 같이 정리된다. "계급이 없고, 정부가 없고, 생태적으로 사유되고, 자연적 세계에 대한 강한 애정을 갖고, 감정에 있어서는 거의 종족적이고, 구조에 있어서는 거의 가족과도 같은, 이 이야기 속의 사회들은 성적(性的)으로는 관대하다. (……) 그것[성에 대한 태도]은 페미니스트 운동의 급진주의 진영과 꽤 유사하다."(Russ, 1995: 139) 반면 스테펀-플러(Nancy Steffen-Fluhr)는 이 세계를 유토피아로 보는 것은 전적으로 잘못된 분류라고 지적한다. Steffen-Fluhr(1990), "The Case of the Haploid Heart: Psychological Patterns in the Science Fiction of Alice Sheldon("James Tiptree, Jr.")", *Science Fiction Studies*, vol. 17, no. 2, p. 205.

[74] Barr(1987), *Alien to Femininity: Speculative Fiction and Feminist Theory*, New York·Connecticut·London: Greenwood Press, p. 23.

감을 느끼던 로리머는 그 자신을 죽음으로 이끌어 갈 '해독제'를 받아들고 묻는다.

> "여러분은 스스로를 뭐라고 부르죠? 여자들 세상? 자유주의자들? 아마조니아?"
> "우리야 스스로를 인간이라고 부르지요." 레이디 블루의 눈은 그를 향해 반짝이다가 총알 자국으로 돌아간다. "사람들. 인간종." 그녀는 어깨를 으쓱인다. "인류."(팁트리 주니어, 2016a: 270)

팁트리 주니어의 SF는 젠더에 대한 본질주의적이고 결정론적인 전제에서 출발하는 것처럼 보인다. '남성성은 본질적으로 파괴적이고 폭력적이다.' '젠더질서는 견고하다.' '여성억압은 강고하다.' 그렇다면 여성들이 이 같은 난관을 해결할 방법은 다른 세계로의 탈출밖에 없다. 「보이지 않는 여자들」에서 루스 파슨스는 가부장제하에서의 여성을 '주머니쥐'에 비유한다. 그녀는 여성으로서의 자신의 존재 위치를 인간에 미치지 못하는 생명, 보이지 않게 숨어 생존해야 하는 존재들과 동일시한다. 그녀는 '여성해방도 망했다'고 말한다.[75] 그러므로 다음과 같은 비관적 설명이 설득력을 얻는다. "여자들이 하는 일은 생존하는 거예요. 당신네 세계 기계의 틈

---

[75] "여자들에게 권리 같은 건 없어요. 돈, 남자들이 허용할 때를 빼면 없죠. 남자들이 더 공격적이고 더 강력하고, 남자들이 세계를 돌려요. 다음에 또 진짜 위기가 일어나서 남자들을 뒤흔들면 우리의 소위 권리라는 건 마치 연기처럼 사라질 거예요. 우린 언제나 그랬던 대로, 소유물로 돌아가겠죠."(팁트리 주니어, 2016a:155)

바구니에서 하나둘씩 살아가는 거죠." 따라서 이런 세계에서 남은 가능성은 탈주뿐이다.[76] 이 세계에서 여성은 '온전한' 인류가 되지 못하기 때문이다. 인류의 동의어가 '남성'인[77] 고향 지구에서 루스 파슨스는 스스로를 외계인으로 인식한다. "모르는 행성으로의 여행을 선택하지 않을지라도 '인간임은 남성임'을 의미하는 우리 문화 안에서 그녀는 이미 외계인이다."(Barr, 1993: 31) 혹은 지구상에서 여성이 인류가 되려면,「휴스턴, 휴스턴, 들리는가?」에서처럼 남성이 사라져야 한다. 그렇듯 팁트리 SF들의 공통된 핵심 주제 중 하나는 "남성에 대한 여성의, [그리고] 여성에 대한 남성의 외계인성(alienness)이라는 물음"이다. 그리고 또한 여기서 '외계인성'은 "자아의 소외된 부분, 남성 헤게모니에 의해 여성에게 강요된 분절된 자아"의 은유이다.(Lefanu, 1988: 127)

라쿠나 셀던의 세계

팁트리와 달리 라쿠나 셀던의 「서쪽으로 가는 배달 여행」과 「체체파리의 비법」은 여성혐오(misogyny) 폭력에 노출된 여성의 관점에서 상황을 묘사한다. 「체체파리의 비법」에서 사건의 전개는 서신 교환으로 시작된다. 멀리 떨어져 있는 남편에게 도착한 부인의 편지와 신문 기사 스크랩은 세계에 번지고 있는 의심스러운 사건, 즉

---

[76] Barr(1993), *Lost in Space*, Chapel Hill·London: The University of North Carolina Press, p. 65.
[77] "The Women Men Don't See"라는 제목에 사용된 'Men'은 남성 성별의 인간들, '남자들'의 대명사이지만, 일반적으로 '우리들, 사람들'을 지칭한다.

여성혐오 학살이 퍼지고 있는 상황을 전하고 있다. '체체파리의 비법'은 남편이 연구 중이던 실험으로, 번식 주기의 가장 약한 고리를 찾아 그것을 단종시킴으로써 생태에 해를 입히지 않는 방식으로 한 개체군을 멸종시키는 방법을 말한다. 이 '비법'은 인간 사회에서 벌어지고 있는 여성에 대한 집단 학살 사건과 연결된다. 천사를 목격했다고 주장하는 '아담의 아들들'이라는 종파는 속죄 수단으로 여성을 멸종시켜야 한다고 믿으며 학살에 참여하고 있다. 실상 이들이 목격한 천사는 인류를 멸종시키려는 외계인이었고, 이들은 '체체파리의 비법'처럼 인류를 멸종시키기 위해 그 가장 약한 고리인 여성을 학살하는 방법을 선택한 것이다. 이 소설은 남편의 목소리로 시작되지만, 이야기의 감정적이고 윤리적인 중심은 점차 파국으로 몰려 가는 부인 앤의 목소리를 통해 전해진다. 변화하는 상황에 대응하면서 학살의 공포에 맞서 생존하려는 안타까운 노력에도 불구하고, 피할 수 없는 파국이 그녀를 기다리고 있다.

「서쪽으로 가는 배달 여행」에서 여자 주인공의 세계는 이중으로 짜여 있다. 그녀가 '체험'하는 세계에서 남자들은 사라졌다. 그녀는 그 세계 안에서 다정한 '자매들'에게 우편물을 날라 주기 위해 '서쪽으로 가는 배달부'이다. 자유로운 공기 속에서 몸을 움직여 걸으며 머물지 않는 방랑자인 그녀에게 세계는 열려 있다. "자유롭고 넓은 이 세상에 위험 따위는 없어!"[78] 그러나 평행하는 다른 세

---

[78] 팁트리 주니어[라쿠나 셸던](2016b), 「서쪽으로 가는 배달 여행」, 『마지막으로 할 만한 멋진 일』, 신해경·이수현·황희선 옮김, 아작, 111쪽.

계, 아마도/어쩌면 '실재'하는 세계에서 그녀는 정신병원에서 탈출한 '미친 여자'이며, 거리의 위험에 노출된 여성 노숙인이다. 그리고 결국 그녀의 세계는 그녀가 만난 '들개들'의 집단 강간과 살해라는 폭력에 의해 찢겨져 막을 내린다. 이 소설 속 여자 주인공의 세계는 자매들의 유토피아이지만, 그 세계는 그녀의 정신 안에서만 허락된 공상적 세계이다.[79] 그럼에도 그녀의 마지막 말은 뒤에 오는 자매들에 대한 '희망'으로 쓰여진다.

> 그녀는 자신의 피에 숨이 막히면서도 알고 있었다. 나의 자매들이 이 짐승들을 해치울 것이다. 그리고 내 배낭, 내가 배달하는 편지들을 대신 전해 줄 것이다. 고통 속에 죽어 가는 중에도, 그녀의 마음 한구석은 괜찮다는 사실을, 자매들이 오면 모두 다 해결되리라는 사실을 알았다. 사랑하는 자매들이 그녀를 구해 줄 것이다.(팁트리 주니어[라쿠나 셸던], 2016b: 140)

이 소설의 원제는 "오 나의 자매들, 그대들의 얼굴은! 그대들의

---

[79] '서쪽으로 가는 배달부'의 두 세계는 마지 피어시(Marge Piercy)의 『시간의 경계에 선 여자』에서 여주인공 코니가 처한 상황과 비교해 볼 만하다. 코니는 미래에서 온 루시엔테와 접속하여 그녀가 사는 메타포이세트로 시간 여행을 한다. 그 미래의 세계는 페미니스트 유토피아로 자연친화적이고 생태적인 공동체의 모습을 보여 준다. 그러나 피어시의 이 소설에서 코니는 아동학대 혐의로 정신병원에 감금된 싱글맘이고, 그녀의 유토피아적 세계와의 '접속'은 모호함을 지니고 있다. 그녀는 실제로 시공간을 이동하고 있는가? 아니면 메타포이세트는 그녀의 '미친 환영'인가? '미쳤다'는 것은 무엇인가? 누가 그것을 판단하는가? 폭력적 상황에 노출되어 '미친 여자'로 취급되는 여성은 그 상황에서 어떻게 저항할 수 있는가? 이 주제에 대해서는 김애령(2023), 「『미친』 환영(幻影) 또는 광기의 비전: 페미니스트 SF의 유토피아 서사」, 한국여성문학회 2023년 하반기 학술대회 자료집 참조.

얼굴은 빛으로 가득 차 있구나!"이다.

라쿠나 셸던의 소설들은, 페미니즘과 만난 앨리스 셸던이 왜 팁트리의 글쓰기만으로 만족하지 못하고 또 다른 분신을, SF 상상력으로 글을 쓰는 여성 작가의 출현을 필요로 했는지 짐작게 한다. 라쿠나는 팁트리가 하지 못한, 혹은 하지 않은 방식으로 여성의 관점, 여성의 목소리, 여성적 경험을 묘사한다. 그런 의미에서 '팁트리 주니어'와 '라쿠나 셸던'은 단지 앨리스 셸던이라는 글을 쓰는 하나의 몸이 선택한 두 개의 '필명'으로 볼 수 없다. 이 SF들에서 '두' 작가의 서로 다른 글쓰기를 통해 각기 구성되는 '두' 개의 정체성을 발견할 수 있다.

'포스트젠더' 글쓰기와 변형의 시도

팁트리 주니어와 라쿠나 셸던의 글쓰기가 지닌 차이에도 불구하고 이들의 SF가 묘사하는 세계에서 어떤 공통점을 발견할 수 있는데, 그것은 이들의 글이 모두 젠더 본질주의에 기초하고 있는 것처럼 보인다는 점이다. 그리고 이 본질주의는 비관적 세계관으로 귀결한다. 이에 따르면, 남성성은 본질적으로 폭력적이고, 젠더 이분법은 견고하고 위계적이며, 여성혐오 폭력이 만연한 이 세계 안에서 여성은 '타자, 외계인, 약자, 피해자'이고, 여성에게 남겨진 이 억압적 현실의 해결 가능성은 탈주나 파국밖에는 없다….

그러나 '해부학이 숙명이다'라는 본질주의적 주장에 기대고 있는 것처럼 보이는 바로 그 순간에조차, 아이러니컬하게도 팁트리 주니어의 글쓰기는 이분법적 양성 개념에 엄격히 반대하고 있다.(Lefanu, 1988: 112) 외관상의 젠더 본질주의와 달리, 오히려 그것을 거부하며, 그/녀 자신이 바로 숙명적 해부학을 가로지르며 글을 쓰고 있기 때문이다.

제노바(Judith Genova)는 팁트리 주니어의 SF는 결정론이나 본질주의적 관점보다는 오히려 '자연의 재발명(reinvention of nature)'이라는 관점에서 읽어야 한다고 주장한다.[80] 그리고 그 출발점에 작가 자신과 그/녀의 글쓰기가 있다. '자연의 재발명'은 앨리스 셸던이 팁트리 주니어로 글을 쓰며 '젠더 하기(performing gender)'를 실행하는 순간 시작된다. "앨리스 셸던은 그녀 자신에게서 자연의 재발명을 시작한다. 그녀는 제임스 팁트리 주니어가 되었다. (……) 앨리스는 무언가 새로운 것, 혼종적 존재, 앨리스/제임스가 되었다."(Genova, 1994: 11~12) 팁트리 주니어는 글쓰기를 젠더화된 것으로 보고, 글쓰기 안에서 젠더를 발견할 수 있다고 주장하는 실버버그의 관점을 비튼다. "남성적 혹은 여성적 글쓰기 같은 것은 없다. 그런 관점은 팁트리를 비추기에는 너무 모던하고, 너무 인간주의적이다."(Genova, 1994: 13)[81] '제임스 팁트리 주니어'라는 이름으로 글을 쓸 때, 그/녀는 어떤 교란된 장소에서 글을 쓰고 있는 것이

---

[80] Genova(1994), "Tiptree and Haraway: The Reinvention of Nature", *Cultural Critique*, no. 27, pp. 5~27. '자연의 재발명'은 해러웨이의 『영장류, 사이보그 그리고 여자』의 부제이다.

[81] 르 귄도 팁트리의 정체성 '폭로'가 여성적 글쓰기와 남성적 글쓰기에 대한 모든 이론들을 되묻게 했다고 말했다. 또한 실버버그 자신도 1978년 "팁트리는 나를 멋지게 속였다. 그리고 소설(fiction) 안에서 '남성적인 것' 혹은 '여성적인 것'은 무엇인가라는 관념 전체에 의문을 제기했다"라고 썼다. (Lefanu, 1988: 123)

다. 그 글쓰기는 '젠더 하기'의 실행이자, 해러웨이의 개념으로 말하자면 '사이보그 글쓰기'이다. 이 실천 자체가 두 개의 성(sexes)을 본질주의적인 것으로 보는 관점에 도전하면서 성의 반(反)결정론적, 탈본질주의적 실체를 폭로한다. "픽션의 세계를 만드는 힘에 대한 팁트리의 믿음에는 자연에 대한 특이하고 역동적인 관점이 깔려 있다. (……) [거기서] 자연은 고정된 것이 아니고, 오히려 문화나 사회보다도 더 변화 가능한 것이다."(Genova, 1994: 2) 오히려 두 개의 성을 '자연/본성'으로 고정시키는 것은 문화다. 가부장제 질서나 젠더 위계는 자연적인 것이 아니라 문화적인 것이다. 문화적인 이분법의 질서와 사유 체계가 자연을 주조하고 해석해 왔다. 그러나 자연은 오히려 변형될 수 있고, 그 변형을 통해 문화적 이분법은 해체될 수 있다.

"남성 화자가 말하는, 남자다움이라는 세계관을 통해 매개된 권위적 목소리가 등장하는 몇몇 이야기들에서—이런 이야기들이 여성 독자들에게는 가장 불편한 것임에도 불구하고, 혹은 바로 그렇기 때문에—팁트리의 페미니스트 시각은 가장 강력하고 복합적으로 드러난다."(Lefanu, 1988: 122) 팁트리 주니어의 문체를 남성적이라고 평해 온 비평가들은 '남자다움'의 과시를 '남성적 글쓰기'로 분류하는 전통 안에서 그의 글을 읽었다. 그러나 정형화된 젠더 패턴에 따라 남자다움을 과시하는 일은 어렵지 않다. 남성성은—여성성도 그러하지만—가장될 수 있다. 팁트리 주니어는 남자다움과 남성적 글쓰기에 대한 전형적이고 관습적인 평가 기준과 통념을 이용하면서 등장했고, 그럼으로써 그것을 전복했다. "이

것이 그가 페미니스트 플롯을 만드는 방식이다."(Lefanu, 1988: 124)

SF의 실행

'팁트리 주니어'라는 남성 페르소나(persona)로 글을 쓰면서, 앨리스 셸던이 단지 남자의 목소리를 흉내 내기만 한 것은 아니다. 오히려 그/녀는 여성성/남성성의 다층적 차원을 실험하고 표현하기 위한 프로젝트로 '팁트리'라는 페르소나를 활용했다. 이 프로젝트의 성패는 SF 독자들이 익숙하게 기대고 있는, 정형화된 관습적 젠더 패턴에 달려 있었다. 따라서 "그녀의 젠더정치에 대한 분석은", 외형적으로 보이는 것보다 훨씬 더 "통찰력 있고, 재치 있고, 또 고도로 기획적이다."(Steffen-Fluhr, 1990: 204) 그 기획이 '남성'과 '여성'은 그 자체로 단지 상징적 용어들에 불과하며, 그럼에도 마치 '고정된 본성/자연'인 것처럼 문화적 위계와 폭력을 고정시키려 작동한다는 사실을 폭로한다.

이 과정에서 '사이언스 픽션(science fiction)'이라는 장르는 앨리스 셸던의 '팁트리 주니어'와 '라쿠나 셸던'이 누릴 수 있는 자유로운 상상력의 유희 공간을 열어 주었다. 우선 SF와 같은 하위장르의 정형화된 패턴이 오히려 작가가 '기만과 은폐의 유연한 기술'(펠스키, 2010: 103)을 펼칠 수 있는 매트릭스가 될 수 있었다는 점을 지적할 수 있다. 장르적 관습에 따라 쓰는 정형화된 글쓰기 패턴은 글쓰기와 읽기를 일정한 문법에 맞춰 따라가게 한다. 그 정형화된 '글쓰기 모델'과 읽기의 '기대 지평'이 젠더 교란의 지점을 경유할 때 팁트리 주니어의 유희는 시작된다.

다른 한편, '지금, 여기'와는 다른 시간과 장소를 상상할 수 있게 하는 SF의 가능성은, 팁트리와 라쿠나 셸던에게 현실을 전복적으로 사유할 수 있는 '사변적 우화(speculative fabulation)'로서 '사유 실험'을 제공했다. 팁트리와 라쿠나 셸던의 SF가 보여 주는 '다른' 시간과 '다른' 공간은, '지금 여기'의 질서가 절대적이거나 불변하는 것이 아니라, 일시적이고 우연적일 뿐이라는 사실을 인식하게 한다. 팁트리와 라쿠나 셸던은 무한한 우주의 불멸성을 상상하면서, 일시적으로 존재하는 개별 인간 또는 인간종 전체의 사멸성을 성찰한다. 이들의 SF가 그리는 시공간에서 인류는 변형되는데, 양성은 생존을 위해 변형에 의존하기도 하고 저항하기도 한다. 이들의 SF에서 여성은 확실히 변형에 더 유연하게 열려 있다. '타자'라는 위치는 여성에게 낯설거나 두렵지 않다. 이 세계, 자기 고향에서 여성들은 이미 소외된 '타자'이기 때문이다. 이곳 고향에서 이미 '외계인'인 여성에게 외계의 '다른 장소'는 두려움이 아니라 가능성이다.

팁트리 주니어와 라쿠나 셸던의 탈주적 상상력은, 본질주의와 결정론이 여전히 강력한 힘을 발휘하고 있는 현실 세계의 질서에서 벗어날 하나의 가능한 출구를 연다.[82] "사이언스 픽션은 여성들에게 인류가 이전에는 가 보지 못했던 곳으로 가는 것을 허용한다. 다른

---

[82] 팁트리 주니어는 탈체현적 세계를 꿈꾸는 '사이버펑크'의 선구로 읽히기도 한다. 탈체현적 사이버펑크 상상력에 대한 페미니스트 비판이, 팁트리의 SF에 어떻게 적용될지에 대해서는 더 분석해 보아야 할 것이다. 사이버펑크의 탈체현적 상상력에 대해서는, 헤일즈(1997), 「사이버공간의 유혹」 『사이보그, 사이버컬처』 홍성태 편, 문화과학사, 46~67쪽 참조.

사람들, 다른 장소들 혹은 시간들의 상상이 관점을 가져다준다. 우리는 [그곳에서] 세계가 있는 방식이나 혹은 세계에 관해 생각하는 방식의 변화를 요구받는다."(Genova, 1994: 25) 바로 이것이 팁트리 주니어와 라쿠나 셸던이 활용했던, SF가 페미니스트 정치학에 제공하는 전향적 가능성 중 하나이다.

다시, 장르와 젠더

정체가 폭로되었을 때 앨리스 셸던은 '팁트리'를 잃었다고 느꼈고, 더 이상 글쓰기가 불가능한 상태에 빠졌다. 그녀는 일기에 다음과 같이 적었다. "[나에게] SF 글쓰기는 끝장났거나, 거의 끝장나고 있는 것 같다."(Phillips, 2006: 422) 그녀에게 '팁트리 주니어'는 여성 작가가 문단에 진입하기 위해 선택하는 가면, 남성 필명, 출판하거나 인정을 받기 위해 선택한 하나의 가명이 아니다. 팁트리 주니어의 뒤에는 앨리스 셸던이 아니라 그녀가 되고자 했던 '다른' 존재가 있다. '팁트리'는 그녀에게 SF 글쓰기를 가능하게 했던, 그것을 통해 다른 '젠더 하기'를 실행하게 했던, 그렇게 양성성의 경계를 교란하고 그 교란된 장소에서 글을 쓸 수 있게 했던, 글쓰기를 통한 변형의 시도였다. 앨리스 셸던은 '팁트리'로 SF장르가 답습하고 반복하는 관습적이고 문화적인 젠더 표상을 가지고 유희했고, 그렇게 스스로 '제임스 팁트리 주니어'가 되었다. 그리고 SF라는 장르의 정형화된 문법과 제도적 관습 안에서 쉽고 가볍게 유희할 수 있었다. 앨리스 셸던은 '팁트리'가 죽었다고 느끼면서 동시에 이 자유로운 글쓰기의 유희 공간을 박탈당했다고 생각했다. 그리고 이후 3년간 SF를 발표하지 못했다.

그렇게 팁트리 주니어의 글쓰기는 작가의 몸에 귀속하여 규정되는 '여성적/남성적 글쓰기'라는 전통적 구분을 의문에 붙인다. '여성적/남성적 글쓰기'라는 구분은 관습적 장르 체계 안에서 팁트리를 '남성 작가'로 오인했던 로버트 실버버그의 맹목성이 저지른 '바보짓'에만 있는 것은 아니다. 1970년대 페미니스트 문학비평은 장르와 플롯의 '남성성'을 비판하면서 그 대척점에서 여성들에 의한 '여성적 글쓰기'를 주장했는데, 이 또한 보편 여성의 공동 경험을 써 내려갈 '여성적 글쓰기'라는 대문자 여성의 '기원 신화'로 떨어질 위험을 가지고 있기 때문이다.

팁트리 주니어의 SF는 젠더적으로 구분된 위반의 '여성적 글쓰기'가 아니라, 해러웨이가 주장하는 교란의 '사이보그 글쓰기'이다. 경계 위반의 언어로, 대문자 남성과 대문자 여성을 문제적인 것으로 만드는, 그리고 전통적인 이분법을 교란시키는 그 자리에서, 그/녀의 글쓰기는 젠더 이분법이 문화적 구성이라는 사실을 다시 각성시킨다. 사이보그 이론가로서 팁트리는 글쓰기를 통해 서양 전통의 자연/문화, 여성/남성, 몸/정신, 유기체/기계 등등의 이분법을 해체하고 변형한다. 팁트리의 SF는 젠더 이분법의 자연과 문화의 관계를 재설정하고 '자연의 재발명'을 상상한다는 점에서, 그리고 또 주체와 타자 사이의 경계를 되물으며 글쓰기를 통한 젠더 하기를 실험한다는 점에서, 해러웨이가 말하는 사이보그 테크놀로지로서의 SF 글쓰기 실천으로 읽을 수 있다.

해러웨이는 "사이보그 정치는 언어를 향한 투쟁으로서, (……) 남근이성중심주의라는 중심 원리에 대항하는 투쟁"이라고 말한다. 사이보그 정치는, 대문자로 쓰인 남성과 여성을 문제 삼고, "언어와 젠더를 생산한다고 여겨지는 힘인 욕망의 구조를 전복함으로써, 자연과 문화, 거울과 눈, 노예와 주인, 신체와 정신이라는 '서구의' 정체성이 재생산되는 구조와 양태를 전복한다."(해러웨이, 2023: 319) 팁트리의 글쓰기는 그렇게 여성과 남성, 인간이라는 경계, 그 정체성과 몸의 지위를 경계 짓는 권력을 문제적인 것으로 만든다.

4장.

[자연문화]

청계천, 도시의 '자연™'

> "무엇을 자연으로 간주할 것인가, 그리고 누가
> 자연 범주 안에 거주하게 될 것인가. (…)
> 더 나아가 자연에 관해 판단할 때 무엇이 위태로워지는가,
> 그리고 소위 자연이라는 것과
> 우리 사회의 소위 문화라는 것 사이의 경계를 유지하려고
> 할 때 무엇이 위태로워지는가. (…)
> 문화사와 정치 속에 들어 있는 바로 이런 중요한 이원론이,
> 자연과 사회, 혹은 자연과 문화 사이에서
> 어떻게 작동하는가?"(해러웨이, 2005: 92)

청계천의 생태

2016년 7월, 해양수산부 국립수산과학원 중앙내수면연구소는 '청계천 어류 계절별 모니터링 조사'에서 납자루, 가시납지리, 갈문망둑을 포함한, 총 3과 19종의 어류가 청계천에 서식하고 있는 것을 확인했다.[83] 철새보호구역으로 지정된 청계 9가 인근 신답철교 일대에서는 왜가리와 백로를 만날 수 있다.[84] 청계천 수변에는 이미 400종이 넘는 다양한 식물들이 자라고 있다.[85] 복원된 이래 청계천

---

[83] 「국립수산과학원, 청계천 서식 어류 특성 조사… 계절별 모니터링 실시」, 『쿠키뉴스』 2016년 7월 30일.

[84] 「청계천에 왜가리」, 『세계일보』 2007년 9월 26일.

[85] 김형국·구본학(2010), 「청계천 복원 후 3년간 식물상 변화」, 『한국환경복원기술학회지』 제13권 6집, 107~115쪽.

은 시민들과 관광객들에게 사랑받는 서울 도심의 '생태공원'이 되었다.

　47년 만에 청계천의 물길을 다시 열기 위한 '복원' 공사는 2년 3개월이 걸렸다. 그 공사로 총 길이 5.84km의 도로면을 제거하여 개천을 드러내고 22개의 다리를 조성하면서 조경을 정비했다. 2005년 10월부터 다시 흐르기 시작한 청계천은 '자연적인' 하천이 아니다. 이 하천은 흐르기 위해 전기 모터로 일정량의 물을 모아 소독하고 정화해서 흘려보내야 한다. 수질 오염을 막기 위해서 깊이 40cm를 유지해야 하고, 그를 위해 한강물과 지하수를 2급수로 정수해서 하루 12만 톤씩 순환시키는 방식으로 물길을 유지해야 한다. 순환 모터를 돌리는 데 소요되는 전기료만 연간 약 10억 원이 든다고 알려져 있다.

　다종의 물고기가 서식하고 다양한 식물이 자라며 왜가리와 백로가 깃드는 이 도심의 '복원된 자연'은 '자연적인 자연'이 아니다. 그렇다면 그것은 어떤 '자연'인가? 그것은 일부 비판자들이 지적하는 것처럼 '거세당한 자연', 혹은 '자연을 위조한 인공물'에 불과한가?[86] 하루 12만 톤의 정수된 물을 순환시키는 모터를 장착한 청계천은 그저 기계장치일 뿐인가? 그곳에 많은 생물이 서식하고 순환하고 있다. 우리는 이 '생태계'를 어떻게 이해해야 하는가? 인공물을 장착하고 다시 흐르는 청계천은 도심 속에서 '자연'을 생산했다. 이러한 현실을 어떤 개념틀로 분석하고 판단할 수 있을까?

---

[86] 조명래(2003), 「청계천의 재자연화를 둘러싼 갈등과 쟁점」, 『환경사회학연구 ECO』 4호, 132쪽.

청계천 복원을 기획하고 실행한 전문가와 관료 집단은 그 사업을 정당화하기 위한 핵심 개념으로 '생태' 복원을 내세웠다. 그런가 하면 청계천 복원 과정에서 드러난 다양한 정치·경제·사회적 문제를 지적하고 비판하는 진영이 이 사업을 비판하는 근거도 '생태'다. 이 두 진영이 각기 내세운 '생태'라는 이념, 그리고 이 이념 적용에서의 차이와 갈등은 무엇을 드러내는가? 청계천의 '생태복원'을 둘러싼 찬반 양측의 논쟁은 '자연 대 인위(人爲)', '자연 대 문화'라는 이분법적 체계 안에 놓여 있다. '청계천'이라는 현상을 분석하기에 이 이분법은 적합한가? 충분한가? "하나는 너무 적지만 둘은 너무 많다."(해러웨이, 2023: 321)

청계천을 둘러싼 서울 도시계획의 역사적 변곡점들

청계천을 축으로 하는 하천 정비계획의 역사는 서울 도시계획의 역사 그 자체를 말해 준다. 서울의 600여 년 역사는 도시계획에 있어 두 번의 극적인 전환을 겪었다. 그것은 각기 '전근대' 도시에서 '근대' 도시로의 전환, 그리고 다시 '근대' 도시에서 '탈근대' 도시로의 전환이다. 일제 강점기에 시작된 '근대 도시 서울'의 성장은 근대화·산업화라는 상징성을 띠고 1977년 청계천의 복개가 완성될 때 그 정점을 이루었다. 그리고 근대화의 상징이던 복개된 청계천을 다시 복원하면서, 그 사업은 근대적 '개발지상주의'의 낡은 슬로건으로부터의 탈피이자 탈근대적 '생태 도시'로의 진입으로 의미화되었다.

■ **기원 없는 기원: 전근대 도시에서의 청계천**

서울 도심을 관통하는 청계천은 1394년 조선 왕조가 한양을 수도로 정하고 유교 이념에 따라 도시를 설계한 이래로 서울의 중심축으로 자리매김되어 왔다.[87] 청계천의 원래 이름은 '개천(開川)'이다. "일찍부터 서울의 내사산인 북악·낙산·남산·인왕산의 산마루를 연결한 도성 안, 곧 그에 딸린 숭례문·흥인문·돈의문·숙정문 등 네 대문 안인 도심지 한가운데를 서쪽에서 동쪽으로 가로질러 흐르는 시내를 개천(開川)이라 하였다."[88] 일제 강점기 「조선하천령」이 제정되면서 '개천'은 '청계천'으로 불리기 시작했다. '청계천'은 상류의 '청풍계천(淸風溪川)'을 줄여 붙인 이름이다.(이상배, 2000: 200)

조선이 한양을 수도로 정한 이래로 청계천은 도심을 문화적·계층적으로 가르는 경계로 기능했다. "북측 중심부에 경복궁, 그 좌우로 종묘와 사직을 배치시켰고 이를 중심으로 지배층의 공간이 형성되었던 반면, 청계천 남측은 서민과 하층민들이 거주하는 피지배층의 공간으로 조성되었고, 청계천 천변을 따라서는 중인계층의 사회 공간이 만들어졌다."(조명래, 2003: 132) 그리고 그때의 청계천은 생태적 의미에서뿐 아니라 사회적 의미에서도 '도시의 하수구'였다. 천변은 부랑자들의 집합소이자 우범지대였고, 도시의 오물 투기장이었다.(노명우, 2004: 221)

---

[87] 노명우(2004), 「청계천의 도시경관과 '서울적 상황': 하나의 시도」, 『사회과학연구』 제12집 1호, 214~216쪽.

[88] 이상배(2000), 『서울의 하천』, 서울특별시시사편찬위원회, 199쪽.

평상시에는 건천(乾川)이지만 장마철에는 자주 범람하던 청계천은 조선시대부터 여러 차례 대대적인 하천 정비사업의 대상이었다. 하천 정비는 치수(治水)뿐 아니라 '도시의 하수구'인 오염 지역의 정화를 함께 수행하고자 했다. 개국 초인 1411년 태종 11년에 실시된 대규모 준설공사를 시작으로, 1434년 세종 16년에 또 한 차례의 준설공사가 단행되었다. 영조 36년(1760년)에는 대규모의 물적·인적 자원이 투여된, 조선 창건 이래 가장 큰 준설공사가 실시되었고 이 시기에 이미 유로변경 공사도 실시된 것으로 추정된다.(이상배, 2000: 203)[89]

15세기와 18세기에 각각 대대적인 하천 정비사업이 있었지만 조선시대 내내 청계천의 범람과 오염은 통제되지 않았고, 일제 식민정부는 이 문제들을 해결하기 위해 1920년대부터 복개 계획을 수립했다. 일제 식민정부의 복개 계획은 구체적이었으나 재정 문제로 인해 바로 실현되지 못하다가 부분적으로 시행되어 "1937년 태평로에서 무교동 구간만 복개되었다."[90] 그 결과 "남북의 경계를 구성했던 청계천의 도시 풍경에는 광교를 기점으로 (식민지) 근대화를 표상하는 '복개된 청계천'과 (식민지) 근대화의 속도를 따라잡지 못하는 공간으로서의 '복개되지 않은 청계천'이라는 의미가 덧붙여졌다."(노명우, 2004: 225~226)

---

[89] 이후로도 순조 33년(1833년), 철종 7년(1856년), 그리고 고종 26년(1889년)에도 준설공사가 재차 실시되었다.(이상배, 2000: 203)

[90] 서울특별시(편)(2006), 『청계천 복원사업 백서 1』, 서울시, 27쪽.

1959년 청계천

1960년대 청계천

■ 첫번째 변곡점: 근대 도시의 '탈자연화'

그 이후 서울 도심의 근대화 기획은 청계천 복개와 맞닿아 있었다. 한국전쟁 이후 수복된 서울에서 청계천은 통제할 수 없을 만큼 오염되고 낙후한 '도시의 하수구'였고, 극복해야 할 전근대의 이미지가 되었다. 따라서 청계천 복개는 식민지 반봉건의 과거에 머물러 있던 저개발에서 벗어나, 산업화된 근대 도시로 향해 가는 발전을 의미하게 되었다.(노명우, 2004: 229) 그렇게 청계천 복개는 1958년부터 1977년까지[91] 약 20년에 걸쳐 이루어졌다. 오염된 하수, 하천으로 유입된 쓰레기, 천변의 판자촌은 도시의 위생과 미관을 해치는 흉물이었다. 청계천 복개를 통해 이 흉물스러운 과거의 잔재는 축출되고, 그 자리를 채운 확장된 도로와 고가도로, 고층건물은 근대화와 진보의 상징이 되었다.

청계천 복개 공사는 1958년 9월 10일부터 시작되었지만 진척

---

[91] 서울 도심, 광교에서 동대문 오간수다리까지 구간의 복개는 1958년부터 4년간에 걸쳐 완수되었고, 다시 1967년 동대문 밖 하류구간, 오간수다리에서 제2청계교까지의 구간이 복개되었고, 마장철교까지의 복개구간은 1978년 완성되어 청계천은 소멸했다.(이상배, 2000: 210~212).

청계천 복개공사 　　　　　　　　　　　　　　삼일고가도로

이 늦어지다가 "5·16 이후 군사정권이 들어서자, (……) 돌격대 방식으로 일사천리로 진행되었다." 박정희 정권의 근대화 계획에 발맞추어, '조국 근대화 목표를 선두에서 수행하는 제1의 산업도시'다운 풍경을 갖추기 위해, 군사 정권 이후에 들어선 서울시장들은 '돌격건설'이라는 시정 목표 아래 군사작전과도 같은 추진력을 가지고 도시개발 프로젝트를 수행하였다."(노명우, 2004: 230)

■ 두번째 변곡점: 탈근대 도시의 '재자연화'

복개된 청계천 주변의 도시 풍경은 다시 "조국 근대화와 서울의 현대적 변모를 나타내는 상징물인 삼일빌딩이 있는 광교 주변의 청계천과 평화시장 주변의 청계천으로 양분되었다."(노명우, 2004: 230~231) 청계천 복개는 근대 도시의 완성으로 선전되었다. 그러나 평화시장 주변의 청계천은 "유혈적 테일러리즘 방식의 작업장 공간", 800여 개의 영세한 작업장들과 2만 명의 노동자들이 장시간 노동에 시달리는, 근대화의 어두운 그늘이 드리워진 열악한 공간이 되었다.(노명우, 2004: 231~233)

청계천 복원

서울 도시계획의 개념 변화는 근대화의 상징이던 청계천 일대가 다시금 '과거의 낡은 유산'으로 표상되기 시작할 때 찾아왔다. 복개된 청계천의 도로변을 가득 채운 작은 상가들과 공장들은 "경제개발 우선에 따른 과거 도시개발"의 낡은 표상을 드러내는, 저개발 시기 산업화의 낡은 유산으로 평가되기 시작했다.[92] 한때 발전의 상징이던 구조물들은 저개발의 잔재로 퇴락했다.

지하로 감추어진 청계천은 '하천'으로서의 정체성을 상실하면서 '관거(管渠)'라는 법적 지위를 갖게 되었고, "죽은 자연의 무덤"이자 "폭발적으로 증가한 인구가 배출한 노폐물을 은밀하게 내보내는 거대한 하수구"가 되었다.(조명래, 2003: 134) 인공 구조물로 인한 환경 파괴이자 "경제적 이익의 극대화를 위한 왜곡된 도시개발"의 사례로 청계천 복개가 거론되면서, "친환경적 도시개발"이라는 개념에 입각한 새로운 도시계획 마스터 플랜이 제출되었다. 이제

---

[92] 양윤재(2003), 「청계천 복원 사업의 친환경성: 지속가능한 개발 청계천복원사업」, 『한국생태환경건축학회 논문집』 vol. 3, no. 2, 80쪽.

도시는 효율성과 경제성, 개발과 속도라는 근대적 패러다임에서 벗어나 '지속가능한 발전', '친환경 도시'라는 새로운 탈근대적 패러다임에 맞춰 디자인되어야 한다. "인간 중심의 생태적 환경도시로의 전환", "인간과 생태계의 공존을 위한" 도시 생태계의 복원, "600년 고도의 역사성 회복" 등이 도시계획의 새로운 지향점으로 제시되었다.(양윤재, 2003: 81)

'도시 위생'이라는 공간표상

청계천 복원을 정당화하기 위한 도시계획의 지배적인 담론 전략은 '근대화'로부터의 탈피로 방향 지어졌다. 도시계획자들은 "효율보다는 형평, 개발보다는 환경보전, 자동차보다는 인간 중심의 도시관리"라는 기치하에 '패러다임 전환'을 선언하며, 20세기 개발주의적 사고의 한계를 지적했다. '개발' 대신 '환경'과 문화, '삶의 질 회복'이라는 가치 지향을 가시화하면서, 도시행정이 비판적 대항 담론의 핵심어들을 탈취했다.[93] '생태, 환경'이라는 동일한 개념적 프레임이 관료적인 지배담론의 전략에 적극적으로 도입되고 사용되면서, 대항담론의 비판은 동일한 개념의 '다른 용법', 즉 내용의 차이와 이념적 선명성으로 방향 잡혔다. 이제 '재자연화'를 내세운 도시 재개발 계획에 대한 비판은 환경, 문화, 삶의 질과 같은 핵심어

---

[93] 정성원(2004), 「전통, 근대, 탈근대의 결합: 청계천 복원 담론을 중심으로」 『사회사상과 문화』 제9집, 87쪽.

들에 대한 윤리적 태도인 '진정성'으로 향하게 되었다. 그러면서 '누가, 어떤 의도로, 어떤 방향의 도시계획을 제안하는가'가 중요한 비판적 가늠자로 등장했다.

서울 도심 재개발의 역사는 '근대화'를 기점으로 그 이전(전근대)과 이후(탈근대) 도시의 성격을 가른다. 그러나 탈근대적 '친환경 생태도시'를 위한 정비계획 역시 근대화를 위한 재개발 계획에서와 마찬가지로 '도시 위생'이라는 동일한 공간표상(representations of space)[94]에 기대고 있다. '탈(脫)'-근대화는 근대화의 어두운 결과인 난개발, 교통 혼잡, 대기 오염, 소음 공해 등 오염 및 혼잡 요소를 말소하는 위생의 관점을 내포한다. 청계천의 역사에서 근대적 위생처리 방식이 오염 요소인 '도시의 하수구' 청계천을 보이지 않도록 묻어 두는 것이었다면, 탈근대적 위생처리 방식은 공간의 정화를 지향한다. 그리고 이 두 차례의 각기 다른 위생처리 과정은 모두 대대적인 추방을 포함하고 있었다.[95] 낙후된, 무계획적인, 통제되지 않

---

[94] 프랑스의 철학자 르페브르(Henri Lefebvre)는 사회적 공간의 생산적 층위를 분석하기 위해 '공간표상(representations of space)'과 '표상공간(representational spaces)' 개념을 제시한다. 공간표상은 학자들, 도시계획가들, 기술관료들에게 인지된 공간, 기획된 공간을 말하는 반면, 표상공간은 그 안에서 움직이며 살아가는 사람들이 만들어 가는 공간을 가리킨다. 르페브르(2011), 『공간의 생산』, 양영란 옮김, 에코리브르, 87~88쪽.

[95] 청계천 복개 공사와 더불어 불량주택 거주자에 대한 대대적인 이주가 이루어졌다. "복개 이전 청계천변의 불량가옥 거주자 약 1만 7천여 가구가 정릉동·미아동·수색동·거여동·마천동 등지로 집단 이주되었다(서울 600년사)"(노명우, 2004: 230). 청계천 복원 과정에서는 2003년 청계천 주변 상가들이 철거되면서 6만 개의 점포의 20만여 명의 상인들이 추방되었다. 김정희(2008), 「"복원된 청계천'과 그 후: 계몽주의적 프로젝트의 포스트모던적 실현」, 『현대미술학』 12호, 90쪽. 그에 대한 대책으로 서울시는 6만여 명의 청계천 상인 중 입주 의사가 있는 6,097명에게 송파구 문정동에 들어설 '가든파이브'의 특별 분양권을 주었지만, 계약한 사람은 1,028명에 그쳤다. 그리고 2015년 말 가든파이브에 남은 청계천 상인은 채 100명도 되지 않는다. 「11년 전 오늘, '청계천 물 다시 흐르다'… 복

는 오염 요소들은 위생의 관점에서 제거되고 추방된다. 그러면서 청계천 복원은 생태와 역사의 회복이라는 매끈하고 깨끗한 기획으로 가시화되었다.

쟁점이 된 '자연-생태'

'청계천 복원'이라는 아이디어는 문화계의 향수 어린 제안으로부터 출발하여 정치적 이슈로 발전했다.[96] 이명박은 문화계의 제안을 적극적으로 받아들여, 청계천 복원과 주변 지역 재개발을 민선 3기 서울시장 선거의 제1 쟁점으로 만들었다(서울특별시, 2006: 89). 그리고 2002년 7월 당선 이후 곧바로 사업 추진체계를 구축했고, 아주 짧은 시일 안에 기획을 마무리하고 실행에 옮겼다. 청계천 복원이라는 '사회적 실험'을 둘러싸고 정치·경제·사회·문화적 측면에서 다양한 비판들이 제기되었고, 시기와 방식 등에 대한 논쟁이 벌어졌다. 그중에서 가장 흥미롭고 가시적이면서 중층적 복잡성을 담고 있는 이슈는 바로 '생태'라는 이념과 표상체계를 둘러싼 논쟁이었다. '생태'는 청계천 복원 추진과 실행을 지배한 핵심어이자, 동시에 그 과정에 비판적으로 개입할 때 가장 날카로운 무기로 사용된 개

원 끝 개통: 도심환경 개선됐지만… 청계천 상인, 유적, 인공하천 문제 남아」 『머니투데이』 2016년 10월 1일.

[96] "알려져 있다시피 청계천 복원이라는 아이디어는 박경리 선생 등 과거 청계천변의 기억을 문학적으로 형상화했던 문화계 인사들에 의해 강하게 제기되었다." 「'순진한' 박경리와 '영악한' 이명박」 『미디어스』 2014년 6월 18일.

념이었다.

■ '자연-생태'의 기술공학적 재건

청계천 복원 사업을 사회적으로 설득하고 공론화하는 과정에서 '생태복원'은 중요한 전략적 개념 중 하나였다. 서울시는 "청계천 복원의 가장 핵심적인 사업은 청계천을 햇볕, 맑은 공기, 깨끗한 물이 흐르는 본래의 하천으로 복원하며, 수중과 수변에 생물의 서식 여건을 만들고 생태공간을 조성하는 것"이라고 주장했다.(서울특별시, 2006: 58) 그렇게 청계천 복원은 인공 환경으로 인해 파괴된 자연을 복원하여 서울을 "인간중심의 생태적 환경도시로 전환"하기 위한 것으로 선전되었다.

'청계천의 생태복원'이라는 정책 개념은 시민들에게 "이름에 걸맞게 맑은 물이 넘실대며 도심을 흐르는 '그림 같은 하천'을 연상"하게 했고, "급격한 성장기를 치른 사회에서 도시민들이 갖는 과거와 자연에 대한 향수 같은 것"을 자극했다.(조명래, 2003: 136~137) 그 결과, 의심과 비판이 없었던 것은 아니지만 시민들로부터 이 사업에 대한 비교적 안정적인 지지와 기대를 받을 수 있었다.

정책입안자와 관료들에 의해 기획된 청계천의 생태복원은 "시장 생태주의"[97] 또는 "환경개혁주의"에 의한 것으로 평가된다. "이들은 환경문제, 사회문제 그리고 도시문제를 사회체제의 근본적인 변화 없이 기술적-관료적 정책 처방과 관리에 의해 해결 가능하다

---

[97] 이상헌(2011), 『생태주의』 책세상, 102쪽.

고 주장한다."[98] 청계천 복원의 전(全) 과정에 개입한 정치가, 기술관료, 정책입안자, 자문 전문가 집단, 사업시행자, 각종 위원회 및 시민사회 등 다양한 행위자들의 의도는 서로 다를 수밖에 없다. 서로 다른 기대와 전망을 가지고 충돌하고 조정하고 합의하는 과정의 중심에서 '생태복원'이라는 아이디어는 반복적으로 출현했다.

서울시의 청계천 복원 계획을 정당화할 수 있는 생태주의적 근거는 '복원 생태학'이다. 복원 생태학의 옹호자들은 "오늘날처럼 자연환경이 파괴되어 있는 조건에서 자연현상에의 인간의 간섭을 정당한 것일 뿐 아니라 필수적인 것이기까지 하다고 주장한다."[99] 청계천 복원 사업은 복원 생태학의 주장에 입각한 정당화의 토대 위에서 기술 합리주의적 복원 방식을 선택했고 기술공학적 방식으로 환경문제를 해결하려는 입장을 견지했다. 그 결과 가장 용이한 해결책으로 한강수와 지하철 용출수를 정화하여 순환시키는 기계적인 방식이 채택되었다.

■ 실패한 '재자연화'

청계천 복원 사업을 둘러싸고 시민사회에서는 복원 계획에 감추어진 정치적 의도, 강북 도심 재개발이라는 경제적 이해관계, 6만 개 점포와 20만여 명의 상인들의 추방이라는 사회적 문제 등에 대

---

[98] 윤성복(2004), 「소외, 청계천 복원 그리고 지속가능한 도시 서울」, 『사회과학연구』 제12집 1호, 244쪽.
[99] 안병옥(2003), 「자연의 정원화와 사회적 실험실로서의 청계천 복원」, 『환경사회학연구 ECO』 제4호, 195쪽.

해 강한 비판을 제기했다. 그리고 이러한 비판들과 더불어 가장 근본적이고 강력한 비판은 청계천 복원의 핵심적 개념이었던 '생태복원'의 진정성을 겨냥했다. 복원 추진집단과 비판세력 양자는 모두 청계천 복원을 '환경복원', '생태복원'이라는 관점에서 바라보았지만, 이를 해석하는 데에서는 결정적인 이념적, 실천적 입장 차이를 드러냈다.

비판자들은 기술 합리주의적 청계천 복원은 "환경사업으로 포장된 개발주의"에 불과한 것이라고 비판했다.(조명래, 2003: 142) 그것은 자연을 원래의 상태대로 회복하지 못한 불철저한 복원일 뿐 아니라, 자본의 논리에 따른 도심 재개발을 위한 "도시환경 개선 혹은 개량"사업에 불과하다는 것이다.[100] 졸속으로 진행된 사업에서 '생태'는 정치적 선전도구에 불과한 것이었고, 오히려 이 포장 뒤에 감추어진 것은 정치적·경제적 이익이었다는 것이다.[101]

특히 '복원의 환경성'이라는 관점에서 청계천 복원은 매우 의심스러운 것으로 지적되었다. "청계천을 해석함에 있어 서울시는 하천, 도로, 조경시설 등과 같이 이용과 관리의 대상으로 여기고 있

---

[100] 청계천 복원 10주년이던 2015년에 내려진 평가에 따르면, "청계천 복원은 일대의 환경과 부동산 경기를 함께 복원시켰다." 미세먼지 저감, 그 일대의 여름 평균기온 하강과 같은 효과와 더불어, 부동산 가격이 급등했다. "서울시 토지정보시스템에 따르면 광교사거리 인근 상가의 공시지가는 계획 수립시기인 2002년 3.3㎡당 1,160만 원에서 올해[2015년] 2,509만 원으로 2배 이상 상승했다." 「도심 속 쉼표로 변신한 청계천… 생태 복원은 '미완의 숙제'로」, 『한국일보』 2015년 9월 29일.

[101] 청계천 복원에 감추어진 정치적, 경제적 의도와 그것이 남긴 문제점에 대한 비판이 여전히 이어지고 있다. 청계천 복원 사업이 '성공한' 생태환경 사업으로 포장되고 선전되면서, '4대강 사업'과 같은 더 위험한 결과를 낳게 되었다는 비판이 제기되었다. "청계천 복원이 정치인의 업적(도시 정비)으로 인식되면서 4대강 사업이라는 비극의 서막이 시작되었다." 「청계천의 '어리석은 성공', 4대강 재앙 낳았다」, 『오마이뉴스』 2016년 9월 8일.

다면, 비판 세력들은 서울 도심하천 생태계를 구성하는 근간으로 청계천을 본다."(조명래, 2003: 146) 비판 세력이 청계천 복원이 '재자연화'에 실패했다고 판단했던 이유는, 이 복원이 상류 지천들의 복원을 포기하고, 편의적으로 한강원수와 지하철 용출수를 흘려보내는 개량적 방법을 선택했기 때문이다. 일부 전문가 집단은 상류 지천이 이미 복개되어 있고 유량이 절대적으로 부족하다는 이유로 이와 같은 개량주의적 방법을 지지했다. 그러나 비판 세력은 어떠한 이유에서든 한강원수를 끌어다 쓰는 방법은 반환경적이고 반생태적인 방법이라고 지적한다. 이러한 방법은 막대한 재정 부담을 감수해야 하고 추가적인 에너지를 사용해야 하는데, 인위적 에너지를 투입한다는 것 자체가 반환경적인 아이디어라는 것이다. 서울시의 청계천 복원 계획의 기술개량주의를 비판하는 측에서는 생태적으로 지속가능한 청계천 용수 유지를 모색해야 한다고 주장했고, 그 구체적인 방법의 하나로 '상류 지천의 복원'을 주장해 왔다. 이들은 서울시가 당초 완전한 자연하천으로의 복원을 불가능한 것으로 설정하고 타협적인 방식으로 복원을 추진함으로써, 생태복원의 가능성 자체를 폐쇄하고 차단해 버린 것이라고 강조했다. 청계천 복원 이후 생태주의에 입각한 감시와 비판은 쉼 없이 이어졌다. 그리고 그 결과 장기적인 생태복원을 지속적으로 주장해 온 비판적 시민사회의 제안을 받아들여 서울시는 2018년부터 청계천 상류 지천들의 '재복원' 사업을 개시하겠다는 계획을 밝혔다.[102]

---

102 "서울시의 「청계천 상류 지천 복원 타당성 조사 및 기본계획」 보고서에 따르면 시는 현재

■ 무엇을 복원할 것인가?

시행된 청계천 복원이 '재자연화'에 실패했다는 진단과 평가는 정당하다. 청계천이 복원한 것은 '자연' 하천이 아니다. 복원 실패를 지적하는 비판담론은 가장 먼저 '생태복원'의 감추어진 의도, 즉 정치적 목적과 도심 재개발이라는 자본의 논리를 지적한다. 그러나 청계천 생태복원의 실패 원인이 단지 불순한 의도에만 있었던 것은 아니다. 청계천 재자연화의 실패는 예견할 수 있는 것이었다.

청계천 재자연화의 가장 큰 난점은 당초 복원해야 할 '자연'의 원형을 찾을 수 없다는 데 있다. 청계천 복원 사업을 비판하는 환경생태주의자들도 인정했던 것처럼, 청계천은 본래 건천(乾川)이다.[103] 청계천의 원류가 지금 서울시가 재복원을 계획하고 있는 북한산의 백운동과 삼청동의 계곡이라고는 하지만, 이 원류는 폭발적인 도시 성장과 더불어 일찌감치 말라 버렸고, 이 원류의 합류 지점은 이미 1937년에 복개되었다. 1958년 복개가 시작되기 이전의 청계천 모습을 복원의 원형으로 설정했지만, 이 또한 이미 18세기에

2018년 공사 착공이 확정돼 기본·실시 설계 용역 중인 백운동천 외에 삼청동천·옥류동천 등 다른 지천들도 장기적으로 복개 시설물을 철거하고 생태하천으로 복원할 계획이다." 「서울시, 청계천 상류 지천 모두 복원한다」, 『아시아경제』, 2016년 6월 2일.

[103] 청계천은 장마철이나 홍수 때가 아니고는 물이 흐르지 않는 얕고 좁은 건천이었다. 청계천이 '원래' 자연천인지 여부에 대해서도 논란의 여지가 있다. "염복규는 청계천이 조선 건국과 한양 정도 과정에서 도성을 가로지르는 배수로로 사람의 손에 의해 개천(開川)되었고, 계속해서 인공적으로 관리되었다(염복규, 2015:120)고 했다. 반면 김묘정은 청계천이 개천이란 이름의 건천이며, 여름 장마철이나 홍수 때 이외에는 그냥 얕고 좁은 자연 하천이었다고 했다. 조선에서 한양 정도가 이루어지고, 천변에 동네가 생기고, 매년 반복되는 홍수와 범람으로 인한 피해를 막고자 준설 작업이 시작되었다(김묘정 외, 2016: 27)." 이세진(2022), 「청계천 치수를 둘러싼 정치논리와 환경윤리」, 『환경철학』 33집, 60~61쪽.

정비된 이래로 유로(流路)가 변경된 것이다. 청계천의 원형은 그 어디에서도 찾아볼 수 없는, 사라진 모델이다. 더욱이 서울이라는 거대도시의 '자연'은 감당할 수 없는 과부하를 감당하고 있다. "이른바 생태발자국(ecological footprint) 지수를 가지고 계산하면 서울 사람들이 누리는 현재의 소비 수준은 서울의 자연이 생산할 수 있는 것의 800여 배를 초과하고 있다."(조명래, 2003: 135) 이런 현실에서 서울 도심의 '생태복원'이 가능하기는 한 것인가? '청계천의 재자연화'는 무엇을 의미하는가? 이미 원본으로서의 자연이 사라진 상태에서, 청계천 복원이 성취할 수 있었던 것은 시뮬라크르(simulacre)로서의 자연뿐이다.

서울시의 청계천 복원 사업은 자연생태계의 복원과 더불어 복개로 인해 묻혀 있던 역사 유물들을 복원한다는 계획을 발표했었다. 그러나 역사의 복원은 불가능했고, 그 자리에 들어선 것은 역사를 가장한 '시뮬라크르들'이다(김정희, 2008: 186). 땅속에 묻혀 있던 과거의 역사 유물들은 복원 과정에서 오히려 훼손되었고, 몇몇 부분들만이 탈역사화되고 변위(變位, displacement)된 형태로 전시되고 있다. 복원 청계천의 주변에 늘어선 클래스 올덴버그(Claes Oldenburg)의 '스프링'부터 임옥상의 '전태일 상'에 이르는 다양하고 이질적인 조형물들은, 탈근대 도시풍경의 비역사성과 탈맥락화를 완성한다. 또한 청계광장과 '팔석담(八石潭)', '청계천 빨래터'에서 '소망의 벽'에 이르기까지 유래를 알 수 없는 "상이한 시기와 장소가 강박증적으로 나열"되어(김정희, 2008: 187)[104] 원형이 남아 있지 않거나 혹은 원형이라고는 없는 것들을 '복원'하면서, 이 복원의 과정은 과거를 회복하는 것이 아니라 오히려 과거를 정형화하고 삭제함으로써 회복 불가능한 것으로 만든다.

■ **청계천의 '자연™'**

청계천 복원을 '탈근대적' 기획으로 해석할 수 있었던 이유는 두 가지이다. 하나는 청계천 복원이 근대화로부터의 탈피이자 극복으로 시작되었다는 점이다. 폭력적 근대화가 파괴한 자연과 환경을 회복하고 근대화의 속도를 재조정하는 과정으로 이해했다는 점에서, 청계천 복원은 서울 도시계획의 방향 수정을 의미했다. 다른 하나는 이미 사라진 자연과 역사의 원형을 시뮬라크르로 대체하여 만들어 낸 청계천의 스펙터클에 대한 해석이다. 인공 시설물들과 장치들로 꾸며진 청계천은 자연의 '이미지'를 극적으로 연출한다. "조경시설이자 공원시설로서 스펙터클이 복원 청계천의 가장 두드러진 특징인 것이다."(조명래, 2005: 283) 복원 청계천은 자연과 역사를 전시하지만, 전시된 자연과 역사는 '원래'의 자연이나 역사가 아니다.

청계천에 회복되어야 할 '순수한 자연'은 없다. 청계천에서 인위/기술/문화와 분리된 '자연'은 당초부터 불가능했다. 복원 이후 청계천의 생태계를 유지하는 힘은 전기 모터와 같은 기계적 장치들이다. 400여 종의 수변식물들이 자라는 사이로 40cm 깊이의 수로

---

104 "'청계광장'과 '팔석담'은 모두 창조된 것임에도 불구하고 실제로 존재했던 장소인 청계천으로 들어와 실제로는 1412년에 세워졌던 모전교로 이어짐으로써 그것들 역시 실제로 존재했던 것 같은 착각을 하게 만든다."(김정희, 2008: 193)

를 따라 한강으로부터 끌어와 정화된 물이 전기 모터의 힘으로 순환한다. 그리고 그렇게 흐르는 물속에서는 수십 종의 민물고기들이 세대를 이어 태어나고 자라고 있다. 그 물고기들의 포식자인 천연기념물 왜가리와 백로가 청계천에 찾아온다. 그리고 이 미완의 '재'자연화는 여전히 진행 중이어서, '재'복원을 기다리고 있다. 그러나 무엇을, 어떻게 복원할 것인가? 우리는 이러한 복합적 시스템을 어떻게 개념화하고 사유해야 할까?

먼저 복원 청계천의 실체에 도달하기 위해서는 이 대상이 가지고 있는 복합적이고 관계적인 성격, 그리고 이 사회적 실체의 생산에 개입하는 기술, 자연, 경제, 정치 등의 복합적 작용을 이해할 수 있어야 한다. 생태·자연이나 기술, 자본·경제, 정치 등의 요소들은 이 대상이 지닌, 다층적으로 얽혀 있는 복합성의 가닥들이다. 따라서 이 중 하나의 요소를 중심으로 이루어진 분석으로는 이 현실 전체의 얽힘을 그려 낼 수 없다. 더욱이 이 요소들은 구조적으로 분석되어 선명하게 분리·구획되지 않는다. 청계천 복원이라는 현실은 전문가들에 의해서 통제되는 기술, 정치적으로 감추어진 자본의 탐욕, 도시환경에 대한 위기의식, 기후문제, 지방선거와 관광레저산업, 생태담론과 정치선전 등과 같은 다양한 국면들이 서로 얽혀 있다. 그것은 의지를 가진 것과 그렇지 않은 것, 인간과 비인간, 자연과 사회기술의 혼종적 결합체이다. 그 현실은 정치, 기술, 담론 중 하나의 분석항만으로는 포착되지 않는다.

원론적 생태담론에 입각한 복원사업 평가만으로는 청계천이라는 이 사회적 실체가 가지고 있는 특성들을 충분히 가시화할 수 없다. 청계천 생태복원의 진정성에 대한 의심과 비판에도 불구하고, 청계천은 서울 도심에서 '어떤' 생태계를 만들고 유지해 왔다. 그것은 생명 대 기계, 생태·자연 대 인공·기술이라는 이분법적 구도로는 설명할 수 없는 현실이다. 해러웨이는 "20세기 말 초국가적 자본주의와 기술과학이라는 내파된(imploded) 시간-공간의 변칙들 속에서, (……) 자연적인 것과 인공적인 것은 SF적 웜홀을 통과하여 이동하면서 아주 다른 어떤 것으로 나타난다"고 지적한다.(Haraway, 2018: 4) 청계천은 자연적인 것과 인공적인 것이 '아주 다른 어떤 것'으로 나타나고 있다는 사실로부터 분석되어야 한다. 그리고 이분법적 구획이 내파된 시공간에서 '아주 다른 어떤 것'을 명명하기 위해서는 전혀 새로운 비유적 언어와 개념적 렌즈가 필요하다.

해러웨이는 새로운 현실을 담아낼 비유적 언어들을 만들어 내는 데 @, ©, TM 등의 특수기호들을 활용한다. 글쓰기 테크놀로지의 일부인 이 부호들은 "특정한 사회공학적 담론 안에서 기능한다."(Haraway, 2018: 3) 그것들은 각각 인터넷이 지배하는 정보사회, 지적 재산권을 둘러싼 자본, 과학지식과 기술, 상품경제 등의 다양한 힘들이 교차하는 현실을 드러낸다. 해러웨이가 주목했던 이 부호들의 기능을 원용하여, 우리는 청계천을 '자연TM'으로 형상화해 볼 수 있다. '자연TM'은 더 이상 순수한 원형으로서의 자연을 찾을 수 없다는 것, 오늘날의 세계는 이미 자연과 사회, 자연적인 것과 인공적인 것의 구별을 뛰어넘는 새로운 질서의 지형에 도착해 있다는 것을 인정한다. 더불어 특수기호 'TM'을 통해 자본과 재산권, 그리고 자연·사회·기술적 관계의 연결 및 결탁 관계를 보여 줄 수 있다.

'자연™'의 모델은 해러웨이의 '앙코마우스™'이다. 해러웨이는 생명공학과 유전자 기술이 변형한 자연을 들여다보는 하나의 개념적 렌즈로 '앙코마우스™'를 활용한다. 앙코마우스™는 다국적 기업인 뒤퐁사가 시장에 내놓았던 인간 유방암 유전자를 이식한 실험용 쥐이다. 앙코마우스™는 아리스토텔레스적 정의에 따라 '스스로 움직이는' '동물'로 분류되지만, 초국적 자본이 만들어 낸 '상품'이기도 하다. 그리고 그것은 또한 과학기술 실험실을 서식지로 하는 과학도구이기도 하다. "무엇보다도 앙코마우스™는 세계에서 첫번째로 특허를 받은 동물이다."(Haraway, 2018: 79) 해러웨이는 '앙코마우스™'를 통해 유기체와 기계, 자연과 인공, 자본과 생명이 상호교차하고 함께 작동하는 작고 구체적인 현실을 드러낸다. 그리고 이 현실 위에는 첨단 기술과학의 욕망, 신자유주의 질서 내의 초국적 자본의 논리, 거기에 개입하는 국가 정책, 국제적 규제, 인류의 건강이라는 거대한 목표, 동물의 생명권이라는 윤리적 문제 등이 교차한다. 상품이면서 생명이고, 인공적이고 기술적인 조작의 산물이면서 자기 삶을 가지고 있는, 순수하지도 단순하지도 않은 이 존재자를 통해 해러웨이는 오늘날의 자연문화를 묘사하고자 한다.

해러웨이의 '앙코마우스™'는 청계천에 이식된 '자연™'에서 살아가는 생명체, 청계천에서 번식하는 참갈겨니를 떠올리게 한다. 기술과 자본이 개입한 인공물이 만들어 낸, '자연'이라는 허구적 이념에 비추어 복원된 불순한 생태계 안에서 서식하는 이 생물은 생명 활동을 통해 이 모든 복합적 힘들이 교차하는 현실을 살아간다.

왜가리와 백로를 불러들이고, 그 천변을 산책하는 많은 사람들에게 '자연'을 빌려주지만, 장마철에 하수가 역류하면 죽어 떠오르는 이 민물고기들은, 청계천 생태계의 주인이자 증인인 동시에 이식된 볼모이자 희생자이다. 이와 같은 생명들이 공존하는 청계천의 생태계를 '자연TM'이라 명명할 수 있다면, 이 조어(造語)를 통해 복원 청계천의 실재를 더 정확히 묘사하고 이해할 수 있을 것이다.

'자연TM'의 생태계

'자연TM'이라는 개념 장치는 청계천이라는 사회적 실재를 파악하는 데 몇 가지 전향적인 효과를 만들어 낸다. 우선, 자연의 회복이라는 먼 이념으로부터 출발한 비판 대 생태복원을 가장(假裝)한 도심 하천 정비사업을 이용한 정치적 프로파간다라는 양극의 언설을, 근본적으로 다르게 성찰할 수 있다. 이 양극의 언설들은 청계천이라는 사회적 실재가 서울이라는 도시에서 어떤 의미를 지니고 무엇을 만들어 내며 어떻게 유지되는지를 구체적이고 실질적으로 파악하는 작업을 방해한다. '자연TM'이라는 개념 장치는 기존의 이분법에서 벗어나 복원 청계천이 도심을 어떻게 바꾸는지, 그것이 의미하는 바는 무엇인지, 이 복합적 '사이보그' 생태계로 인해 도시에서 무슨 일이 벌어지고 있는지 물을 수 있게 한다.

청계천의 '생태복원'은 실패했다. 당초 복원 자체가 불가능한 것이었다. 지금의 청계천은 자연과 인공, 생명과 기술이라는 이분법적 경계가 내파된 현실 속에서 하나의 생태계를 이루며 흐르고 있다. 복합적이고 혼종적인 도심 속 '자연'의 성격을 드러내는 개념 장치로서 '자연™'은 기술, 정치, 자본, 도시환경, 기후위기, 지방선거, 관광레저산업, 생태담론 등 다양한 국면들이 서로 뒤엉긴 청계천의 역사와 현실을 가시화한다. 다른 한편, 우리는 이 개념을 통해 '재복원', '온전한 회복'과 같은 근본주의적인 언설의 정치적 선택을 넘어, '만들어진 자연' 생태계를 움직이는 상상력과 일상적 세계를 '다르게' 구축하기 위한 활력을 발견할 수 있다.

2014년 "서울시는 청계천에서 흐르는 물의 힘을 이용해 전기를 생산, 스마트폰과 태블릿PC를 충천해 주는 '소수력 스마트폰 충전부스'를 선보였다."[105] 이 소수력 발전기는 한 청년 기업인의 재능기부와 클라우드 펀딩을 통해 제작, 설치되었다.[106] 이것은 이미 생산된 '자연™'의 기능을 더 능동적이고 생산적으로 발견하고 확대하는 시도이자, 그것을 변형하는 실험으로 평가될 수 있다.

청계천 소수력 발전을 통한 충전시스템

---

105 「청계천 수력발전으로 스마트폰 무료 충전」, 『연합뉴스』, 2014년 8월 27일.
106 이 소수력 발전을 통한 충전시스템은 청계천 산책자들에게 시범적으로 사용되었다.

청계천 복원은 아직 완결되지 않은, 여전히 진행 중인, 끝이 없는 '사회 실험'이다. "'사회 실험'으로서의 생태복원은 서로 간섭하는 수많은 행위들의 집합"이다.(안병욱, 2003: 200) 그것은 어떠한 방식으로도 기대하고 선전하는 것과 같은 '복원'을 가져오지 못한다. 청계천에서 복원해야 할 '생태'나 '재자연화'할 수 있는 원초적 '자연'이란 없다. 생태는 자연과 문화, 생명과 기술이 얽혀 만들어 가는 과정이고, 자연은 언제나 늘 이미 자연문화이다. 청계천도 그렇게 함께 만들어지고 있다.

복원된 청계천의 자연™은 더 이상 '순수하지 않은' 생태계 안에서 유영하며 살아갈 새로운 상상력을 요청한다. 청계천의 자연문화를 가로질러 흐르는 물은 막대한 전기를 필요로 하지만, '흐르는 물'을 다시 전기로 전환한다는 실험적 아이디어는 단발적인 '시범 사업'에 머물지 않고, 새로운 가능성으로 연결되었다. 2014년의 '소수력 발전을 통한 충전시스템' 실험은 이후 휴대용 소수력 발전기 '이노마드 우노' 개발로 이어졌다.[107] 스타트업 기업인 '이노마드'가 개발한 '휴대용 소수력 발전기'는 '친환경' 캠핑용품으로 변형되고 상용화되었다. '이노마드' 측은 "자연에서 스스로 전력을 만들어 사

---

[107] 2019년 서울시는, "스타트업 기업 '이노마드'가 청소년과 일반 시민이 능동적으로 기후변화 대응에 참여할 수 있는 친환경에너지 체험교육 프로그램인 '청계천 에너지 낚시터'를 오는 10월 12일부터 10월 20일까지 9일간 운영한다"고 전했다. 「청계천에서 에너지를 낚아요!」 서울시 물순환 안전소식, 2019년 10월 11일. "참가자는 수력발전 원리 설명을 들은 뒤 수력발전기를 조립하고 청계천에서 전기 생산을 체험한다. (……) 시는 체험교육 종료 후 휴대용 수력발전기 50개를 전력 사정이 좋지 않은 해외 도서지역에 기부할 계획이다." 「청계천서 휴대용 수력발전기로 노래 듣자」 『파이낸셜뉴스』 2019년 10월 10일.

용하는 것이 특별하지 않은 사회가 목표"라고 말한다.[108] 다른 한편으로 이들은 소비재를 판매하는 회사에 머물지 않고, 재생에너지에 대한 사회적 이해를 높이고 확산하는 데 관심을 기울인다.[109]

청계천의 자연TM은 새로운 생태계를 구성하고, 그 생태계는 인간과 비인간이 함께 얽혀 만들어 가는 또 다른 실천들을 통해 새로운 가능성들로 연결된다. 그릇된 이분법적 신화에 기대어 불가능한 '자연'의 재/복원을 꿈꾸기보다, 이 자연문화 안에서 어떤 창발적 실천을 엮어 가면서, 어떤 세계를 지을 수 있을지를 상상하는 일이 더 많이, 더 폭넓게 요구된다.

---

108 「"흐르는 물만 있으면 OK"… '휴대용 수력발전기' 아시나요?」, 『한국경제신문』 2023년 1월 17일.

109 "이노마드는 단지 소비재를 판매하는 회사에 머무를 생각이 없다. (……) '지금까지 소비자 관점에서 전기를 바라봤다면 생산자 관점에서 전기를 바라보면 어떨까 하는 생각에 직접 전기를 만들고 사용할 수 있는 교육 프로그램을 운영하고 있다'고 강조했다."

난지도 생태공원에서 지금 무슨 일이 벌어지고 있는가? 스스로를 '퇴비주의자'로 규정하는 해러웨이는 "인간이든 아니든, 크리터들은 공-산적(sympoietic) 얽힘의 시간과 물질의 모든 규모와 목록 속에서, 생태-진화-발생의 현실적인 세계 만들기(worlding)와 해체하기(un-worlding) 속에서 함께-되고, 구성하고 분해한다"고 말한다.(해러웨이, 2021: 166) 세계를 짓고 해체하면서, 함께 되어 가고, 구성하고, 분해하는 '공-지하적(symchthonic)' 힘이 지금 난지도의 생태를 움직이고 있다. 버려져서 썩어 가는 것들을 중심으로 여러 행위자들이 얽혀 함께 만들어 낸 우연하면서도 창발적인 과정들이 난지도에 흥미로운 생태계를 구성해 오고 있다.

3부
엮기

1장.
테라폴리스(Terrapolis)
미지와의 조우―앵무새

2장.
심포이에시스(Sympoiesis)
알아차리기의 예술―떡갈나무

3장.
퇴비(Compost)
난지도 쓰레기 매립지의 두터운 현재―억새와 야고

⟨거미처럼 생각하라⟩, W. Camille, 2025.

1장.
[테라폴리스Terrapolis]
미지와의 조우—앵무새

"테라폴리스는 응답-능력이 있는 SF 게임이다."
(해러웨이, 2021: 24)

1.

테드 창(Ted Chiang)의 「거대한 침묵」(The Great Silence)은 2014년 알로라와 칼사디야(Allora & Calzadilla)[1]의 영상설치 작업을 위해 쓴 짧은 글이다. 창은 창작노트에서 이 글을 쓰게 된 배경을 다음과 같이 설명한다.

> 그들[알로라와 칼사디야]은 의인화와 과학기술, 그리고 인간과 비(非)인간 세계 사이의 접점에 관한 멀티 스크린 영상 설치물을 제작할 생각이었다. 구체적으로 아레시보(Arecibo)에 있는 전파망원경을 찍은 영상에 근처의 숲에 서식하는 멸종 위기종인 푸에르토리코 앵무들의 영상을 병치할 계획이었는데, 내게 세번째 스크린에 떠오를 자막의 텍스트를 써 주지 않겠느냐고 했다. 텍스트는 앵무새 한 마리의

---

[1] 미국 출신의 제니퍼 알로라(Jennifer Allora)와 쿠바 출신의 기예르모 칼사디야(Guillermo Calzadilla)는 현재 푸에르토리코에 거주하며 활동하는 예술가 듀오이다.

관점에서 서술되는 우화 형식으로, '일종의 종간(種間) 번역'에 해당한다고 했다.[2]

'아레시보 전파망원경'은 1963년 11월 미국령 카리브해의 섬나라 푸에르토리코(Puerto Rico)의 북부해안 도시인 아레시보 인근 석회암 채취장에 설치되었다. 무게 900톤, 직경 305m 규모의 대형 접시안테나는, 2016년에 중국이 직경 500m의 전파망원경 '톈옌(天眼)'을 건설할 때까지 '세계 최대의 전파망원경'이었다. "설치 초기, 군사 목적과 천문 관측용으로 혼용되던 접시안테나는 1969년에 사용권이 국방성에서 국립과학재단(National Science Foundation)으로 이전되면서 천문 관측 시설로 주 용도가 변경되었다."[3] 그리고 아레시보 관측소에서 우주의 전파신호를 분석해 외계의 지적 생명체를 탐색하는 세티(SETI, Searching for Extra-Terrestrial Intelligence) 프로

---

[2] 창(2019), 『숨』 김상훈 옮김, 엘리, 504쪽. 알로라와 칼사디야의 <거대한 침묵>(The Great Silence)은 2014년 처음 발표된 16분 22초짜리 3채널 비디오 설치 작품이다. "'인간들은 아레시보를 외계 지성을 찾기 위해 사용한다. 관계를 맺고자 하는 그들의 욕망은 우주를 가로질러 들을 수 있는 귀를 창조했을 만큼 강하다. 그러나 나와 나의 동료 앵무들은 바로 여기에 있다. 왜 그들은 우리의 목소리를 듣는 데는 관심을 갖지 않을까?' 알로라와 칼사디야의 시적인 영상 <거대한 침묵>은 이렇게 시작한다. 아레시보 관측소에 있는 세상에서 제일 큰 전파망원경 가까이에 살고 있는 멸종 위기의 푸에르토리코 앵무에 의해 이야기된, 이 웅변적인 영화는 삶과 죽음, 소통과 오해, 신화와 과학에 대한 사색으로 16분을 날려 버린다. 음향이 새들의 노랫소리와 기계적인 윙윙거림, 기계들의 삐걱거림 사이를 오가는 동안, 이 작품의 이미지들은 빽빽하게 생장한 열대우림과 망원경 시설의 강한 회색 표면을 번갈아 보여 준다. 그 사이에 사색적인 앵무가 이 모든—추상적이고 물리적인—모순들이 어떻게 공존하고 있는지 알려준다." https://weatherspoonart.org/exhibitions_list/allora-calzadilla-the-great-silence/

[3] 박대영(2022), 「안녕, 아레시보!」 『과학은 지금, Vol. 1』 국립과천과학관, 시공사, 127쪽.

붕괴 전(왼쪽), 후(오른쪽)의 아레시보 전파망원경

젝트가 진행되기도 했다.[4]

아레시보 전파망원경은 2020년 붕괴되었다. 허리케인, 지진 등으로 여러 차례 피해를 입었지만 복구해서 사용해 왔는데, 코로나19 팬데믹이 전 지구를 뒤흔들던 2020년 8월, 구면 반사기 상공에 매달린 플랫폼의 보조 케이블이 끊어지면서 전체 305m 구면 중 30m가량이 부서졌고, 반사기 위에 매달린 그레고리언 돔의 패널 6~8장이 파손되었다. 그리고 같은 해 12월에 케이블이 끊어지면서 망원경이 심각하게 훼손되자 국립과학재단은 2022년 망원경의 해체를 결정했다.[5]

---

[4] 1980년 버클리 대학교가 SETI 프로젝트에 참여하고, 1984년 칼 세이건(Carl Sagan)을 소장으로 하는 SETI 연구소가 설립되면서, 세티는 미 항공우주국, 국립과학재단 등의 국가지원 프로젝트가 되었다. 1993년 예산 낭비라는 비판으로 인해 국가 지원이 축소되면서 활동 중단의 위기가 있었으나, 윌리엄 휴렛, 데이비드 패커드, 폴 앨런, 고든 무어 등 재계 인사들의 지원으로 프로젝트를 지속할 수 있었다. 2001년 폴 앨런의 기부금으로 만든 '앨런 망원경 집합체'를 건설해 프로젝트를 유지했지만, 2011년 버클리 대학은 기금 고갈을 이유로 이 망원경 집합체 운영을 중단했다. 현재 세티 연구소는 전액 민간 지원으로 유지되고 있다.

[5] 아레시보 전파망원경의 붕괴 장면은 https://youtu.be/Eenw0p14ZrM?si=Jh0sO4h3sUdlA07x에서 확인할 수 있다.

2.

아레시보는 외계 지성의 신호를 기다리는 SETI 프로젝트의 출발점이었지만, 단지 외계 지성의 신호를 기다리는 '귀'이기만 했던 것은 아니다. 1974년, 프랭크 드레이크(Frank Drake), 칼 세이건(Carl Sagan) 등의 천체 물리학자들은, 태양계와 인간의 형체 등의 정보를 담은 아레시보 전파 메시지를 우주로 발신하는 데 이 전파망원경을 사용하기도 했다. 그것은 인류의 '콘택트 콜(Contact Call)'이었다.

> 모든 앵무새에겐 자기가 누군지를 알리기 위한 고유의 울음소리가 있다. 생물학자들은 이것을 앵무새의 '콘택트 콜'이라고 부른다.
> 1974년 천문학자들은 아레시보 천문대의 전파망원경을 이용해서 인간의 지성을 입증하기 위한 메시지를 외기권으로 쏘아 보냈다. 이것은 인류의 콘택트 콜이었다.
> 야생의 앵무새들은 서로를 이름으로 부른다. 다른 새의 주의를 끌고 싶을 때는 그 새의 콘택트 콜을 흉내 낸다.
> 만일 인간들이 지구로 되돌아온 아레시보 메시지를 탐지한다면, 누군가가 그들의 주의를 끌고 싶어 한다는 사실을 알게 될 것이다.(창, 2019: 338)

그러나 아레시보에서 쏘아올린 인류의 콘택트 콜은 어떠한 메시지도 돌려받지 못했다. 긴 기다림에 답한 것은 '침묵의 소리(The Sound of Silence)'뿐이었다. 이 침묵은 무엇을 의미하는가?

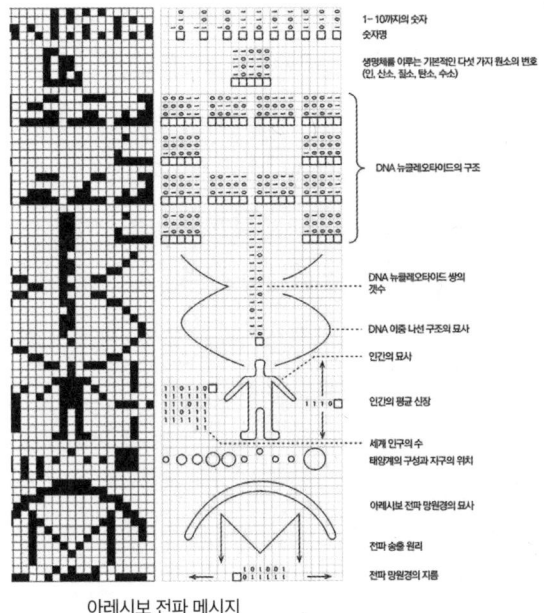

아레시보 전파 메시지

우주는 워낙 광활하므로 지능을 가진 생명체는 틀림없이 여러 차례 발생했을 것이다. 게다가 우주는 워낙 오래되었으므로 설령 기술을 개발한 종이 하나뿐이었다고 해도 뻗어 나가 은하계를 가득 채울 시간 여유는 얼마든지 있었을 것이다. 그러나 지구를 제외한 우주 그 어디에도 생명의 흔적은 남아 있지 않다. 인간들은 이 현상을 '페르미 역설'이라고 칭한다.(창, 2019: 336)

"그들은 어디에 있는가?" 이탈리아의 물리학자 엔리코 페르미(Enrico Fermi)를 이 물음으로 이끈 것은 아주 간단한 사실들이었다.

"우주의 나이는 오래되었고, 크기는 광활하며, 우리 은하에만도 수천억 개의 별이 있고, 그중에는 행성계를 가진 것들도 있을 것이다. 지구가 매우 비정상적인 환경이라서 생명이 정착한 것이 아니었다면, 우주는 생명체로 바글바글할 것이다. 그중에는 지적인 문명도 있어서, 우주여행이 가능한 기술 수준을 갖춘 문명도 많을 것이고, 지금쯤이면 우리를 방문할 수도 있었을 것이다."[6] 그러나 우리는 아직까지 그들의 어떠한 흔적도 확인하지 못했다. '페르미 역설(Fermi Paradox)'은 '거대한 침묵'이라고 불리기도 한다.

"그들은 어디에 있는가?" 이 질문에 대한 몇 가지 가설적인 답변들이 있다.[7]

1. 외계의 지적인 생명체는 이미 지구를 방문했었다.
2. 외계의 지적인 생명체는 있지만, 우리와 교신할 수는 없다.
3. 외계의 지적인 생명체는 없다.
 1) 인류는 우주 안에서 유일한 문명이다.
 2) 아직 없다.
 3) 혹은, 더 이상 없다.

"더 이상 없다"는 가설, "어떤 인간들은 지능을 가진 좋은 우주

---

[6] 알칼릴리(2014), 『물리학 패러독스: 물리학의 역사에서 가장 위대한 9가지 수수께끼』, 장종훈 옮김, 인피니티북스, 253쪽.
[7] Kurzgesagt, <The Fermi Paradox> 1, 2>, https://youtu.be/sNhhvQGsMEc?si=qflFa9FWA9SKU4Kp; https://youtu.be/1fQkVqno-uI?si=h_9pLEey_gNclBGp

로 뻗어 나가기 전에 모두 멸종할 수밖에 없다는 가설을 내놓았다. 그들의 말이 옳다면, 밤하늘의 고요는 묘지의 침묵이라는 얘기가 된다."(창, 2019: 336~337)

'묘지의 침묵', 그것은 지구에서 낯선 것이 아니다. 아레시보의 앵무도 침묵의 소리를 듣고 있다. 그리고 또 묻고 있다.

> 몇백 년 전, 우리 동포들의 수는 워낙 많아서 리오 아바호 숲 전체에 우리 목소리가 울려 퍼질 정도였다. 그러나 지금은 거의 사라지고 없다. 조만간 이 열대 우림은 우주의 다른 부분들 못지않게 조용해질지도 모른다.(창, 2019: 337)

3.

인간은 말을 하고 메시지를 보낸다. 그리고 답신을 기다린다. 만일 침묵만이 돌아온다면, 언어 못지않게 침묵도 질문이 될 것이다.

'침묵의 소리'. 외계의 지적 생명체뿐 아니라, 지구 위의 다른 생명체들도 모두 침묵하고 있는 거라면——인간들은 그렇게 생각한다——, 인간만이 말하고 있다는 것일까? 말할 때, 인간은 도대체 무엇을 하는가? 셀렘 속에서 기다리던 두 사람이 마침내 만나게 되면, 아마도 이런 말들을 주고받을 것이다.

"네가 왔구나!
세상에, 당신이군요?

아, 너구나.
너도 다시 오고야 말았군.
안녕, 당신?
네가 거기 있구나.
아, 넌 마침내 왔구나!
그런데, 네가 오다니?"

이 말들은 같은 뜻을 지닌 다른 표현들이다. 마침내 만난 두 사람은 더듬더듬 이 무의미해 보이는, 어떤 '새로운' 정보도, 어떤 뜻 있는 메시지도 담기지 않은 이런 말들을 되풀이해 주고받을 것이다. 인간은 많은 경우 새로운 정보를 거의 담지 않은 다양한 표현들을 장황하게 되풀이하곤 한다. 인간의 언어 소통은 무수히 많은 '불필요한 중복(redundancy)'으로 이루어져 있다. "언어는 어떤 층위에서건 장황하다는 것, 다시 말해 반복되고 있다는 것을 알 수 있다."[8] 이런 비경제적인 행위의 목적은 언어학적 전언에 전달상의 오류에 관한 면역성을 부여하기 위함"일 수도 있겠으나, 그저 접촉 상태를 유지하기 위한 것일 수도 있다.

메시지를 오류 없이 전달하고자 하는 노력이나 접촉에 머물고자 하는 시도가 인간에게 침묵을 견디지 못하는 초조함 또는 고독을 회피하고자 하는 과잉의 수다스러움을 낳는다면, 이렇게 '말하

---

[8] "언어에서의 총괄적인 되풀이의 비율이 측정되었는데, 현대 프랑스어에서는 그것이 55퍼센트가량 된다. 이것은, 의미 작용 단위들의 55퍼센트가 아무렇게나 삭제되더라도 그 전언은 의미가 통한다는 것을 의미한다." 뒤부아 외(1989), 『일반 수사학』 용경식 옮김, 한길사, 59~60쪽.

는 인간'에게 침묵은 결코 당연한 것이 아니다. 소통의 부재나 의미 전달의 무능 때문이 아니라면, 침묵은 의도적으로 소란에서 벗어나고자 하는 추구, '의지적 행위'여야 한다. 그래서 인간은 다시금 이 고요함의 추구를 인간적인 것, 인간에게만 고유한 것이라 믿으며, 인간을 비인간과 구분 짓는다. "동물은 침묵한다." 그러나 "동물의 침묵은 인간의 침묵과 다르다."

> 동물의 침묵은 인간의 침묵과는 다르다. 인간의 침묵은 투명하고 밝다. 왜냐하면 인간의 침묵은 어느 순간에는 자기 자신으로부터 말을 솟아나게 하고, 어느 순간에는 그 말을 다시 자기 자신 속으로 흡수하면서 말과 마주 서 있기 때문이다. 그것은 말에 의해서 움직여지며 말을 불러일으키는 풍요한 침묵이다. (……)
> 그와는 달리 동물은 어떤 무거운 침묵을 가지고 있다. 동물의 내부의 침묵은 돌덩어리처럼 화석화되어 있다. 동물은 그 침묵의 돌덩어리의 부당함을 부르짖고 그 난폭함으로 그 돌덩어리들로부터 벗어나려고 하지만, 그것에 꽉 묶여 있다.
> 동물 내부의 침묵은 고립되고, 그 때문에 동물은 고독하다.[9]

인간만이 말할 수 있으므로, 인간만이 침묵할 수 있다. 인간은 언어뿐 아니라 침묵까지도 자신을 다른 존재자들과 구분 짓는 '우월적 차이'의 표식으로 가져온다. 인간만이 진정으로 침묵할 수 있

---

9 피카르트(2010), 『침묵의 세계』, 최승자 옮김, 까치, 126쪽.

는 이유는, 인간만이 말할 수 있기 때문이다. '인간의 침묵'은 무능으로 인한 필연이 아니라, 말에 '대한' 의지적 선택이라는 것이다.

'침묵의 세계'를 숙고하면서 피카르트(Max Picard)는 이렇게 말한다. 상징적인 언어, 내면의 목소리, 추상적인 개념이 결여된 동물에게는 침묵이 무겁게 강요되어 있을 뿐이라고. 분절적인 언어, 판단의 로고스를 지니지 않은 동물들은, 그저 으르렁댈 뿐이라고.

물론 까마귀는 까옥거리고 개는 짖고 사자는 으르렁거린다. 그러나 동물들의 목소리는 침묵에 생긴 틈처럼 보일 뿐이다. 그것은 마치 동물이 자신의 육체적 힘으로 침묵을 찢어 열려고 하는 것처럼 보인다. "개는 오늘날에도 천지창조가 시작될 때 짖던 것처럼 짖는다."(야코프 그림) 개들의 울부짖음이 절망적인 것은 그 때문이다.(피카르트, 2010: 127)

그러나 동물들이 말한다는 것, 심지어 물고기도 말하고 있다는 것을 우리는 알 수 있다. 프라우케 바구쉐(Frauke Bagusche)는 "널리 통용되는 생각과 달리 물고기들은 과묵함과는 아주 거리가 멀다"고 말한다.[10] 라이언피쉬는 사자처럼 울부짖고, 제비활치는 단조롭게 비-바 하고 옹알이를 뱉는다. 새들처럼 물고기들도 부레를 자극하거나 뼈를 마찰시켜 아침저녁 다양한 소리를 낸다. 깊은 바닷속은 인간들이 흔히 상상하는 것같이 거대한 고요가 지배하는 공간이

---

10 바구쉐(2021), 『바다 생물 콘서트』, 배진아 옮김, 흐름출판, 76쪽.

아니다. "물고기들은 꿀꿀거릴 수도 있고, 꽥꽥하는 소리를 낼 수도 있으며, 부르짖을 수도 있고, 큭 하는 소리를 낼 수도 있고, 푸우 하는 소리를 낼 수도 있다."(바구쉐, 2021: 77) 그렇게 그들도 소리를 낸다. 그렇지만 그것은 '말(logos)'이 아니라고, 그저 '강요된 침묵을 찢어 열려고 하는' 육체의 소리(phone)에 불과하다고, 인간들은 말할 것이다. 그러나, 그들은 이 소리로 배우자를 유혹하고, 침입자로부터 서식지를 방어하고, 천적의 공격을 막기 위해 협력한다. 그들은 이 소리로 서로 소통한다. 인사하고, 소식을 전하고, 다른 개체들과 교류하고, 서로 이용하고 이용당하면서, 서로 사랑하고 미워하고, 협력하고 싸우고, 살리고 죽이면서, 그들도 '말하고 있다.' 그렇게 함께 세계를 짓는다.

바닷속을 무의미한 소음으로 채우는 것은 인간 쪽이다. 그들이 만드는 소음은 언어도, 메시지도 아닌, 소통을 방해하는 폭력이다. 소음을 피할 수 없는 동물들에게 위해를 가할 만큼 시끄러운 소리, '으르렁거림'은 인간들에 의해 내뱉어진다.

> 대왕고래에서부터 아주 작은 물고기에 이르기까지 바다에서 서식하는 모든 동물들이 인간이 유발하는 소음으로 인해 피해를 당하고 있다. 소음을 유발하는 원인은 제트스키에서부터 대형 유조선을 거쳐 석유와 가스 탐사를 위한 지질학적 연구에 이르기까지 매우 다양하다. (······) 자연적인 소음을 뛰어넘는 인공 소음은 다양한 수중 동물들의 의사소통을 방해한다.(바구쉐, 2021: 83)

4.

침묵도 질문이 된다. "관계를 맺으려는 인간의 욕구"는 너무 강력해서, 우주 저 건너편의 메시지까지 들을 수 있도록, 아레시보 같은 귀를 만들어 낼 정도다. "하지만 나와 나의 동료 앵무새들은 이렇게 그들 가까이에서 살고 있다. 그런데도 왜 그들은 우리 목소리에 귀를 기울이려고 하지 않는 것일까?"(창, 2019: 335) 어쩌면 인간은 너무나도 자기 말에 도취되어서, 거대한 침묵의 소리를 듣지 못하고 있는 것이 아닐까?

여름의 정원에서 다양하게 청각을 자극하는 새들의 노랫소리를 듣고 있는 한 남자가 있다. 그의 이름은 팔로마르(Palomar)다.[11] 그 다양한 소리들 중에서도 지빠귀의 휘파람 소리는 다른 어떤 새들의 노래와도 혼동되지 않는다. 그것은 팔로마르의 귀에 마치 인간의 휘파람 소리처럼 들린다.

지빠귀의 휘파람 소리는 이런 점에서 특별하다. 사람의 휘파람 소리와 동일한데, 휘파람을 특별히 잘 불지는 않지만, 휘파람을 불 만한 이유가 있을 경우엔 한 번, 오직 단 한 번, 계속 불고 싶은 의도 없이,

---

[11] 이탈로 칼비노(Italo Calvino)는 자신의 마지막 소설집 『팔로마르』의 주인공 이름은 "유명한 천문대가 있는 캘리포니아의 팔로마 산"에서 따왔다고 한다. 칼비노는 이 인물을, (그의 대화 상대자로 기획했으나 막상 소설에서는 사라진) '모홀'이라는 이름의 "아래쪽, 어두운 곳, 내면의 심연을 지향하는" 인물과 달리, "위쪽, 외부, 우주의 다채로운 측면을 지향하는" 인물로 구상했다고 말한다. 마지막에 이 소설에서 '상대자'인 모홀이 사라진 이유는, 그가 필요치 않았다는 것, 즉 "팔로마르가 곧 모홀이기도 했기 때문"이라고 밝혔다. 칼비노(2020), 『팔로마르』 김운찬 옮김, 민음사, 8~10쪽.

듣는 사람의 호의를 확보할 정도로 단호하지만 소박하고 기분 좋은 음조로 부는 사람의 휘파람 소리와 동일하다.(칼비노, 2002: 36~37)

한 쌍으로 보이는 두 마리의 지빠귀가 매일 늦은 오후 그의 정원을 찾아온다. 그리고 팔로마르는 이 두 지빠귀가 주고받는 휘파람 소리, 그리고 그 소리의 교환 사이에 오는 긴 휴지와 정적의 반복을 듣고, 그 '대화'에 대해 생각한다. "만약 그것이 대화라면 모든 말은 긴 성찰 후에 온다. 하지만 그게 대화일까?"

모든 대화는 상대방에게 '나 여기 있어'라고 말하는 것에 있고, 휴지의 길이는 문장에 '아직'이라는 의미를 덧붙여, '나는 아직 여기 있어, 아직 나야' 하고 말하는 것일 수도 있다. 그런데 만약 메시지의 의미가 휘파람 소리가 아니라 휴지에 있다면? 만약 지빠귀들이 침묵을 통해 이야기한다면? (그럴 경우 휘파람 소리는 마침표나 '통신 끝.' 같은 관용구일 것이다.) 겉보기에는 다른 침묵과 똑같아 보여도 침묵이 수없이 다른 의도를 표현할 수도 있다.(칼비노, 2002: 37)

누가, 무엇이, 침묵하는가? 침묵이란 무엇인가? 그것은 비존재의 증명인가? 그것은 고요함인가? 그것은 의미의 부재인가? 혹은 그저 알아차리지 못함인가?

5.

1974년, 프랭크 드레이크, 칼 세이건 등의 천체 물리학자들은 아레시보의 천체망원경을 이용해 메시지를 외계에 발신했다.

이들은 이 메시지로 무엇을 전달하려고 한 걸까? 이 메시지를 보내는 지구의 '우리'는 누구인가? 누가 지구를, 지구의 생명을, 지구의 지성을 대표하는가? '인간'? 그 '인간'은 평균인가, 총합인가, 본질인가, 원형인가?

어슐러 르 귄은 「우주 노파」라는 짧은 글에서, 이 문제에 대해 생각한다.

알타이르 네번째 행성에 사는 우호적인 주민들이 우주선을 타고 찾아와서, 정중한 선장이 이렇게 말한다고 치자. "우리에게 승객을 한 명 태울 자리가 있습니다. 알타이르까지 돌아가는 긴 여행 동안 느긋하게 대화를 나누며 모범이 될 만한 사람에게서 당신네 종족의 본질을 배울 수 있도록, 지구인을 한 사람 내주시겠습니까?"[12]

그 지구인은 누가 되어야 할까? 지구의 삶에 대해 말할 수 있을 대화 상대자로 르 귄은 폐경기가 지난, 교육받지 못한, 늙은, 생명을 낳았고 죽음에도 직면한 적이 있는, 아픈 몸을 지닌 60대의 유색인 노년 여성을 추천하겠다고 말한다. 그녀가 이 여인을 추천하는

---

[12] 르 귄(2021), 『세상 끝에서 춤추다』, 이수현 옮김, 황금가지, 19쪽.

이유는, "'변화'라는 핵심을 경험하고, 받아들이고, 행동하기까지 한 사람만이 인류를 대표하기에 타당하기 때문"이다. 이 여인은 과학자가 가 본 곳에 가 본 적이 없고, 그가 아는 것을 알지 못한다. 하지만 어떤 과학자도 그녀가 해본 허드렛일, 청소, 매일의 살림 같은 것을 해보지 않았고, 그녀가 당한 모욕과 무시 같은 것을 당해 본 적이 없을 것이다. 그렇다면, 누가 지구에서의 삶을 말할 수 있을까? "그러니 우주선에 올라요, 할머니."(르 귄, 2021: 21)

세티 프로젝트가 아레시보에서만 진행된 것은 아니지만, 아레시보 관측소의 붕괴는 이 프로젝트를 지탱하던 '하나의 서사'가 부딪친 한계를 상징하는 것처럼 보인다. "거기 누구 없어요?" 이 질문은 중요한 출발점이다. 유아론(唯我論)적 자아가 자기 반영적이고 자기 중심적인 고독한 세계의 한계를 인식하고, 자기를 넘어 타자에게로 나아가는 첫걸음이 될 것이기 때문이다.

그러나 인류가 고개를 들어 별들을 바라보고, 거기서 들려오는 신호에 귀를 기울이는 동안, 그들은 무엇을 보지 못했고, 또 듣지 못했는가? 무엇을 고려하지 못했고, 무엇을 알아차리지 못했는가? 아마도 르 귄의 늙은 유색인 여성은 과학자들과는 다른 신호를 알아듣고, 다른 희망을 말할 것이다.

"우리의 뿌리는 어둠 속에 있어요. 땅이 우리의 나라예요. 왜 우리가 주위를 둘러보고, 아래를 내려다보는 대신 위를 올려다보며 축복을 구했을까요? 우리의 희망은 아래에 있어요. 궤도를 도는 감시 위성과 무기들이 가득한 하늘이 아니라, 우리가 내려다보며 살아온 땅에 있어요. 위가 아니라 아래에 있어요. 눈을 멀게 하는 빛이 아니라 영양분을 공급하는 어둠에, 인간이 인간의 영혼을 키우는 곳에 있어요."(르 귄, 2021: 211~212)

6.

아레시보 전파망원경이 1974년 보낸 세티 메시지는 아무런 회신도 받지 못했다. 그리고 아레시보의 전파망원경은 붕괴되었다. 그러나 아무런 성과도 낳지 못한 실패와 좌절이 이 프로젝트를 마무리 짓게 할 이유나 근거가 되지는 못한다는 듯, 세티 연구자들은 여전히 외계 지성의 존재를 증명할 신호를 기다리고 있다. 세티 연구는 좌절하지 않고 대중적인 관심 속에서 진행 중이고,[13] '섬뜩한 침묵'을 설명할 가설들은 여전히 힘을 잃지 않는다.

 프로젝트의 실패와 좌절의 역사가 50년을 넘긴 후 세티 실험이 의존해 온 방법론이 '인간중심적'이었다는 성찰이 제기되었다. 대부분의 세티 실험은 천문학자이자 초기 세티 연구자였던 프랭크 드레이크가 1960년 구상하고 실행에 옮긴 대로, 거대한 안테나를 이용해 좁은 대역폭의 전파신호를 찾아내는 방법에 기대고 있

---

[13] 세티 프로젝트의 대중화를 위해 세티 연구소가 진행해 온 'SETI@home' 프로젝트가 있다. "이 프로젝트는 간단한 소프트웨어를 써서 컴퓨터 스크린세이버로 전파망원경에서 오는 신호를 분석하는 프로젝트다. SETI@홈 프로젝트는 이를테면 어느 날 아침, 한 여고생이 잠에서 깨어나 PC를 통해 ET를 발견하는, 역사에 기록될 만한 사건이 일어날 가능성이 있는, 막연하지만 그런 멋진 희망을 담고 있다." 데이비스(2019), 『침묵하는 우주』 문홍규·이명현 옮김, 사이언스북스, 381쪽.

었다.[14] "외계 문명이 지구에서 검출 가능한 전파 메시지를, 우리가 협대역(좁은 주파수 대역)이라고 부르는 주파수대로 보낼 것이라는 틀에 박힌 시나리오에 집중한 나머지 전통적인 세티가 '개념의 덫'에 걸렸다는 점"이 분명해졌다는 것, 따라서 "초창기부터 이 프로젝트를 방해해 왔던 인간중심주의의 사슬로부터 세티를 해방시켜야 한다는 것"이다.(데이비스, 2019: 24) 그러나 어떻게? 어쩌면 인간적인 경험의 한계, 기계나 에너지에 대한 고정된 이미지를 넘어 다른 차원을 상정하는 방식으로 세티를 확장해야 할지도 모른다. 어쩌면 세티 연구자들이 기다리는 신호를 보내 줄 '외계의 지성'은 '생물 이후의 지성', 즉 합목적적인 자동 슈퍼시스템(auto-teleological super-systems, ATS)이나 '외계의 양자 컴퓨터(extraterrestrial quantum computer, EQC)' 같은 것일 수도 있다.(데이비스, 2019) 그러나 그 기계 지성체가 왜 지구 행성의 인류와 교신하기를 원하겠는가?

세티 프로젝트의 실패와 좌절을 위무하는 가설들에도 불구하고, 전망은 여전히 '침묵'이다. 이와 병행해서 외계 생명을 추적하는 연구들에는 두 가지 함축된 목적이 있다. 한 가지는 우리 은하계나 외계에 생명이 살 수 있는 환경이 있는지, 혹은 지구의 생명들이 그 공간으로 이주할 가능성이 있는지에 대한 것이다. 엉망진창으로 망가져 버린 지구 환경에서 파국적 위기에 대한 하나의 대안으로, 인류의 화성 이주를 장담하는 일론 머스크의 '스페이스 X' 같은

---

14   쇼스택(2016), 「다음은?: 외계의 지적 생명탐사」, 『지구 밖 생명을 묻는다』 짐 알칼릴리 편, 고현석 옮김, 반니, 280쪽.

프로젝트가 그것과 연결된다. 다른 한 가지는 '생명의 기원' 그 자체에 대한 질문이다. 정말 우리뿐일까? 지구가 다종다양한 생명을 품은 별이 될 수 있었던 것은, 기적과 같은 우연의 결과이며 행운의 결과인가? 지구에서처럼 무생물 상태에서 생명을 출현시킬 가능성은 어떻게 생기는가? 그리고 그 생명의 우연한 시작이 지구에서처럼 풍요로운 생명의 연쇄와 진화의 결과를 만들고, 거기서 '지성'이 탄생했다면, 그 가능성을 어떻게 가늠해야 할까?

7.

"우리가 모두 아는 것처럼 지구는 우주에서 인간이 별다른 노력 없이 그리고 어떤 인공물도 없이 움직이고 숨 쉴 수 있는 거주지를 제공하는 유일한 곳"이다.[15] 어떻게 지구는 그런 곳이 되었는가?

지구를 생명이 살 수 있는 공간으로 만들기 위해 "지구의 반려종들은 테라포밍(terraforming)이라는 오래된 예술에 종사한다."(해러웨이, 2021: 25)[16] 지구의 테라포밍은 지구의 전 역사를 거쳐, 모든

---

[15] 아렌트(2019), 『인간의 조건』 이진우 옮김, 한길사, 77쪽.
[16] 다른 행성이나 천체의 환경을 지구 생태계와 비슷하게 변화시켜 인간이 살 수 있는 행성으로 개조하는 작업을 의미하는 '테라포밍'이라는 말은, 칼 세이건이 1961년 금성의 테라포밍을 제안하면서 등장했다. "인간의 생명 유지는 유기체 및 생물과 같은 에너지원이 존재를 필요로 한다. 이와 같은 에너지원이 존속하기 위해서는 액체 상태의 물이 존재하며, 유기물 합성이 가능한 대기 및 토양 조건 등 다양한 지구과학적 조건을 충족시켜야 한다." 화성이 인류의 첫 정착지로 거론되는 이유는, 화성 극지방에 얼음의 흔적이 발견되었고 대기가 존재한다는 점에서 지구화가 가능한 행성 후보로 꼽히기 때문이다. "그러나 화성은 지구와 비교했을 때, 약 1% 정도밖에 되지 않는 얇은 대기를 가지고 있으며, 대부분 이산화탄소로 구성되어 있다. 또한 태양으로부터 거리가 멀고 대기가 얇기 때문에, 평균 기온이 -63℃ 정도로 매우 낮다. 뿐만 아니라 자기장층의 부재, 지구의 1/3에 해

물질들과 생명들이 함께 만들어 온 것이다. 그것을 해러웨이는 '복수종의 세계 짓기'라는 의미에서, '테라폴리스(Terrapolis)'라고 부른다. 반려종들은 테라폴리스의 공동 플레이어들이다.

해러웨이에 따르면, 테라폴리스는 인간예외주의와 경계 지어진 개체주의를 거부한다. 테라폴리스는 "'호모(homo)'로서의 인간, 즉 저 더없이 우화적이고 발기하고 위축되는, 남근숭배적 동일자의 자아상을 위한 고향이 아니다."(해러웨이, 2021: 25) 테라폴리스는, '구먼(guman)'[17]으로 변신한 인간, 흙에서, 흙과 함께 일하는 인간을 위한 고향이다.

테라폴리스는 허구적인 적분방정식, 사변적 우화다.
테라폴리스는 복수종들의 함께 되기를 위한 n-차원의 틈새 공간이다.
테라폴리스는 개방적이고, 세계적이고, 미결정적인 복수의 시간이다.
테라폴리스는 물질, 언어, 역사의 키메라다.
테라폴리스는 반려종, 즉 테이블에 둘러앉아 함께 빵을 나누는, '포스트휴먼(posthuman)'이 아니라 '퇴비(com-post)'를 위한 것이다.
테라폴리스는 장소 속에 있다. 테라폴리스는 의외의 반려종을 위한 공간을 만든다.

당하는 작은 중력 등 또한 지구화에 어려움을 주는 요소이다." 네이버 지식백과(두산백과), "테라포밍(Terraforming)" https://www.doopedia.co.kr/doopedia/master/master.do?_method=view&MAS_IDX=170703001550827

[17] "게르만 조어(祖語)와 고대 영어에서 온 guman은 후에 human이 되었지만, 둘 다 지구와 그 크리터들로 오염되고 신에 대립하는 부식토(humus), 인간(humaine), 세속적 존재들로 풍부하게 된다. 히브리어에서 Adam은 땅(adamah) 혹은 '땅(ground)'에서 유래했다."(해러웨이, 2021: 234)

테라폴리스는 땅의 사람을 위한, 부식토를 위한, 진흙을 위한, 계속되는 위험한 감염을 위한, 유망한 트러블을 전염시키기 위한, 영속농업을 위한 방정식이다.

테라폴리스는 응답-능력이 있는 SF 게임이다.(해러웨이, 2021: 24)

흙과 함께 일하는 인간이 귀 기울여야 할 이야기는 멀리서 들려올 메시지가 아니라, 지금 여기에서 벌어지는 크리터들의 삶과 죽음의 이야기, 함께 만들어 가는 세계의 이야기이다. 침묵의 소리로부터 들어 알아차려야 할 것은, 다가올 해결, 주어질 답신이라는 미래의 사건이 아니다.

이 세계에서 '우리'는 인류만이 아니다. 그리고 이 '우리'는 개체들의 연합이 아니다. '우리'는 '함께-되기, 함께-만들기'의 연결망 안에서 살고 죽는 모든 것들이다. 함께-되기가 아니면, 우리는 아무것도 아니다. 이런 종류의 물질 기호학은 언제나 상황 지어져 있고, 아무 곳도 아닌 장소가 아니라 구체적인 어딘가에서 서로서로 얽혀 있는 세계 내적인 것이다.

무엇을 들을 것인가? 침묵을 어떻게 들을 것인가? 침묵에, 우리가 침묵이라고 치부해 온 그 소리들에 어떻게 응답할 것인가? 귀를 하늘로 향하고 있는 동안, 우리는 땅에서 무엇을 듣지 못했을까? 돌아오지 않는 답신을 기다리는 동안, 우리는 왜 여기 이 반려들에게 응답하지 못했을까?

뮤 그룹(Groupe μ)은 인간의 과잉된 언어 표현의 정보로서의 가치는 0이라고 본다. 그것은 의미 없는 소음, 잉여의 잡음에 불과하다는 것이다. 그러나 침묵도 메시지다. 침묵을 감지하고 불가능해 보이는 '종간 번역'을 시도하면서 침묵의 소리에 응답하기 위해, 우리는 과잉된 접촉 시도를 감수해야 한다. 우리가 알아차리고 들어야 할 것들은 저기 저 너머가 아니라 바로 여기, 깊은 지금에 있다.

'목소리'는 전해지지 않는다.
오로지 음성과 말로만 의사를 주고받을 수 있는 거라면, 너무나 고독하기 때문이다.
'아주 조금 긴 악수' 같은 느낌으로 상대의 체온과 뼈, 긴장하여 뻣뻣한 근육, 혹은 축 늘어진 근육, 가느다란 팔, 푸석푸석한 피부, 그 모든 것을 손을 통해 '목소리'로서 들으려고 한다.
그에 맞춰서 "안녕하세요"라든가 "고마워요. 만나서 기뻐요" 같은 인사나 쓸데없는 이야기를 건넨다. (……)
무언가 하고 싶다든지, 전하고 싶은 것이 있다든지 하는 분명한 목적이 있는 것은 아니다.
그렇지만 음성'만' 쓸 때보다는 닿는다는 행위가 함께할 때 내가 건네는 말이 훨씬 속이 꽉 찬 것으로 숨 쉬기 시작한다.[18]

---

18 사이토 하루미치(2022), 『목소리 순례』, 김영현 옮김, 다다서재, 270~272쪽.

2장.
[심포이에시스Sympoiesis]
알아차리기의 예술[19]—떡갈나무

---

[19] "알아차리기의 예술(Arts of Noticing)", 나는 이 감각을 애나 칭(Anna Lowenhaupt Tsing)에게서 배웠다. Tsing(2015), *The Mushroom at the End of the World: On the Possibility of Life in Capitalist Ruins*, Princeton·Oxford: Princeton University Press.[칭(2023), 『세계 끝의 버섯: 자본주의의 폐허에서 삶의 가능성에 대하여』, 노고운 옮김, 현실문화.]

> "공-산(sympoiesis)은 단순한 낱말이다.
> '함께-만들기'라는 뜻이다.
> 어떤 것도 자기 자신을 스스로 만들지는 못한다. (…)
> 지구 생명체들은 **결코 혼자가 아니다(never alone)**. (…)
> 그것은 함께-세계 만들기(worlding-with)를 위해
> 쓰이는 말이다."
> (해러웨이, 2021: 107)

1.

"떡갈나무를 생각해 보자."[20] 우리가 흔히 만나는 나무 중 하나인 떡갈나무는 수종이 200개가 넘기 때문에, 지구 위 어디에서든 그곳에 적응한 떡갈나무 수종을 하나쯤은 만날 수 있다.[21] 그러니 작은 숲길을 걷다가 언제든 쉽게 만날 수 있는 떡갈나무 한 그루를 생각해 보자. 다람쥐, 청설모, 여우, 올빼미, 까마귀, 딱따구리, 개미와 개나무좀까지 수많은 동물이 그 안에, 혹은 그 주변에 거주하고 있는, 떡갈나무는 하나의 작은 '세계'임이 분명하다. 윅스퀼(Jakob von Uexküll)은, 주어진 물리적 환경은 그 환경 안에서 삶을 영위하는 동물들에게 각기 다르게 형성된 '환경세계(Umwelt)'들로 채워진다는

---

20 콜·콜(2002), 『떡갈나무 바라보기』 후박나무 옮김, 사계절.
21 자런(2017), 『랩걸』 김희정 옮김, 알마, 401쪽.

것을 보여 주었다.[22] '세계'는 단 하나의 시공간으로 존재하는 게 아니다. 거기에는 깃들여 사는 동물들의 각기 다른 시공간'들'이 공존한다.

떡갈나무의 전체 또는 부분들은 동물들의 환경세계에서 각기 다른 역할과 기능을 갖는다. 베기 적당한 나무둥치를 선별해야 하는 삼림관리인에서 떡갈나무는 목재 이외의 다른 것이 아니다. 삼림관리인의 환경세계 안에서 떡갈나무의 껍질이 만들어 내는 주름은 아무런 의미도 지니지 않는다. 그러나 아이들의 마법적 환경세계에서라면, 인간의 형상처럼 보이는 나무껍질의 주름은 나무 전체를 악령으로 바꿔 놓을 수 있다.(윅스퀼, 2019: 126) 어찌되었든 합리적 인간들의 세계에서 보이지 않는 것은 단지 사라진 어린 시절의 마법만은 아니다.

뿌리 사이에 굴을 만들어 머무는 여우나 잔 나뭇가지들을 점프대 삼아 나무를 오르내리는 다람쥐, 높은 가지 위에 둥지를 짓는 새들, 나무껍질들의 구멍에서 벌레를 사냥하는 개미들, 껍질이 파인 나무의 속살에 알을 까는 개나무좀, 개나무좀의 애벌레를 잡아먹기 위해 나무껍질을 쪼는 딱따구리와 자신의 뾰족한 산란관으로 나무를 뚫는 맵시벌에게 떡갈나무는 서로 겹치거나 동떨어진 환경세계들을 제공한다. "떡갈나무는 자신의 거주자들에게 제공하는 수많

---

[22] 환경세계(Umwelt)는 윅스퀼이 만들어 낸 용어로, "모든 동물이 공유하는 경험이 아니라 개개의 동물들에게 특별한 유기적 경험"에 근거하, 각 동물이 인식하는 세계를 말한다.(콜·콜, 2002: 20~21) "[주체의] 행동의 세계와 지각의 세계는 함께 어떤 닫힌 총체성을, **환경**을, **체험된 세계**를 형성한다." 윅스퀼(2019), 『동물들의 세계와 인간의 세계: 보이지 않는 세계의 그림책』 정지은 옮김, 도서출판b, 11쪽.

떡갈나무

은 환경세계들 속에서 매번 다른 부분들을 가지고 여러 가지 기능을 수행한다. 동일한 부분이 때로는 커다랗고 때로는 작다. 떡갈나무의 성질이 때로는 단단하고 때로는 무르다. 그것은 동시에 보호와 공격에 이용된다."(윅스퀼, 2019: 132)

이 떡갈나무의 세계는 누구의 것인가? "실제로 우리는 세계에 대해서 거의 알지 못하며, 심지어 날마다 우리 주변을 둘러싸고 있는 것들조차 잘 알지 못한다."(콜·콜, 2002: 138) 떡갈나무를 생각하면서, "세계에 대한 인간의 시각은 많은 시각들 가운데 하나일 뿐"이라는 것을 알아차릴 수 있을까?

2.

다시, 떡갈나무를 생각해 보자. 윅스퀼은 감각세계와 행동세계를 가지고 있다는 이유에서 동물에게만 환경세계가 있는 것처럼 말한다. 그러나 식물에게도 환경세계는 있다. 윅스퀼은 알아차리지 못했던 것 같지만, 식물도 감각하고 행동한다. 떡갈나무는 동물들에게 환경세계를 제공하기만 하는 것이 아니다. 떡갈나무에게도 떡갈나무의 환경세계가 있다.

씨앗은 "성장할 수 있는 유일무이한 기회"를 얻기 위해, 싹을 틔울 수 있는 온도와 수분과 빛의 적절한 조합을 기다린다. "대부분의 씨앗은 자라기 시작하기 전 적어도 1년은 기다린다. 체리 씨앗은 아무 문제 없이 100년을 기다리기도 한다." 그리고 "기다리는 동안에도 씨앗은 살아 있다. 300년 동안 우뚝 선 떡갈나무가 살아 있듯 그 아래 떨어져 있는 도토리도 모두 살아 있다. 씨앗도, 나이 든 떡갈나무도 자라지 않고 있다. 둘 다 기다리고 있다. 그러나 그 둘의 기다림은 다르다. 씨앗은 번성하기를 기다리지만, 나무는 죽기를 기다린다."(자런, 2017: 50)

자런(Hope Jahren)이 관찰한 것처럼, 숲에 들어서는 사람들은 대부분 높이 치솟은 큰 나무들을 올려다본다. 발자국마다 수백 개의 씨앗이 살아서 기다리고 있는데도 발아래를 내려다보는 사람은 드물다. 만일 아래를 내려다본다면, 다른 것들——번성할 기회를 기다리고 있는 발밑의 씨앗들뿐 아니라, 지하에서 뻗어 나간 나무뿌리의 흔적까지 알아차릴 수 있을지 모른다.

자런에 따르면, '첫 뿌리'는 위험을 감수하면서 어딘가에 닻을 내리는 모험을 감행해야 한다. 양분을 만들 싹이 자라기 전에 뿌리가 먼저 자라기 때문에, "뿌리를 내리는 작업은 씨 안에 들어 있는 마지막 양분을 모두 소진시킨다. 모든 것을 건 도박이고, 거기서 실패한다는 것은 죽음을 의미한다. 성공할 확률은 100만분의 1도 되지 않는다."(자런, 2017: 81) 그러나 만일 성공한다면? 뿌리는 엄청나게 뻗어 나갈 수 있다. 땅속의 뿌리 시스템은 어마어마하다. "그것의 표면적은 이파리 면적의 100배가 넘는 경우도 많다." 다른 모든 것을 제거해도, "멀쩡한 뿌리 하나만 있으면 대부분의 식물들은 비웃듯 다시 자라난다." 한 번, 두 번, 거듭해서 그럴 수 있다. 그리고 "주근(主根)은 곁뿌리를 내보내 옆에 서 있는 다른 식물들의 뿌리와 얽혀서 위험신호를 주고받는다."(자런, 2017: 82)

식물의 환경세계에서 최악의 악당은 곰팡이다. 곰팡이는 나무를 파괴한다. 죽은 나무를 양분으로 만들어 숲에 되돌려 주기도 하지만, 살아 있는 나무를 죽이기도 한다. 그러나 곰팡이 중 아주 적은 일부인 약 5천 종 정도는 "식물들과 깊고도 지속적인 평화협정을 맺고", "나무들의 가장 좋은 그리고 유일한 친구"가 되었다.(자런, 2017: 150) 그 깊고 지속적인 '평화협정'이 숲을 번성하게 하고, 거대한 지하세계의 네트워크를 짓는 놀라운 일을 가능하게 만들었다.

우리는 버섯을 곰팡이라고 생각하지만, 버섯은 숨겨진 유기체인 균사(菌絲) 조직 중에서 땅 위로 드러난 일부인 생식기관(子實體, fruit body)이다. "모든 버섯 머리 아래에는 길게는 몇 킬로미터에 이르는 균사 조직이 엄청나게 많은 양의 흙덩이를 감싸며 그물처럼 퍼져서 땅의 모습을 보존한다. 땅 위로 버섯 머리가 잠깐 모습을 드러냈다가 사라져 버리는 동안에도 땅 아래로 뻗은 닻과 같은 균사 그물은 어둡고 영양분이 더 풍부한 곳으로 몇 년이 넘게 살아간다."(자런, 2017: 150-151)

곰팡이는 식물과 달리 햇빛에서 영양분을 만들어 내지 못하기 때문에 먹을 것을 찾아야 한다. 곰팡이는 세포외 소화(extracellular digestion)를 하기 때문에, 영양분을 밖으로 배출하고 그 결과 자신의 몸뿐 아니라 다른 종도 자라나게 한다. 그렇게 "박테리아와 함께 곰팡이는 식물이 자라날 흙을 만들었다." "곰팡이는 그들 자신과 다른 생명체들을 위한 환경을 빚어내는, 세계 건설자들이다."(Tsing, 2015: 138)

식물 뿌리에는 대부분 곰팡이가 두텁게 쌓여 있다. "곰팡이도, 식물도, 상대방의 활동 없이는 번창할 수 없다." 곰팡이라는 동반자에 기대어 나무들은 수를 늘리고 숲을 만들어 간다.[23] "곰팡이와 얽힌 뿌리(균근, mycorrhiza)들은 숲을 가로질러 정보를 전하면서, 종간(interspecies)의 상호연결을 가능하게 하는 기반 시설을 구축한다. 그렇지 않았다면 같은 장소에 머물러야만 했을 토양 미생물들도 균근의 상호연결 채널들과 링크들 안에서 여행할 수 있다. 이들 미생물 중 일부는 환경 복원에 중요한 역할을 한다."(Tsing, 2015: 139)

---

[23] "숲에 있는 나무 한 그루가 그늘에 가려서 잎이 빛을, 즉 그것으로부터 양분을 받지 못하게 되면, 그 나무의 균근 동료들이 네트워크에 있는 다른 나무들의 당질을 가져와서 그 나무에 공급할 수 있다."(Tsing, 2015: 139)

애나 칭(Anna Tsing)은, 만일 흙을 투명한 액체로 바꾸고 땅속으로 걸어 들어갈 수 있다면, 우리는 곰팡이 균사의 망에 둘러싸이게 될 거라고 말한다.(Tsing, 2015: 137) 지하도시의 어마어마한 건축물, 균사의 얽힘, 숲을 가로질러 정보를 전하고 미생물을 전달하는 균근들의 네트워크, 종간의 상호연결, 함께 만들어 가는 가능성, 이 지하세계의 이야기들을 알아차릴 수 있다면, 종들을 하나하나 따로 떨어진 개별적 실체들로 파악해 온 지금까지의 '과학적' 세계관은 낡은 이야기가 되어 버릴 것이다. 인간중심주의/개체중심주의의 이야기를 바꾸기, 새로운 이야기를 퍼뜨리기, 알아차리기의 예술을 공유하기. 지하세계 균사들의 얽힘이 그 '다른' 이야기의 모델이 될 수 있을까?

3.

『동물들의 세계와 인간의 세계』에서 윅스퀼은, 포유류의 체온을 감지해서 피를 빨 대상을 찾아 몸을 던지는 진드기의 능력을 통해, 시각도 청각도 가지고 있지 않은 이 작은 곤충을 '비활성 물체'가 아닌 하나의 환경세계를 구축하는 주체로 보아야 한다고 밝혔다. 그러나 그는 진드기의 삶을 몇 가지 감각 능력으로 이루어진 '거품 방울 같은 환경세계' 안에 제한시켰다.(Tsing, 2015: 156) 그는 진드기를 자기의 시공간과 자기의 세계를 지닌 주체로 묘사했지만, 어떤 개체도 '거품 방울 같은 환경세계'에 갇힌 개별적 존재자로 살아갈 수 없으며 다른 종들과 얽혀 '함께 만들어 가는 과정'의 일부라는 사실을 알아차리지는 못했다.

곰팡이의 세계-건설(world-building) 작업이 거의 인정받지 못해 온 이유는, "아주 최근까지도 많은 사람들이—아마도 특히 과학자들이—삶을 종에서 종으로 이어지는 재생산의 문제로 상상해 왔기 때문이다."(Tsing, 2015: 139) 생명을, 그 자신만의 진화적·환경적 도전에 직면해야 하는 개별 종의 자기-복제로 이해해 온 기존의 세계관을 바꾸고, 균사들로 뒤얽힌 지하세계의 이야기를 설득할 '새로운 증거들'이 제시되기 시작했다.

진화발생생물학자들은 많은 유기체들이 다른 종과의 상호작용을 통해서만 발달할 수 있다는 것을 발견했다.(Tsing, 2015: 141) 하와이짧은꼬리오징어는 박테리아와 접촉하지 않고서는 발광기관을 발달시키지 못한다. 기생말벌인 아소바라 타비다(Asobara tabida)의 암컷은 테리아가 없으면 난자를 생산하지 못한다. 큰점박이푸른부전나비의 유충은 개미군락에 받아들여지지 않으면 생존할 수 없다. 인간도 이로운 박테리아 없이는 음식을 소화시키지 못한다. 인간 몸에 있는 세포 중 90%는 박테리아다. "우리는 그것들 없이 아무것도 할 수 없다." 생물학자 스콧 길버트(Scott Gilbert)와 동료들은 이러한 '공동발달 현상'을 '공생형성(symbiopoiesis)'이라는 용어로 표시한다. 그들은 "공생은 예외가 아니라 '규칙'으로 보인다. (……) 자연은 개체나 게놈보다는 '관계'를 선택하는 것 같다"고 썼다.(Tsing, 2015: 142)

버섯을 따라 세상 끝을 탐색하던 애나 칭이 건네준 땅속 균사로 얽힌 실을 넘겨받아, 해러웨이는 복수종의 '함께-만들기, 심포이에시스(sympoiesis)' 이야기로 실뜨기를 이어 간다. "어떤 것도 자기 자신을 스스로 만들지 못한다. 어떤 것도 실제로 자율생산적(autopoietic)이거나 자기-조직적이지 않다. (……) 지구 생명체들은 결코 혼자가 아니다(never alone)."(해러웨이, 2021: 107) '심포이에시스'라는 말로 복수종들의 '함께-세계 짓기(worlding-with)'를 알아차리고, 포착하여 확장할 수 있다.

복수종의 '함께 만들기'라는 이야기가, 망가진 세계의 폐허들, 인류세의 곤경들, 대멸종의 위기, "이 긴급성을 어떻게 다룰 수 있을까?" "절망, 냉소주의 혹은 낙관주의에, 진보에의 믿음 또는 불신 담론에" 현혹되지 않으면서, "상상, 저항, 반란, 수리, 애도, 잘 살고 잘 죽기를 새롭게 실천할 수 있는 현장의 집합체들"을 함께-만드는 일이 어떻게 가능할까?(해러웨이, 2021: 93) 그렇게 다른 세계를 지을 수 있을까?

4.

숲의 가장자리, 더 이상 나무가 자랄 수 없는 혹독한 곳에서, "아주 드물기는 하지만 숲의 영토를 넓힐 때도 있다. 수백 년에 한 번쯤 이 혹독한 공간에 새싹이 움을 틔우고 몇 년씩 부족한 환경을 견뎌 낸다. 그런 묘목들은 대부분 땅 밑에 자라는 곰팡이들과의 공생관계로 무장을 완비한 녀석들이다."(자런, 2017: 152) 나무가 치러야 하는 대가도 있다. 어린 나무의 이파리가 만드는 당분의 대부분은 뿌리에 붙은 곰팡이들에게 바로 빨려 나간다. "하지만 황폐한 환경에서 투쟁하고 있는 이 뿌리를 둘러싼 곰팡이 그물은 뿌리 안쪽으로 침범하지는 않는다." 그렇게 서로의 닻이 되어 주면서, 나무가 충분히 커서 숲의 윗부분까지 올라가 햇빛을 많이 차지할 수 있을 때까지 두 생명체는 서로 돕는다.

    인간이 엉망으로 만들어 놓은 세계 안에도 무언가는 살아남는다. "1945년 히로시마가 원자폭탄에 파괴되었을 때, 폐허가 된 땅에서 처음 등장한 생물은 송이버섯이었다고 한다."(Tsing, 2015: 3) 그 이야기에서 위안을 찾을 수 있을까? 회복 가능한 피난처가 급속히 사라지는 절망적인 곤경을 어떻게 직면해야 할까? 그것이 막연한 절망이나 희망에 굴복하는 것은 아니어야 한다. "절망도 희망도 감각에, 알아차리는 일에, 물질적 기호론에, 지구에서 두텁게 공존하며 살아가는 필멸의 존재들에 맞추어져 있지 않다."(해러웨이, 2021: 13) 함께 엮어 가는 일, '손상된 행성에서 살아가는 기술' 배우기, 그렇게 세계를 다시 세우려는 노력, 그것은 우리가 결코 혼자가 아니며, 언제나 함께 만들고 있었고, 만들고 있다는 사실을 알아차리는 것에서 시작되어야 한다.

*

"나는 한때 소년이었고 소녀였으며, 덤불이었고 새였고, 바다에서 뛰어오르는 말 못하는 물고기였으니."[24] 아니, "나는 소년이고 소녀

---

[24]   시집 『나는 오래된 거리처럼 너를 사랑하고』의 뒤표지에서 진은영 시인은 엠페도클레스가 남겼다는 이 문장을 인용하면서, "아무래도 나는 엠페도클레스의 후예인가 보다. 사랑의 윤회를 믿는 것 같다"고 적었다.

이며, 덤불이고 새이며, 바다에서 뛰어오르는 말 못하는 물고기"이다. 그렇다, 내가 바로 힘겹게 살아남았고, 함께 살아가고 있으며, 또 죽음을 위협받았고, 죽음에 이른 바로 그들이다.

3장.
[퇴비Compost]
난지도 쓰레기 매립지의 두터운 현재
—억새와 야고

> "미완성의 쑬루세는 미친 정원사처럼, 인류세의 쓰레기,
> 자본세의 절멸주의를 그러모아 자르고 조각내고
> 켜켜이 쌓아,
> 여전히 가능한 과거들과 현재들
> 그리고 미래들을 위해 훨씬 더 뜨거운 퇴비 더미를
> 만들어야 한다."
> (해러웨이, 2021: 103)

1.

15년 동안 도시는 100m 높이의 산을 만들었다. 1978년부터 1993년 사이 서울 북서부 한강변의 '꽃섬'[25]에는 두 개의 인공산이 만들어졌다.[26] 이 인공산들은 2002년 생태공원이 되었다.

    1980년대 출간된 사실주의 소설들[27]은 난지도 쓰레기 매립지

---

[25] "'난지도(蘭芝島)'라는 지명 역시 구한말 이후부터 불리기 시작했다. 정확한 유래는 밝혀진 바 없으나, 김정호의 『경조오부도(京兆五部圖)』, 『수선전도(首善全圖)』에선 중초도(中草島)로 기록하고 있다. '꽃섬'이라는 의미가 '난지도'로 이어진 것이다." 임태훈(2020), 「쓰레기장의 다크 에콜로지와 문학의 기록: 난지도 소재 소설의 재발견」, 『현대문학이론연구』 제82집, 135~136쪽.

[26] "난지도는 1978년부터 1992년까지 15년에 걸쳐 서울에서 배출된 약 9,200만m²의 생활쓰레기, 건설폐기물 그리고 산업폐기물을 처리한 서울시의 유일한 대규모 쓰레기 매립지였다." 송재민(2017), 「난지도 생태공원」, 『서울시 정책자료』, 49쪽.

[27] 정연희(1984), 『난지도』, 정음사; 이상락(1985), 『난지도의 딸』, 실천문학사; 유재순(1985), 『난지도 사람들』, 글수레. 그리고 2011년 황석영은 1970년대 후반의 난지도를 배경으로 소설 『낯익은 세상』(문학동네)을 발표했다.

가 도시 빈민들의 삶의 터전이던 시절을 묘사한다. 난지도 사람들은 수도와 전기 시설도 없이 쓰레기 더미에서 찾아낸 재료들로 움막을 짓고 거기서 먹고 자고 살면서, 지독한 냄새와 썩은 물, 메탄가스와 먼지, 파리떼가 뒤덮인 쓰레기 산을 헤집으며 쓸 만한 것이면 무엇이든 캐내 팔아 돈을 만들었다. 난지도에 만들어졌던 쓰레기 산을, 우리는 지금 이집트 카이로 남동부의 모카탐(Mokattam)이나 인도 뭄바이의 다라비(Dharavi), 필리핀 마닐라의 스모키 마운틴(Smokey Mountain) 등지에서 발견할 수 있다.[28]

쓰레기 매립으로 '죽음의 땅'이 되었던 난지도는 기술적 개입을 통해 '생태공원'으로 재탄생했다.[29] "쓰레기 매립지 생태복원의 성과를 판단하고 생태적 공원 관리에 대한 기초자료를 확보하기 위해 매년 자연생태계 모니터링을 실시한 결과, 2000년 동·식물 438종에서 2013년 총 1,092종의 동·식물이 살고 있는 것으로 확인됐다."[30] 난지도 쓰레기 매립지는 과거의 오명을 씻고 생태복원의 눈부신 성공 사례가 되었다. 서울시의 정책을 소개하는 '서울정책 아

---

[28] 구정은(2018), 「넝마주이의 터전: 쓰레기들의 산」 『사라진, 버려진, 남겨진』 후마니타스, 130~166쪽.

[29] 송재민, 「난지도 생태공원화: 쓰레기 매립지에서 생태공원으로」 작성일 2015년 6월 22일, 최종수정일 2017년 4월 10일. https://www.seoulsolution.kr/ko/content/난지도-생태공원화-쓰레기매립지에서-생태공원으로

[30] "월드컵 공원의 깃대종이자 멸종위기야생동물인 맹꽁이는 수백 마리가 매립지 사면과 노을공원 등에 서식하고 있으며 옴개구리, 서울산개구리들도 난지연못과 오리연못에 매년 알을 낳고 있다. 또한 멸종위기종인 남생이와 물장군이 출현하기도 한다. 식생 변화와 더불어 나비를 포함한 곤충상이 풍부해지고 있으며, 2007년 이후 매립지 사면을 중심으로 멸종위기종인 삵의 흔적이 발견되고 번식도 확인되었다." 서울연구원(2014), 『2014 경제발전경험모듈화사업: 난지도 생태공원 복원』 25쪽.

카이브(Seoul Solution)' 인터넷 사이트는, 난지도 공원을 연간 천만 명의 시민이 찾아오는 '서울의 랜드마크'로, "2010년 3월에는 'UN-HABITAT 특별상'을 수상하며 국제적인 모범 사례로도 인정받았다"고 소개한다.

"그 산이 정말 거기 있었을까?" 쓰레기로 만들어진 그 인공산들은 어떻게 되었는가? '죽음의 땅'이 되살아난 이야기, 그 '회복과 재생'의 서사가 빠뜨린 것은 무엇인가? 버려진 것들, 거기서 썩고 있는 것들, 살아 있는 것들, 함께 살아가는 것들, 인공물들, 다시 발견한 것들, 사람들, 기술들, 정책들, 성공과 실패들, 그것들이 함께 만들어 낸 우연들, 팽창하는 도시 공간과 시간 같은 요소들이 얽힌, 그곳에서 벌어지는 '두터운 현재'를 함께 만들어 가는 사건들을 추적해 보자.

2.

도시의 쓰레기 처리는 신속하고 비가시적인 순환을 목적으로 한다. 도시에서 쓰레기가 눈에 띄기 시작한다는 것은, 시스템이 제대로 작동하지 못한다는 것을 의미한다. 매끄럽게 작동하는 빠른 순환 시스템을 타고 '도시의 천사들'[31]은 쓰레기를 눈에 보이지 않는 곳으로 밀어내야 한다. 그래서 쓰레기 매립지는 도시 외곽의 '버려진

---

31 "청소부들은 [도시에서] 천사처럼 환영받는다." 칼비노(2007), 『보이지 않는 도시들』 이현경 옮김, 민음사, 149쪽.

땅'에 만들어진다. 난지도 매립지도 그렇게 시작되었다.

　난지도 매립지는 장기적인 도시계획의 산물이 아니었지만, 도시 정책과 무관하게 만들어진 우연한 산물도 아니었다. 도시가 팽창하고 매립 쓰레기의 총량이 증가하면서 난지도 매립지는 급격히 서울이라는 도시의 통제되지 않는 그림자, '썩은 공간'으로 가시화되기 시작했다. 쓰레기 매립지의 가시화는 정책의 실패를 표시하므로, 적극적인 정책적 개입을 불러온다. 이런 맥락에서 난지도 매립지는 두 번의 결정적인 정책적 개입을 초래했다.

*

1978년 매립지로 지정되기 전부터도 난지도는 이미 심각한 오염 지역이었다. 1950년대 유람선이 운항하기 시작한 이래로 1960년대 초까지 난지도는 서울 시민이 즐겨 찾는 유원지로 알려져 있었지만, 1960년대 말부터는 거대해진 서울에서 한강으로 방출되는 분뇨와 폐수로 인해 고약한 악취를 풍기는 오염 지역으로 알려지기 시작했다.[32] "1976년에 이르면, 난지도에 서식하던 물고기와 조개가 전멸한다. (······) 오염된 물고기를 먹은 철새가 날지 못하고 시들어 죽어 가는 모습도 난지도 곳곳에서 관찰됐다."(임태훈, 2019: 130) 그때부터 난지도는 서울의 빈민 거주지가 되었다.

　1970년대 말에 이르러 서울이 팽창하면서 난지도는 점차 개발 잠재력을 지닌 지역으로 주목받기 시작했다. 그러나 난지도를 자원

---

[32] 임태훈(2019), 「난지도가 인류세에 묻는 것들」, 『문화과학』 97호, 문화과학사, 127~129쪽.

난지도 매립지의 탄생(1978년)

화하기 위해서는 빈발하던 범람과 침수를 해결하는 일이 시급했고, 그 결과 장기적인 수해 대책으로 7m 높이의 제방을 쌓는 토목사업이 기획되었다. 더불어 서울시는 제방 안쪽 공간을 쓰레기로 채워 택지를 만들고자 했다. "서울시는 7m 높이의 제방 안쪽에 발생한 공간이 2천 8백만 톤의 쓰레기로 채워질 수 있을 것이라고 추산했다. 이는 약 6년간 서울시에서 배출되는 쓰레기의 양에 해당했다."[33] 쓰레기는 종종 서울의 택지 조성 사업에서 부족한 성토용 흙의 대체재로 사용되어 왔다. "서울의 현대화 과정에서 쓰레기는 유용한 건축 자재였다. 대표적으로 구의동과 장한평 일대의 저지대는 1980

[33] 배상희(2020), 「난지도 쓰레기 매립지의 형성과 재활용: 위생매립기술의 발견과 적용을 중심으로」, 서울대학교 대학원 석사논문, 16쪽. 이 글에서 사용한 쓰레기 매립지의 기술적·정채적 개입 과정에 대한 논의와 정보 대부분을 이 논문에서 얻었다.

난지도의 쓰레기산

년까지 서울의 생활 쓰레기를 메워 택지 조성의 기초를 다진 지역이다."(임태훈, 2019: 131)

계획했던 폐쇄 기한이 다가올수록 난지도 매립지에 택지를 조성하는 것은 불가능하다는 사실이 확실해졌다. 그러나 매립을 대신할 쓰레기 처리기술이 없고 대체 매립지를 선정하지도 못한 상태에서, 난지도 매립지를 포기할 수는 없었다. 서울의 거의 모든 쓰레기가 난지도에 모여 쌓이면서 움푹한 땅을 다 채우고도 넘쳐 쓰레기들은 산을 이루기 시작했다. 그러면서 난지도의 거대한 '쓰레기 산'은 도시의 치부, 오염과 부패와 악취, 비위생과 빈곤이라는 도시의 사회문제를 집약적으로 가시화하는 공간이 되기 시작했다.

*

매립지를 폐쇄하지 못하게 되면서 서울시는 '위생입체매립' 기술을 통해 매립지의 수명을 연장하고자 했다. 매립을 중단할 수 없다면 기술적 처리를 통해 '위생적인' '쓰레기 동산'을 만들고, 매립지로서의 사용이 완료되면 공원을 만들겠다는 계획이었다.[34] 1986년 침출수를 차단하면서 흙으로 쓰레기를 덮는 미국의 '지역식 위생매립 방법'[35]이 곧바로 도입할 수 있는 기술로 선정되었고, "수도권개발연구소는 위생매립을 통해 60~70m까지 쓰레기를 매립해 난지도[매립지]의 수명을 10년 정도 연장시킬 수 있다고 계산했다."(배상희, 2020: 22)

'위생적 입체매립' 정책에서 의도치 않게 중요한 역할을 담당하게 된 것은 당시 쓰레기의 많은 부분을 차지하던 연탄재였다. 생활 쓰레기의 많은 부분을 차지하던 연탄재를 쓰레기를 덮는 데 활용하게 되면 복토재 비용을 절감할 수 있을 뿐 아니라 전체 쓰레기 양을 절감할 수 있을 것이기 때문에, 이 방안을 적극 활용하고자 했다.[36]

---

34 "1978년부터 1985년까지는 평면매립이 진행되었고, 제1, 제2 매립지로 구분한 입체매립은 1986년부터 1992년까지의 기간에 이루어졌다."(송재민, 2017: 49)
35 위생매립(sanitary landfill)에서는 두 가지 작업이 중요하다. 그것은 침출수의 지하수 오염을 차단하는 것, 그리고 흙을 덮어 매립 쓰레기를 위생처리하는 것이다. 미국에서 지금까지 사용되고 있는 위생매립 방법은 세포(cell)라 불리는 플라스틱 저장고를 땅에 묻고 거기 쓰레기를 매립한 후 압축하여 보관하는 방법이다. 여기서 매립 쓰레기를 다지고, 흙을 덮어 보관하고, 침출수를 모아 재처리하는 단계들이 가장 중요한 기술적 작업 과정이 된다.
36 "연탄재를 입체위생매립의 주요 재료인 복토재로 사용하는 것은 '외국에서와 같이 용이하게 소각, 퇴비화 등의 처리'를 하기 어려운 한국 도시 쓰레기의 특징을 고려해 외국의 기술을 변용하

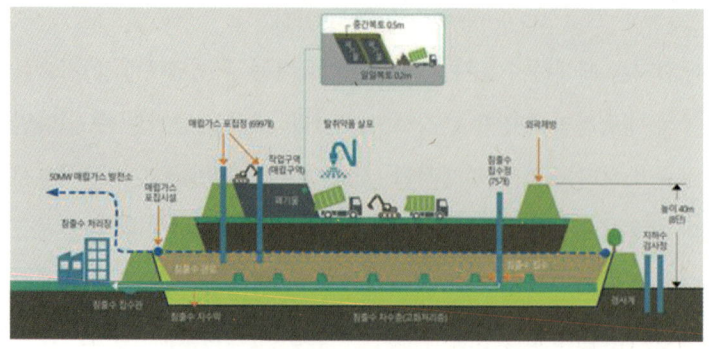

위생매립(Sanitary Landfill)
이미지 출처: 수도권매립지관리공사 https://www.slc.or.kr/slc/mb/sl/ecoLandfill.do

    '위생매립'을 도입하면서 매립지의 폐쇄를 연장할 수 있었던 이유이자 요인 중 하나는, 당시 많은 도시 빈민들이 난지도 매립지에서 재활용 쓰레기를 수집하는 것으로 생계를 유지하고 있었다는 사실에서 기인한다.[37] 1980년대 생활쓰레기뿐 아니라 건축폐기물과 산업폐기물까지 무작위로 모여 쌓이던 난지도 매립지는 쓰레기에서 쓸 만한 것이면 무엇이든 줍고 파내고 분류하는 도시 빈민들의 일터이자 삶터였다. 난지도 주민들은 커다란 경제적 관계망의 일부였고, 그들의 위치와 역할이 결코 '비공식적'인 것만은 아니었

는 것이었다." Sanghee Bae(2022), "Infrastructure of Slow Disaster: Construction of the Landfill, 1977~1993", *ECO*, p. 59.

[37] "1인당 회수량 합계는 하루 130.4kg, 연간 47,628kg, 모든 넝마주이들의 회수량을 합한 값은 연간 119,897톤으로 계산되었다. 난지도에서 작업하는 넝마주이의 총인원은 1984년 1월 기준으로 2,517명으로 집계되었다."(배상희, 2020: 29)

다. 당시 발표된 사실주의 소설들에서 확인할 수 있는 것처럼, 난지도 매립지를 둘러싼 적지 않은 규모의 경제 공동체가 꾸려지고 있었다. 구청 청소과, 쓰레기 대행업체, 난지도 주민들 사이에 많은 권리금이 오가면서 '쓰레기를 줍는 권리'가 거래되었다는 사실을 통해, '쓰레기 자원 경제'의 흐름과 규모를 가늠할 수 있다.[38] 난지도 주민들은 쏟아지는 쓰레기 안에서 재활용 가능한 것들은 무엇이든 수집하여 되팔면서 매립지 쓰레기의 총량을 줄이는 데 기여했다. 난지도 매립지의 재활용 자원의 회수율은 아주 높았고, 자원 시장에서 큰 비중을 차지하고 있었다.[39]

'위생매립'은 처음부터 불가능한 기획이었다. 정책입안자들은 모르는 척했지만, 난지도의 지반은 침출수 유출에 취약한 자갈과 모래로 이루어져 있었기 때문에, 난지도는 '위생매립' 기술에 적합한 입지가 아니었다. 그리고 '위생매립'을 도입하는 시점의 난지도 매립지는 이미 폐기물과 유해 물질이 뒤엉켜 함께 썩어 가고 있었다. 그럼에도 '위생매립' 정책이 적극적으로 선전되었던 이유는 존재감을 가지고 드러나기 시작한 '쓰레기 산'은 도시 시스템의 심각한 위기로 가시화되기 때문이다.

---

38 작가 정연희는 『난지도』에서 "대형[쓰레기]차 한 대를 도맡아 쓰레기를 먼저 줍는 권리금은 350만 원까지 형성되어" 있었다고 전한다.(정연희, 1985: 19)

39 배상희는, 난지도의 넝마주이들이 '위생 기술' 정책이라는 기획에 '우연한 요소'로 개입했지만, 정책의 의도를 굴절시키는 행위자들이었다고 분석한다. 그들의 개입으로 기술적 해결은 불투명해지고 왜곡될 수밖에 없었지만, 다른 한편 쓰레기 처리는 더 효율적으로 이루어지게 되었다는 것이다. 배상희(2022), 「느린 재난의 인프라: 넝마주의와 연탄재를 통해 본 난지도 쓰레기 매립지의 형성과 작동, 1977~1993」『환경사회학연구 ECO』 제26권 2호, 39~86쪽.

3.

'위생매립' 기술을 활용해 높이 70m가 될 때까지 매립지를 10년간 더 활용할 수 있도록 한다는 계획은 실패했다. 6년 후인 1992년에 '쓰레기 산'의 높이는 이미 90m를 넘어섰고, 난지도 매립지는 심각한 도시의 '환경문제'로, 스펙터클한 오염의 상징으로 인식되기 시작했다. '난지도'는 '무계획적'이고 '비위생적인' 전근대적 도시의 악몽을 상징하는 단어가 되었다. 악몽이 거대해지면서, 서울시가 선전했던 '기술적 위생매립' 정책은 이후 실패로조차 기록되지 않게 되었다.[40]

악취, 오수, 유해가스, 먼지, 환경 오염, 생태계 파괴로 인해 '죽은 땅', 난지도 매립지는 1993년에 폐쇄되었다. 이후, 난지도 매립지의 '안정화' 사업은 한일 월드컵의 서울 개최가 결정되었던 1996년까지 '준비 중'이었다. 1996년 월드컵 공동개최 결정, 그리고 1998년 '상암 신도시 기본계획' 발표 후, 난지도 매립지 '안정화 공사'의 시행은 가속화되었다. 난지도 매립지 안정화 공사의 목표는 "비위생적으로 쌓인 쓰레기를 그대로 둔 상태에서 환경을 복원하는 것"으로 설정되었다. 공사는 1996년 12월에 시작해 2002년 10월에 종료되었고, 2020년경에는 매립지 안정화를 기대할 수 있다

---

[40] 도입 당시에는 전향적인 기술적 해결로 선전되었으나 원칙대로 시행되지는 못했던 '위생매립 기술'의 경과는 제대로 서술되지 않는다. 정책의 외관적 기대와 달리 난지도의 매립은 거의 무방비하게 지속되었다고 평가된다. 더욱이 도시가 팽창하고 대안이 될 다른 매립지가 없는 상황에서 난지도 매립지는 빠르게 한계에 도달했다.

고 알려졌다.

15년간 쌓인 쓰레기로 이루어진 산이 생태공원으로 탈바꿈하는 데 채 4년도 걸리지 않았다.[41] 쓰레기 매립으로 이루어진 두 개의 봉우리는 각각 '하늘공원'과 '노을공원'이 되었고, 폐수와 오수가 고여 있던 지천에는 '난지천 공원'이 만들어졌다. 짧은 기간에 사업이 완료될 수 있었던 것은, 인근의 상암동 도시개발과 월드컵 경기장 건설이라는 외적 압력이 작용했기 때문이다.

그리고 무엇보다도 나무를 심기에는 턱없이 얕은 60cm 내외에 불과한 식생층을 활용하여 '초지공원'으로 조성했기 때문에 가능했던 것이다. 초지공원을 조성하기 위해, 난지도에서는 자생하지 않는 억새와 띠를 전국에서 어렵게 모아 시공했고, "수급된 억새와 띠 종자는 쓰레기 산의 표면에 인공포트를 삽입하고 토양보습제와 비료로 식재 환경을 조성한 다음에야 활착할 수 있었다."(배상희, 2020: 55~56)

그 결과는 성공적이었다. 제2 매립지 위에 약 19만m^2 넓이로 조성된 하늘공원은 억새밭으로 이루어진 초지공원이 되었고, 지금은 해마다 가을이면 그곳에서 억새 축제가 열린다. 제1 매립지 위에 약 34만m^2 규모로 조성된 노을공원에는 대중 골프장과 가족 캠핑장, 운동시설 등이 설치되었다. 수질 오염이 심각했던 난지천도 공원으로 꾸며져 "오염하천이 자연하천처럼 생태적으로 복원되는 모습"

---

[41] 1999년 10월에서 2000년 7월 사이 월드컵 공원 설계가 완성되었고, 5개월 내에 하늘공원과 노을공원, 난지천공원의 조성 공사가 착공되었다. 그리고 2002년 6월 월드컵이 시작할 즈음에 완공되었다.(서울연구원, 2014: 45)

하늘공원

을 보여 주고 있다.(송재민, 2014) 공원이 만들어지고 난 후 20년 동안 난지도에는 새로운 생태계가 만들어졌다. 그러나 여기 '생태의 복원/재생' 같은 것은 없다.

난지도에서 '재생'과 '생태복원'의 서사는, 옛이름 '꽃섬'을 회복해야 할 기원인 양 불러낸다. "난지도는 난초와 지초가 자라고 철따라 온갖 꽃이 만발하던 섬이었다. 풍부한 수생 동식물 덕분에 겨울이면 고니, 흰뺨검둥오리 같은 철새가 날아드는 자연의 보고였다."(서울연구원, 2014: 22) 이런 서사는 아련하게 아름다운 이야기이지만, 그 실체적 근거는 희박하다. 더욱이 근대 도시 서울에서 '자연의 보고'인 '꽃섬'은 존재한 적이 없다. '생태공원' 난지도는 오직 지금 여기서 어떤 '포스트휴먼 생태(posthuman ecology)'[42]가 생동하면서 이 대도시의 자연문화를 만들어 가고 있는지 보여 줄 뿐이다.

4.

하늘공원은 연간 천만 명 이상이 찾는, 억새밭으로 이루어진 초지공원이다. 방문객들은 그곳이 '쓰레기 산'이었다는 사실을 어렴풋이 기억하거나, 혹은 기록으로 접한다. 그리고 억새밭 사이사이에서 무심히 '매립가스 포집시설'이나 '매립가스 이송관로'를 표시하는 주의 표지판을 발견한다. 사실 "하늘공원은 100m 높이의 생활쓰레기 매립지이며, 향후 20년에 걸쳐 0.19~2.13m의 침하가 예상되는 불안정한 지역이다."(서울연구원, 2014: 74) '쓰레기 산' 위에 만들어진 공원은 썩어 가는 쓰레기 위에서, 그 쓰레기와 함께 새로운 생태계를 만들고 있다. 그 생태계는 여러 의미에서 불안정하다. 토양 안정화는 완료되지 않았고, 침하는 진행 중이다. 공원에서는 여전히 매립지에서 발생하는 메탄가스를 포집하여 처리 중이다. 처리된 메탄가스는 지역난방과 공원 내 설치된 쓰레기 소각시설에서 사

---

[42] '포스트휴먼 생태학'은 브라이도티(Rosi Braidotti)와 빅널(Simone Bignall)이 편집한 책의 제목에서 빌려 온 개념이다. Braidotti·Bignall(eds.)(2019), *Posthuman Ecologies*, New York·London: Rowman & Littlefield. 이들은, 인간중심주의적인 틀을 넘어—비인간 생명뿐 아니라 기술적 인공물이나 물질에 이르기까지—모든 존재하는 것들의 서로 얽힌 관계와 역동의 집합체(assemblage)를 이해하기 위해 이 개념을 사용하고자 한다. 나는 이들의 개념을 그대로 따르지는 않으면서, 탈인간중심주의적이고 탈유기체중심적인 생태 시스템에 대한 이해의 관점을 드러내고 포착하기 위해 이 개념을 차용한다.

용되고 있다. 안정화는 완결되는 것이 아니라, 계속 진행되어야 하는 것이다.

난지도 생태공원에서 지금 무슨 일이 벌어지고 있는가? 스스로를 '퇴비주의자'로 규정하는 해러웨이는 "인간이든 아니든, 크리터들은 공-산적(sympoietic) 얽힘의 시간과 물질의 모든 규모와 목록 속에서, 생태-진화-발생의 현실적인 세계 만들기(worlding)와 해체하기(un-worlding) 속에서 함께-되고, 구성하고 분해한다"고 말한다.(해러웨이, 2021: 166) 세계를 짓고 해체하면서, 함께 되어 가고, 구성하고, 분해하는 '공-지하적(symchthonic)' 힘이 지금 난지도의 생태를 움직이고 있다.

버려져서 썩어 가는 것들을 중심으로 여러 행위자들이 얽혀 함께 만들어 낸 우연하면서도 창발적인 과정들이 난지도에 흥미로운 생태계를 구성해 오고 있다. 난지도의 쓰레기 생태계는 폐기물 경제, 기술과 생태, 인공과 자연, 의도한 것과 의도치 않은 것, 성공과 실패를 함께 섞어 운반해 왔다. 그리고 그것의 시간성은 '죽음의 과거'를 청산하고, 생태가 '되살아나는 미래'를 향해 나아가고 있는 것이 아니다. 악취 나는 쓰레기 더미가 활발한 생산 공간을 제공하던 과거, 그것과 단절하면서 기술적으로 위생처리된 매립지 위에 말쑥이 자리 잡은 억새공원이나 골프장, 캠핑장이 오염을 벗겨 낸 '생태복원'의 미래로 나아가고 있는 것이 아니다. 난지도의 '포스트휴먼 생태'는 불안정하게 생명과 죽음이 함께 얽혀 썩어 가는 '두터운 현존의 현재(thick, ongoing presence)'를 살아가고 있다.(해러웨이, 2021: 8~9)

5.

난지도 생태공원에서 지금 무슨 일이 벌어지고 있는가? 제주의 야생화 "야고(野菰, Aeginetia indica L.)의 생태 중 특수한 사례가 서울시 마포구 소재 하늘공원에 있다."[43]

하늘공원의 야고

야고는 1970년 제주도에서 국내 자생지가 처음 발견된, 한해살이 전기생식물로 "여러 종의 숙주 식물의 뿌리에 흡착하여 왕성하게 번식하는 것으로 알려져 있다."(이소요, 2023: 148) 하늘공원에 조성된 5만여 평의 억새밭에 야고가 서식한다. 야고의 숙주 식물 중 하나가 억새다. 서

---

[43] 이소요, 〈야고(野菰), 버섯 같은 것〉, 2021, 복합매체 설치, 가변 크기, 서울시립 서서울미술관 소장. 이소요 작가의 이 작품을 나는 2023년 1월 제3회 제주비엔날레 《움직이는 달, 다가서는 땅》이 열리고 있는 제주도립미술관에서 만났다. 2022년 6월 이 글의 첫번째 버전을 한 학회에서 발표했을 때부터, 난지도 매립지에서 벌어지고 있는 '일'—퇴비 위에서 만들어진 '포스트휴먼 생태계'의 심포이에시스를 주장하면서도, 그것을 입증할 구체적인 실례를 찾아 논의를 정리하는 작업을 게으르게 미루고 있던 중이었다. 이소요 작가의 〈야고(野菰), 버섯 같은 것〉은 나의 글과 유사한 관심과 관점에서 난지도 생태의 구체적인 실례를 찾아 밝혀 보여 준 작품이었다. 그 후 작가를 만나 내 작업에 대해 소개하고, 도움을 받고자 작품에 대한 자료를 전달받았다. 작가는, 내게도 전달해 주었던 작품의 아티스트 라이팅(artist writing)을 수정하여 과학잡지 『Epi』(에피) 25호에 발표했다. 이소요(2023), 「야고(野菰), 버섯 같은 것」『새들의 도시—과학잡지 에피 25』 이음, 144~163쪽. 작가에 따르면, "이 작품은 2017년 시작한 《서울에 풀려나다》 연작 중 하나로, 인간이 교란한 환경에서 자생력을 가지고 살아가는 생물 사례를 발견하여 생물 보존물, 사진, 비디오, 참고문헌 텍스트 등 복합매체를 사용한 설치를 통해 소개하는 프로젝트이다."(이소요, 2023: 146)

자방이 부풀고 종자가 익어 가는 야고의 꽃. 2020년 10월 29일 서울시 하늘공원에서 촬영. (사진 촬영 및 제공: 이소요)

울의 난지도 매립지에 조성된 하늘공원의 야생화 '야고'의 생태에 주목하여 작업한 이소요 작가는, 하늘공원을 초지공원으로 조성하기 위해 전국의 억새를 옮겨 올 때 그 일부가 제주도에서 올라왔고, 여기에 기생하던 야고가 함께 딸려온 것으로 추정된다고 기록한다. 야고의 원산지는 아시아 동남부 열대와 아열대로 "겨울에 땅이 어는 서울은 야고가 자생하기에 적합한 기후대가 아니지만, 매립된 쓰레기가 분해될 때 발생하는 지열로 인해, 이 식물이 번식하기 좋은 환경이 되었다는 분석이 있다."[44]

[44] "하늘공원에 억새와 함께 야고가 자생하게 되면서, 꽃대가 올라오는 10월이 되면 야생화 애호가들을 불러 모은다."(이소요, 2023: 149) 최근, 10월 중에 열리는 하늘공원 억새축제 기간에는 '야고 찾기' 행사도 함께 진행된다.

이소요, 〈야고(野菰), 버섯 같은 것〉, 2021. 제 3회 제주비엔날레《움직이는 달, 다가서는 땅》설치 전경.(사진 촬영 및 제공: 제주도립미술관)

이 같은 현상은, 인간이 교란한 환경에서 생겨나는 새로운 자생성을 보여 주는 사례인 동시에, 하늘공원이라는 지리적 영역을 공유하는 복수종의 생물이 환경적, 생리적 관계망으로 연결된 통생명체(holobiont)의 측면을 가지고 있음을 떠올리게 한다.(이소요, 2023: 149)

다른 한편, 이소요 작가는 이 식물의 [중국명에서 따온] 한국명 '야고'를 '버섯 같은 것'이라고 풀어 읽고자 한다. '야고(野菰)'의 '고(菰)'를 버섯으로 해석할 수 있다면,[45] 야고의 생태적 특성을 살려 '버섯 같은 것'이라고 부를 수 있을 것이라고 쓴다.[46] 야고를 '기생식물'로 분류하는 것은, 이 식물이 어떻게 다른 크리터들과 얽혀 살아가며 함께 만들어 가는지를 드러내기에 충분하지 않다. 버섯이 나무의 뿌리에 기생해서 양분을 취하면서 그 영양물질을 밖으로 내보내 숲의 생태 연결망을 건설하고 흙을 살리는 것처럼,(칭, 2023) '버섯 같은' 야고도 억새와 얽혀 난지도 하늘공원의 생태를 '함께 만든다.' 그리고 추운 겨울을 나야 하는 서울에서 야고의 삶을 지탱하는 생태의 바닥에는 폐기물이 썩으면서 만들어 내는 열기가 있다.

*

이탈로 칼비노는 『보이지 않는 도시들』에서 매일 새로워지는 도시 레오니아를 소개한다. 그 도시에서는 매일 새로워지기 위해 끊임없

---

[45] 이소요에 따르면, 버섯의 일종인 '표고'를 표시하는 한자 중 뒷글자에는 여러 자가 사용되는데, 그 가운데 "菰—줄풀, 부추, 향초, 옥, 버섯"도 포함되어 있다. "여기서 '菰'가 버섯의 의미를 가질 수 있다는 점이 보이며, 또 다른 예로 풀버섯의 중국 국명 草菰(초고)를 찾을 수 있었다."(이소요, 2023: 154)

[46] 또 같은 맥락에서, 야고를 '들버섯아재비'로 부를 수도 있을 것이라고 제안한다. '아재비'라는 말은, '미나리아재비'의 경우처럼 "[미나리와] 유사하지만 거리가 멀다"는 뜻을 포함한다. 그렇다면, "우리는 생물계의 구성원들이 다채로운 공생의 관계망을 통해 인간이 찾아 놓은 분류의 규칙을 거뜬히 넘나들고 있음을 알게 되었기에, 일컫는 행위를 통해서도 종 구분을 초월한 심상의 연합을 시도할 수 있지 않을까? 그렇다면 중국 국명을 훈독한 '들버섯아재비'도 야고(野菰)를 부르는 하나의 방법이 될 수 있을 것이다. 균계 생물과 친족이면서 식물계에 속한 생물이 되겠다."(이소요, 2023: 159~160)

이 어제의 쓰레기를 버린다. '도시의 천사들'인 청소부들은 이 쓰레기를 매일 보이지 않도록 도시의 외곽으로 밀어낸다. 도시의 외곽에는 쓰레기 더미가 쌓이고, 그것은 매일 더 높아지고 넓어진다.

결과는 이렇습니다. 레오니아에서 물건들을 내버리면 버릴수록 쓰레기는 더 많이 쌓입니다. 과거의 파편들이 벗을 수 없는 갑옷으로 단단하게 굳습니다. 도시는 매일 새로워지면서 단 하나의 결정적인 형태로 스스로를 완전히 보존해 나갑니다. 바로 그저께의, 그리고 매달, 매년, 십 년 전의 쓰레기들 위에 쌓이는 어제의 쓰레기 더미의 형태로 말입니다.(칼비노, 2007: 149)

쓰레기 위에 세워진 도시의 공원과 아파트 단지들. 언덕 위에 만들어진 억새 공원을 산책하면서, 문득 '그 산이 정말 거기에 있었을까?' 묻는다. 그러나 쓰레기 산은 여전히 거기 있다. 그렇게 어제의 잔해는 퇴비로 보존되고, 두터운 현재 안에서 이미, 여전히, 아직도 만들어지는 중이다.

출전들

2부: 쓰기

1. [사이보그] 글쓰기 기계
이 글의 기본적인 아이디어는 2015년 한국여성철학회의 춘계학술대회 "과학기술과 여성철학"에서 "음성-문자-글쓰기 기계: 여성철학의 관점에서 키틀러의 '기록체계' 다시 읽기"라는 제목으로 처음 발표되었다. 그것을 수정·보완한 논문, 「글쓰기 기계와 젠더: 키틀러의 '기록체계' 다시 읽기」는 2015년 5월 『한국여성철학』 23집에 실렸다.

2. [겸손한 목격자] 상업적 대리모
이 글은 Asian Journal of Women's Studies, vol. 26, no. 2(2020년 6월)에 실렸던 논문 "Surrogate Mother, the Modest Witness of New Reproductive Technology: Understanding Technobiopower in Posthuman Era"를 정리하고 수정, 보완한 것이다. 이 논문과 연관된 두 번의 구두 발표가 있었다. 2016년 4월에 한국여성주의인문학 학술대회에서 「'어머니'라는 매체: 과학기술시대의 재생산 노동」이라는 제목으로 발표했던 초기의 아이디어를, 조금 더 구체화시켜 2018년 10월, 제5차 세계 인문학 포럼(The 5th World Humanities Forum)에서 "Bio-Techno-Media: New Reproductive Technology and Maternity"라는 제목으로 발표했다. 이 두 번의 발표는 '매체' 개념으로 신재생산기술 시대의 '모성성'을 분석해 보려 했었다는 점에서 최종 발표 논문과 그 구성이 같지는 않다. 그리고 이 논문의 일부를 쉽게 요약한 글이, 「인공자궁, 탄생 혹은 제작?」이라는 제목으로 『포스트휴먼이 몰려온다』(2020, 아카넷)에 실려 있다.

3. [포스트젠더/SF-사이보그 테크놀로지] 페미니스트 SF
이 글은 1970년대 미국 페미니스트 SF에 대한 관심으로 시작되었고, 첫번째 판본은 한국여성철학회 2019년 봄 정기 학술대회 "과학기술시대, 여성철학의 새로운 쟁점"에서 「페미니스트 SF의 비판적 서사전략」이라는 제목으로 발표되었다. 이 발표문을 수정 보완한 논문이 2019년 5월 『한국여성철학』 31집에 「변형의 시도: 제임스 팁트리 주니어의 글쓰기 양식과 페미니스트 SF」라는 제목으로 실렸다. 그리고 국제학술대회에서 발표할 기회가 두 번 있었다. 2019년 5월 이화인문과학원 국제심포지엄 "신체: 생명과 기계"에서 "변형의 시도: 제임스 팁트리 주니어의 SF가 보여 주는 것"이라는 제목으로, 2019년 6월 제4차 동아시아 현상학회 학술대회(The 4th Annual Conference of the East Asian Network for Phenomenology)에서 "Genre and Gender: Reading James Tiptree Jr.'s SF"라는 제목으로 발표했다.

4. [자연문화] 청계천
이 글은 2016년 12월 『환경철학』 22집에 실렸던 논문 「탈근대 도시의 '자연™': 포스트휴먼 관점에서 본 청계천의 생태복원 담론」을 바탕으로 수정했다. 출간된 논문의 첫 판본은, 2014년 9월 25일에서 28일 사이 그리스 미틸리니의 에게 대학교(University of the Aegean)에서 개최된 6th Beyond Humanism Conference "Posthuman Politics"에서 발표했던 "Posthuman City Life and Nature™: Discourse on Restoration of Ecological System in Seoul"이다.

3부: 엮기

1. 미지와의 조우
이 글은 독립 큐레이터 박유진이 기획한 전시 <아레시보Arecibo>(2022. 2.18.~3.1. TINC)에서 렉처 프로그램으로 진행했던 "미지와의 조우" 강연을 수정, 보완한 것이다.

2. 알아차리기의 기술
이 글은 아르코미술관에서 있었던 전시 <땅속 그물이야기>(2022. 8.11.~10.23. 아르코미술관)의 후속 작업으로 만들어진 웹 도록에 실렸던 것이다. 웹 도록은 다음에서 찾아볼 수 있다.
https://www.arko.or.kr/artcenter/board/view/510?bid=&page=2&cid=712498

3. 난지도 쓰레기매립지의 두터운 현재
이 글의 첫 아이디어는 2022년 이화인문과학원과 도시사학회가 공동주최한 국제심포지엄 '생태-기술-도시'에서 발표되었다. 그 후 2023년 1월 '제3회 제주 비엔날레'에서 이소요 작가의 작품 <야고(野菰), 버섯 같은 것>을 만나고 난 후, 그 내용을 포함하여 2023년 6월 28일 대전에서 "Multiple Crises and the Asian Anthropocene: Climatic, Ecological, and (Post)Colonial Perspectives"라는 주제로 열린 '제7회 동아시아 환경사학회 학술대회(The Seventh Biennial Conference of East Asian Environmental History, EAEH 2023)'에서 발표했고, 이 글은 그것을 다듬은 것이다.

참고문헌

【논문 및 단행본】

구정은(2018), 『사라진, 버려진, 남겨진』, 후마니타스.

김숙진(2006), 「생태 환경 공간의 생산과 그 혼종성(hybridity)에 대한 분석: 청계천 복원을 사례로」, 『한국도시지리학회지』 제9권 2호, 113~124쪽.

김애령(2004), 「니체의 은유이론과 문체의 문제」, 『철학연구』 제65집, 125~143쪽.

김애령(2010), 「'여자 되기'에서 '젠더 하기'로: 버틀러의 보부아르 읽기」, 『한국여성철학』 제13권, 23~51쪽.

김애령(2013), 『은유의 도서관: 철학에서의 은유』, 그린비.

김애령(2014), 「사이보그와 그 자매들: 해러웨이의 포스트휴먼 수사 전략」, 『한국여성철학』 제21권, 67~94쪽.

김애령(2023), 「환대와 응답-능력」, 『인간과 평화』 제4권 제1호, 201~213쪽.

김정희(2008), 「"복원된 청계천"과 그 후: 계몽주의적 프로젝트의 포스트모던적 실현」, 『현대미술학』 12호, 181~226쪽.

김형국·구본학(2010), 「청계천 복원 후 3년간 식물상 변화」, 『한국환경복원기술학회지』 제13권 6집, 107~115쪽.

노명우(2004), 「청계천의 도시경관과 '서울적 상황': 하나의 시도」, 『사회과학연구』 제12집 1호, 206~239쪽.

데리다, 자크(2010), 『그라마톨로지』, 김성도 옮김, 민음사.

데리다, 자크(2013), 「동물, 그러니까 나인 동물(계속)」, 최성희·문성원 옮김, 『문화과학』 73, 299~378쪽.

데이비스, 폴(2019), 『침묵하는 우주』, 문홍규·이명현 옮김, 사이언스북스.

도기숙(2008), 「타자기와 여성해방: 키틀러의 매체이론에 나타난 기술과 여성의 문제」, 『독일어문학』 제43집, 309~330쪽.

뒤부아, 자크 외(1989), 『일반 수사학』, 용경식 옮김, 한길사.

디쉬, 토머스 M.(2017), 『SF 꿈이 만든 현실』, 채계병 옮김, 이카루스미디어.

러브크래프트, 하워드 필립스(2021), 「크툴루의 부름」, 『하워드 필립스 러브크래프트: 크툴루의 부름 외 12편』, 김지현 옮김, 현대문학, 165~208쪽.

레비, 프리모(2010), 『이것이 인간인가』, 이현경 옮김, 돌베개.

르 귄, 어슐러(2021), 『세상 끝에서 춤추다』, 이수현 옮김, 황금가지.

르페브르, 앙리(2011), 『공간의 생산』, 양영란 옮김, 에코리브르.

마굴리스, 린(2007), 『공생자 행성』, 이한음 옮김, 사이언스북스.

매클루언, 마셜(2013), 『미디어의 이해: 인간의 확장』, 김상호 옮김, 커뮤니케이션북스.

매킨타이어, 리(2019), 『포스트 트루스: 가짜 뉴스와 탈진실의 시대』, 김재경 옮김, 두리반.

메르쉬, 디터(2006), 『매체이론』, 문화학연구회 옮김, 연세대학교출판부.

모슨, 게리 솔·에머슨, 캐릴(2020), 『바흐친의 산문학』, 오문석·차승기·이진형 옮김, 앨피.

뮈크, D. C.(1986), 『아이러니』, 문상득 옮김, 서울대학교출판부.

바구쉐, 프라우케(2021), 『바다 생물 콘서트』, 배진아 옮김, 흐름출판.

바흐찐, 미하일(1988), 『바흐찐의 소설미학』, 이득재 옮김, 열린책들.

박대영(2022), 「안녕, 아레시보!」, 『과학은 지금, Vol. 1』, 국립과천과학관, 시공사.

박삼열(2011), 「토론의 논거 발견과 수사학의 토포스: 아리스토텔레스의 토포스를 중심으로」, 『인문과학연구』 29집.

박영욱(2009), 「문학에 대한 매체철학적 고찰: 데리다의 음성중심주의 비판과 키틀러의 매체분석을 중심으로」, 『범한철학』 제54집, 367~393쪽.

박진희(2005), 「페미니즘과 과학기술: 현대 기술에 대한 세 가지 입장을 중심으로」, 한국과학기술학회 강연 자료, 53~64쪽.

발사모, 앤(2012), 『젠더화된 몸의 기술』, 김경례 옮김, 아르케.

배상희(2020), 『난지도 쓰레기 매립지의 형성과 재활용: 위생매립기술의 발견과 적용을 중심으로』, 서울대학교 대학원 석사논문.

배상희(2022), 「느린 재난의 인프라: 넝마주의와 연탄재를 통해 본 난지도 쓰레기 매립지의 형성과 작동, 1977~1993」, 『환경사회학연구 ECO』 제26권 2호, 39~86쪽.

버틀러, 주디스(2016), 『지상에서 함께 산다는 것』, 양효실 옮김, 시대의창.

벨러, 에른스트(2005), 『아이러니와 모더니티 담론』, 이강훈·신주철 옮김, 동문선.

보르도, 수전(2003), 『참을 수 없는 몸의 무거움』, 박오복 옮김, 또하나의문화.

보부아르, 시몬 드(2002), 『제2의 성』, 조홍식 옮김, 을유문화사.

비트겐슈타인, 루트비히(2010), 『철학적 탐구』, 이영철 옮김, 책세상.

사이토 하루미치(2022), 『목소리 순례』, 김영현 옮김, 다다서재.

서울연구원(2014), 『2014 경제발전모듈화사업: 난지도 생태공원 복원』.

서울특별시(편)(2006), 『청계천 복원사업 백서 1』, 서울시.

셔머, 마이클(2020), 『스켑틱: 회의주의자의 사고법』, 이효석 옮김, 바다출판사.

송재민(2017), 「난지도 생태공원」, 『서울시 정책자료』.

쇼스택, 세스(2016), 「다음은?: 외계의 지적 생명탐사」, 『지구 밖 생명을 묻는다』, 짐 알칼릴리 편, 고현석 옮김, 반니.

슈나이더, 조지프(2022), 『도나 해러웨이』, 조고은 옮김, 책세상.

스콜즈, 로버트·라프킨, 에릭(1993), 『SF의 이해』, 김정수·박오복 옮김, 평민사.

스파, 데보라 L.(2007), 『베이비 비즈니스』, 심재관 옮김, 한스미디어.

아렌트, 한나(2019), 『인간의 조건』, 이진우 옮김, 한길사.

아우어바흐, 에리히(1995), 『미메시스: 서구문학에 나타난 현실묘사(고대·중세편)』, 김우창·유종호 옮김, 민음사.

안병옥(2003), 「자연의 정원화와 사회적 실험실로서의 청계천 복원」, 『환경사회학연구 ECO』 제4호, 191~210쪽.

알칼릴리, 짐(2014), 『물리학 패러독스: 물리학의 역사에서 가장 위대한 9가지 수수께끼』, 장종훈 옮김, 인피니티북스.

양윤재(2003), 「청계천 복원 사업의 친환경성: 지속가능한 개발 청계천복원사업」, 『한국생태환경건축학회 논문집』 vol. 3, no. 2, 79~88쪽.

엠리, 머브(2019), 『재생산에 관하여: 낳는 문제와 페미니즘』, 박우정 옮김, 마티.

와츠맨, 주디(2001), 『페미니즘과 기술』, 조주현 옮김, 당대.

와이즈먼, 주디(2009), 『테크노페미니즘』, 박진희·이현숙 옮김, 궁리.

윅스퀼, 야콥 폰(2019), 『동물들의 세계와 인간의 세계: 보이지 않는 세계의 그림책』, 정지은 옮김, 도서출판b.

유재순(1985), 『난지도 사람들』, 글수레.

유현주(2013), 「현대 매체이론에서 문자의 개념과 역할: 캐나다 학파, 플루서, 키틀러의 이론을 중심으로」, 『인문과학』 제97집, 319~343쪽.

윤성복(2004), 「소외, 청계천 복원 그리고 지속가능한 도시 서울」, 『사회과학연구』제12집 1호, 240~276쪽.

윤성복(2013), 「동물 그리고 경합하는 동물 담론들」, 『문화과학』 76호, 문화과학사.

이상락(1985), 『난지도의 딸』, 실천문학사.

이상배(2000), 『서울의 하천』, 서울특별시시사편찬위원회.

이상헌(2011), 『생태주의』, 책세상.

이상헌(2015), 「닐 스미스의 자연의 생산 개념에 의한 청계천 복원사업의 비판적 해석」, 『공간과 사회』 제25권 4호(통권54호), 88~121쪽.

이세진(2022), 「청계천 치수를 둘러싼 정치논리와 환경윤리」, 『환경철학』 33집, 55~93쪽.

이소요(2023), 「야고(野菰), 버섯같은 것」, 『새들의 도시—과학잡지 에피 25』, 이음, 144~163쪽.

이지선(2021), 「물질과 의미의 물의(物議) 빚기: 캐런 버라드의 행위적 실재론에 관한 예비적 고찰」, 『시대와 철학』 제32권 1호(통권 94호), 233~260쪽.

임종기(2004), 『SF 부족들의 새로운 문학 혁명, SF의 탄생과 비상』, 책세상.

임태훈(2019), 「난지도가 인류세에 묻는 것들」, 『문화과학』 97호, 문화과학사.

임태훈(2020), 「쓰레기장의 다크 에콜로지와 문학의 기록: 난지도 소재 소설의 재발견」, 『현대문학이론연구』 제82집.

자런, 호프(2017), 『랩걸』, 김희정 옮김, 알마.

정성원(2004), 「전통, 근대, 탈근대의 결합: 청계천 복원 담론을 중심으로」, 『사회사상과 문화』 제9집, 81~108쪽.

정연보(2013), 「'잔여' 배아와 난자의 연구목적 이용을 둘러싼 쟁점: '폐기물', 신체, 국가 발전의 의미를 중심으로」, 『한국여성학』 제29권 1호, 1~35쪽.

정연희(1984), 『난지도』, 정음사.

조명래(2003), 「청계천의 재자연화를 둘러싼 갈등과 쟁점」, 『환경사회학연구

ECO』 4호, 130~165쪽.

조명래(2005), 「자연임을 거세당한 청계천 복원」, 『문화과학』 44호, 274~293쪽.

창, 테드(2019), 『숨』, 김상훈 옮김, 앨리.

체슬러, 필리스(2021), 『여성과 광기』, 임옥희 옮김, 위고.

최소영(2011), 「F. 키틀러의 매체 개념과 신체의 의미에 관한 연구」, 『미학·예술학연구』 33집, 177~209쪽.

최유미(2020), 『해러웨이, 공-산의 사유』, 도서출판b.

칸토, 크리스토프·팔리우, 오딜(1997), 『인간은 미래를 어떻게 상상해 왔는가』, 김승욱 옮김, 자작나무.

칼비노, 이탈로(2007), 『보이지 않는 도시들』, 이현경 옮김, 민음사.

칼비노, 이탈로(2020), 『팔로마르』, 김운찬 옮김, 민음사.

콜,주디스·콜, 허버트(2002), 『떡갈나무 바라보기』, 후박나무 옮김, 사계절.

쿠퍼 멜린다(2016), 『잉여로서의 생명』, 안성우 옮김, 갈무리.

쿠퍼, 멜린다·월드비, 캐서린(2022), 『임상노동: 지구적 생명경제 속의 조직 기증자와 피실험대상』, 한광희·박진희 옮김, 갈무리.

키틀러, 프리드리히(2015), 『기록시스템 1800·1900』, 윤원화 옮김, 문학동네.

토도로프, 츠베탕(2004), 『담론의 장르』, 송덕호·조명원 옮김, 예림기획.

트루스, 소저너(2001), 「저는 여자가 아닙니까?」, 조애리 옮김, 『여성의 몸, 어떻게 읽을 것인가?』, 케티 콘보이·나디아 메디나·사라 스탠베리 편, 윤효녕 외 옮김, 한울, 141~142쪽.

팁트리 주니어, 제임스(2016a), 『체체파리의 비법』, 이수현 옮김, 아작.

팁트리 주니어, 제임스(2016b), 『마지막으로 할 만한 멋진 일』, 신해경·이수현·황희선 옮김, 아작.

파이어스톤, 슐라미스(2019), 『성의 변증법』, 김민예숙·유숙열 옮김, 꾸리에.

펠스키, 리타(2010), 『페미니즘 이후의 문학』, 이은경 옮김, 여이연.

폰 브라운, 크리스티나(2003), 『히스테리: 논리 거짓말 리비도』, 엄양선 옮김, 여이연.

피들러, 레슬리(1990), 「경계를 넘어서고 간극을 메우며」, 『포스트모더니즘론』, 정정호·강내희 편, 도서출판터, 29~62쪽.

피카르트, 막스(2010), 『침묵의 세계』, 최승자 옮김, 까치.

하딩, 샌드라(2002), 『페미니즘과 과학』, 이재경·박혜경 옮김, 이화여자대학교출판부.

하딩, 샌드라(2005), 『누구의 과학이며, 누구의 지식인가?』, 조주현 옮김, 나남.

하정옥(2015), 「한국의 임신·출산 거래연구: 생식기술과 부모됨의 의지」, 『페미니즘 연구』 제15권 1호, 169~209쪽.

해러웨이, 도나(2023), 『영장류, 사이보그 그리고 여자: 자연의 재발명』, 황희선·임옥희 옮김, 아르테. [Donna Haraway(1991), *Simians, Cyborgs, and Women: The Reinvention of Nature*, London: Free Association Books.]

해러웨이, 다나 J.(2005), 『한 장의 잎사귀처럼: 사이어자 N. 구디브와의 대담』, 민경숙 옮김, 갈무리. [Donna J. Haraway(1998), *How Like a Liaf: An Interview with Thyrza Nichola Goodeve*, New York · London: Routledge.]

해러웨이, 도나 J.(2022), 『종과 종이 만날 때: 복수종들의 정치』, 최유미 옮김, 갈무리. [Donna J. Haraway(2008), *When Species Meet*, Minneapolis·London: University of Minnesota Press.]

해러웨이, 도나(2019), 『해러웨이 선언문』, 황희선 옮김, 책세상. [Donna J. Haraway (2016), *Manifestly Haraway*, Minneapolis · London: University of Minnesota Press.]

해러웨이, 도나(2021), 『트러블과 함께하기: 자식이 아니라 친척을 만들자』, 최유미 옮김, 마농지. [Donna J. Haraway(2016), *Staying with the Trouble: Making Kin in the Chthulucene*, Duke University Press.]

허라금·조소연(2015), 「인도의 상업적 대리모 연구」, 『한국여성학』 제31권 1호.

헤일스, N. 캐더린(1997), 「사이버공간의 유혹」, 『사이보그, 사이버컬처』, 홍성태 편, 문화과학사, 46~67쪽.

헤일스, N. 캐서린(2013), 『우리는 어떻게 포스트휴먼이 되었는가』, 허진 옮김, 플래닛.

혹실드, 앨리 러셀(2013), 『나를 빌려 드립니다』, 류현 옮김, 이매진.

혼, 클레어(2024), 『재생산 유토피아: 인공자궁과 출생의 미래에 대한 사회적·정치적·윤리적·법적 질문』, 안은미 옮김, 생각이음.

홍성욱(2020), 『실험실의 진화』, 김영사.

홍준기(1999), 『라캉과 현대철학』, 문학과지성사.

황석영(2011), 『낯익은 세상』, 문학동네.

황정아(2017), 「동물과 인간의 '(부)적절한' 경계: 아감벤과 데리다의 동물담론을 중심으로」, 『안과 밖』 43호.

황희숙(2012), 「페미니스트 과학론의 의의: 하딩의 주장을 중심으로」, 『한국여성철학』 18권, 한국여성철학회, 5~37쪽.

Barad, Karen(2007), *Meeting the Universe Halfway: Quantum Physics and the Entanglement of Matter and Meaning*, Durham·London: Duke University Press.

Barr, Marleen S.(1987), *Alien to Femininity: Speculative Fiction and Feminist Theory*, New York·Connecticut·London: Greenwood Press.

Barr, Marleen S.(1993), *Lost in Space*, Chapel Hill·London: The University of North Carolina Press.

Bastian, Michelle(2006), "Haraway's Lost Cyborg and the Possibilities of Transversalism", *Signs: Journal of Women in Culture and Society*, vol. 31, no. 4, pp.1027~1049.

Beeson, Diane · Lippman, Abby(2017), "Gestational surrogacy: how safe?", *Babies for Sale? Transnational Surrogacy, Human Rights and the Politics of Reproduction*, ed. by Miranda Davies, London: Zed Books, pp.82~104.

Biers, Katherine(2015), "The Typewriter's Truth", *Kittler Now: Current Perspectives in Kittler Studies*, ed. by Stephen Sale and Laura Salisbury, Cambridge: Polity Press, pp.132~153.

Braidotti, Rosi · Bignall, Simone(eds.)(2019), *Posthuman Ecologies*, New York · London: Rowman & Littlefield.

Calarco, Matthew(2008), *Zoographies: The Question of the Animal from Heidegger to Derrida*, New York: Columbia University Press.

Clynes, Manfred · Nathan Kline(1960), "Cyborgs and Space", *Astronautics*, September 1960.

Davies, Margery W.(1982), *Woman's Place Is at the Typewriter: Office Work and Office Workers 1870~1930*, Philadelphia: Temple University Press.

Davies, Margery W.(1988), "Women Clerical Workers and the Typewriter: The Writing Machine", *Technology and Women's Voices*, ed. by Cheris Kramarae, New York · London: Routledge & Kegan Paul, pp.29~39.

Davies, Miranda(Ed.)(2017), *Babies for Sale? Transnational Surrogacy, Human Rights and the Politics of Reproduction*, London: Zed Books.

Derrida, Jacques(2008), *The Animal That Therefore I Am*, New York: Fordham University Press.

Gane, Nicholas(2006), "When We Have Never Been Human, What Is to Be Done?: Interview with Donna Haraway", *Theory, Culture & Society*, vol.23, no.7~8, pp.135~158.

Gardey, Delphine(2008), "Mechanizing Writing and Photographing the Word: Utopias, Office Work, and Histories of Gender and Technology", *History and Technology: An International Journal*, vol.17, no. 4, pp.319~352.

Genova, Judith(1994), "Tiptree and Haraway: The Reinvention of Nature", *Cultural Critique*, no.27, pp.5~27.

Gray, Chris Hables(ed.)(1995), *The Cyborg Handbook*, New York·London: Routledge.

Grebowicz, Margret·Merrick, Helen(2013), *Beyond the Cyborg: Adventures with Donna Haraway*, New York: Columbia University Press.

Grosz, Elizabeth(1993), "Bodies and Knowledges: Feminism and the Crisis of Reason", *Feminist Epistemologies*, ed. by Linda Alcoff and Elizabeth Potter, New York·London: Routledge.

Harding, Sandra(2006), "Rethinking Standpoint Epistemology: What is "Strong Objectivity"?", *Feminism and Science*, ed. by Evelyn Fox Keller and Helen E. Longino, Oxford: Oxford University Press, pp.235~248.

Harrasser, Karin(2011), "Donna Haraway: Natur-Kulturen und die Faktizität der Figuration", *Kultur, Theorien der Gegenwart*, Stephan Moebius und Dirk Quadflieg(Hrg.), Wiesbaden: VS Verlag.

Haraway, Donna(1992), *Primate Visions: Gender, Race, and Nature in the World of Modern Science*, London·New York: Verso.

Haraway, Donna(1996), "Cyborgs and Symbionts: Living Together in the New World Order", *The Cyborg Handbook*, ed. by Chris Hables Gray, New York·London: Routledge, pp.xi~xx.

Haraway, Donna(2004), *The Haraway Reader*, New York·London:

Routledge.

Haraway, Donna(2012), *SF: Speculative Fabulation and String Figures/ SF: Spekulative Fabulation und String-Figuren*, Ostfildern: Hatje Cantz Verlag.

Haraway, Donna J.(2018), *Modest_Witness@Second_Millennium. FemaleMan©_Meets_OncoMouse™: Feminism and Technoscience*, Second Edition, New York·London: Routledge. [다나 J. 해러웨이(2006), 『겸손한_목격자@제2의_천년.여성인간©_앙코마우스™를_만나다: 페미니즘과 기술과학』, 민경숙 옮김, 갈무리.]

Hollinger, Veronica(2003), "Feminist Theory and Science Fiction", *The Cambridge Companion to Science Fiction*, ed. by Edward James and Farah Mendlesohn, Cambridge: Cambridge University Press.

Keller, Evelyn Fox(2006), "Feminism and Science", *Feminism and Science*, ed. by Evelyn Fox Keller and Helen E. Longino, Oxford: Oxford University Press, pp.29~31.

Kittler, Friedrich(1986), *Grammophon, Film, Typewriter*, Berlin: Brinkmann & Bose.

Kittler, Friedrich(1993), *Draculas Vermächtnis. Technische Schriften*, Leipzig: Reclam.

Krämer, Sybille(2004), "Friedrich Kittler—Kulturtechniken der Zeitachsenmanipulation", *Medien-Theorien: Eine philosophische Einführung*, ed. by Alice Lagaay and David Lauer, Frankfurt·New York: Campus Verlag, S.201~224.

Lefanu, Sarah(1988), *Feminism and Science Fiction*, Bloomington and Indianapolis: Indiana University Press.

Levinas, Emmanuel(2012), "The Name of a Dog, or Natural Rights", *Animal Philosophy: Ethics and Identity*, ed. by Peter Atterton and Matthew Calarco, London·New York: Continuum, pp.47~50.

Maniere, Emma(2017), "Mapping feminist views on commercial surrogacy", *Babies for Sale? Transnational Surrogacy, Human Rights and the Politics of Reproduction*, ed. by Miranda Davies, London: Zed Books, pp.313~327.

Marwah, Vrinda(2014), "How surrogacy is challenging and changing our feminisms?", *Reconfiguring Reproduction: Feminist Health Perspectives on Assisted Reproductive Technologies*, Sarojini·Marwah(eds.), Delhi: Zubaan, location pp.4554~5271.

Neyer, Gerda·Bernardi, Laura(2011), "Feminist perspectives on motherhood and reproduction", *Historical Social Research*, vol.36, no.2(136), pp.162~176.

Pande, Amrita(2010), "Commercial surrogacy in India: Manufacturing a perfect Mother-Worker", *Signs*, vol.35, no.4, pp.969~992.

Panitch, Vida(2013), "Surrogate tourism and reproductive rights", *Hypatia*, vol.28, no.2, pp.274~289.

Phillips, Julie(2006), *James Tiptree, Jr: The Double Life of Alice B. Sheldon*, New York: Picador.

Russ, Joanna(1975), *The Female Man*, Boston: Beacon Press.

Russ, Joanna(1995), *To Write Like a Woman: Essays in Feminism and Science Fiction*, Bloomington and Indianapolis: Indiana University Press. [조애나 러스(2020), 『SF는 어떻게 여자들의 놀이터가 되었나』, 나현영 옮김, 포도밭출판사.]

Sandoval, Chela(2000), *Methodology of the Oppressed*, Minneapolis · London: University of Minnesota Press.

Silverberg, Robert(1975), "Who Is Tiptree, What Is He?", *Warm Worlds and Otherwise, James Tiptree, Jr.*, New York: Ballantine Books.

Spoel, Philippa(1999), "Re-inventing Rhetorical Epistemology: Donna Haraway's and Nicole Brossard's Embodied Visions", *The Changing Tradition: Women in the History of Rhetoric*, Christine Mason Sutherland · Rebecca Sutcliffe(ed.), Calgary: University of Calgary Press, pp.199~212.

Steffen-Fluhr, Nancy(1990), "The Case of the Haploid Heart: Psychological Patterns in the Science Fiction of Alice Sheldon("James Tiptree, Jr.")", *Science Fiction Studies*, vol.17, no.2, pp.188~220.

Sturgis, Susanna J.(2006), "The Man Who Didn't Exist", *The Women's Review of Books*, vol.23, no.6, pp.3~4.

Tsing, Anna Lowenhaupt(2015), *The Mushroom at the End of the World: On the Possibility of Life in Capitalist Ruins*, Princeton · Oxford: Princeton University Press.[칭(2023), 『세계 끝의 버섯: 자본주의의 폐허에서 삶의 가능성에 대하여』, 노고운 옮김, 현실문화.]

Tsing, Anna · Swanson, Anne · Gan, Elaine · Bubandt, Nils(2017), *Arts of Living on a Damaged Planet*, Minneapolis · London: University of Minnesota Press

Tong, Rosemarie(1997), *Feminist Approaches to Bioethics: Theoretical Reflections and Practical Applications*, Colorado · Oxford: Westview Press.

White, Hayden(2004), "Figural Realism in Witness Literature", *Parallax*, vol.10, no.1, pp.113~124.

Winthrop-Young, Geoffrey(2011), *Kittler and the Media*, Cambridge: Polity Press.

Young, Iris Marion(2005), "Pregnant Embodiment: Subjectivity and Alienation", *On Female Experience*, Oxford·New York: Oxford University Press.

Zerilli, Linda M. G.(2009), "Toward a Feminist Theory of Judgment", *Signs: Journal of Women in Culture and Society*, vol.34, no.2, pp.295~317.

【신문 기사】

「"대리모 일을 그만두려면 대리모를 할 수밖에 없었다"」, 『한겨레』, 2019년 7월 13일. http://www.hani.co.kr/arti/PRINT/901671.html. [2025년 6월 17일 확인]

「아기공장 오명에도 대리모 산업 활황」, 연합뉴스TV, 2015년 10월 31일. https://youtu.be/rZeuG4w5T7A?si=lvbhl-s1oy9Adipe [2025년 6월 17일 확인]

「도심 속 쉼표로 변신한 청계천… 생태 복원은 '미완의 숙제'로」, 『한국일보』, 2015년 9월 29일. https://www.hankookilbo.com/News/Read/201509291622534031 [2025년 6월 17일 확인]

「국립수산과학원, 청계천 서식 어류 특성 조사… 계절별 모니터링 실시」, 쿠키뉴스, 2016년 7월 30일 입력. http://www.kukinews.com/news/article.html?no=386170 [2025년 6월 17일 확인]

「청계천에 왜가리」, 『세계일보』, 2007년 9월 26일 입력. http://media.daum.net/breakingnews/newsview?newsId=20070826023307727 [2025년 6월

17일 확인]

「청계천의 '어리석은 성공', 4대강 재앙 낳았다」, 오마이뉴스, 2016년 9월 8일. http://www.ohmynews.com/NWS_Web/Tenman/report_last.aspx?CNTN_CD=A0002237263 [2016년 9월 23일 확인]

「'순진한' 박경리와 '영악한' 이명박」, 『미디어스』, 2014년 6월 18일. http://www.mediaus.co.kr/news/articleView.html?idxno=42554 [2025년 6월 17일 확인]

「서울시, 청계천 상류 지천 모두 복원한다」, 『아시아경제』, 2016년 6월 2일. http://www.asiae.co.kr/news/view.htm?idxno=2016060211100717593 [2025년 6월 17일 확인]

「11년 전 오늘, '청계천 물 다시 흐르다'… 복원 끝 개통: 도심환경 개선됐지만… 청계천 상인, 유적, 인공하천 문제 남아」, 『머니투데이』, 2016년 10월 1일. http://www.mt.co.kr/view/mtview.php?type=1&no=2016093016414789975&outlink=1 [2025년 6월 17일 확인]

「청계천 수력발전으로 스마트폰 무료 충전」, 『연합뉴스』, 2014년 8월 27일. http://www.yonhapnews.co.kr/dev/9601000000.html [2016년 10월 27일 확인]

「청계천서 휴대용 수력발전기로 노래 듣자」, 『파이낸셜뉴스』, 2019년 10월 10일. https://www.fnnews.com/news/201910100601028803 [2025년 6월 17일 확인]

「"흐르는 물만 있으면 OK"… '휴대용 수력발전기' 아시나요?」, 『한국경제신문』, 2023년 1월 17일. https://www.hankyung.com/article/202301179357i [2025년 6월 17일 확인]

【웹사이트】

https://www.nightlight.org/snowflakes-embryo-adoption-donation/
embryo-adoption/ [2025년 6월 17일 확인]

https://weatherspoonart.org/exhibitions_list/allora-calzadilla-the-great-
silence/ [2025년 6월 17일 확인]

https://www.youtube.com/watch?v=Eenw0p14ZrM [2025년 6월 17일 확인]

Kurzgesagt, 〈The Fermi Paradox 1, 2〉, https://youtu.be/sNhhvQGsMEc?
si=qflFa9FWA9SKU4Kp; https://youtu.be/1fQkVqno-uI?si=h_9pLEey_
gNclBGp, [2024년 6월 17일 확인]

https://www.doopedia.co.kr/doopedia/master/master.do?_
method=view&MAS_IDX=170703001550827 [2025년 6월 17일 확인]

송재민, 「난지도 생태공원화: 쓰레기 매립지에서 생태공원으로」, 작성일 2015년 6월 22일, 최종수정일 2017년 4월 10일, https://www.seoulsolution.kr/
ko/content/난지도-생태공원화-쓰레기-매립지에서-생태공원으로

아르코미술관 웹 도록, 〈땅속 그물 이야기, 2022. 8. 11~10. 23.〉 https://www.
arko.or.kr/artcenter/synap/skin/doc.html?fn=NzEyNDk4XzIwMjIxMjIwM
TcyNjIyMTAzMA.pdf&rs=/artcenter/synap/result/98/

【영화】

Frank, Zippi Brand(2009), 〈Google Baby〉

찾아보기

【ㄱ】

가장(假裝) 38
강한 객관성(strong objectivity) 90
강한 사회구성주의 관점 87
개천(開川) 256
개혁주의(reformationist) 202, 204
객관성의 은유 96
　～ 바꾸기 93
겸손한 목격자(modest witness) 60, 61, 64, 65, 68, 69, 74, 76, 78, 81, 83, 215, 222
『겸손한_목격자@제2의_천년.여성인간ⓒ_앙코마우스TM를_만나다』 59, 82, 155
곰팡이 307, 308, 310
공간표상(representations of space) 262

공기펌프 실험 64~67
공생발생(symbiogenesis) 109, 149, 150
공생형성(symbiopoiesis) 310
공진화 113
과학사학자 29
구먼(guman) 299
글쓰기
　～ 기계(Schreibmaschine) 165, 172, 175, 176, 184, 186
　～의 탈성별화 174
　～의 탈신체화 175
　～ 테크놀로지(technology) 15, 39, 45, 46
기록체계 1800 172, 173, 185
　양육하는 어머니 172
　어머니다운 어머니들 173
『기록체계 1800/1900』 167

기록체계 1900 168, 176, 185, 186
기록체계들 167
기성 과학 비판 86
기술과학의 진보라는 신화 60
기술과학의 친족 106
기술생명권력 61, 73, 111, 117, 214
    ~ 체제(the regime of technobiopower) 193
기이한 친척(oddkin) 138
[개] 길들이기 가설 112

【ㄴ·ㄷ】

낙태 220
난지도 315, 316
    ~ 매립지 318, 320, 324
    ~ 생태공원 316, 325, 328
    ~의 역사 318, 319
냉동 배아 216
다른 세계 짓기 154
다이아몬드 대 차크라바티 사건 75
단테 알리기에리(Dante Alighieri) 52~55
    『신곡』 52~55
(상업적)대리모 191, 198~200, 202, 205, 214, 215, 218~222
    ~ 노동 205, 206
    ~ 시장 191
    상업적 ~ 개혁주의 220
    상업적 ~ 폐지주의 220

데리다, 자크(Jacques Derrida) 118~129, 180
    ~의 문자학 185
    「동물, 그러니까 나인 동물(계속)」 118
뎀스터, 베스(M. Beth Dempster) 149
도시 위생 262
동물과의 윤리적 관계 131
동물의 권리 123
동물의 침묵 289
두터운 현재(thick present) 138
두터운 현존의 현재(thick, ongoing presence) 328
디지털 매체 기술 189
떡갈나무 303, 304, 306

【ㄹ】

라캉, 자크(Jacques Lacan) 168
래밍턴 타자기(Ramington typewriter) 161
러브록, 제임스(James Lovelock) 150
러브크래프트, 하워드 필립스(Howard Phillips Lovecraft) 146
    「크툴루의 부름」(The Call of Cthulhu) 146
러스, 조애나(Joanna Russ) 73, 228, 230
레비, 프리모(Primo Levi) 54~56
레비나스, 에마뉘엘(Emmanuel Levinas)

126, 128
로클랜드 병원 실험실 70, 72
르 귄, 어슐러(Ursula Le Guin) 294
　「우주 노파」 294
르페브르, 앙리(Henri Lefebvre) 262

【ㅁ】

마굴리스, 린(Lynn Margulis) 109, 149~151
매체의 고고학(Archäologie der Medien) 166
매클루언, 마셜(Marshall McLuhan) 178, 179, 181, 182
메타플라즘(metaplasm) 146
목격하기(witnessing) 81
묘지의 침묵 287
문체(style) 15
문화테크놀로지(Kulturtechnologien) 166
물질-기호 106
물질-기호적 세계 48, 49
뮤 그룹(Groupe μ) 300
미드, 마거릿(Margaret Mead) 187
미래주의(futurism) 140
미분적 의식(differential consciousness) 61
믹소트리카 파라독사 107, 151, 152

【ㅂ】

바구쉐, 프라우케(Frauke Bagusche) 290
바흐친, 미하일(Mikhail Bakhtin) 43, 50
반려견 109
반려종(companion species) 103~106, 108, 116, 135, 136, 138, 154, 298
「반려종 선언」 104, 108, 110, 112, 117, 153
반영(reflection) 80
보부아르, 시몬 드(Simone de Beauvoir) 193, 194
　『제2의 성』 193
보일, 로버트(Robert Boyle) 64, 65, 68
복수종의 실뜨기 141
복원 생태학 265
본다는 것 95, 97
불안정하게 머물기 139
비유(trope) 47
비유적 형상들(figures) 28, 45, 69
비판적 형상화 32

【ㅅ】

사이보그 31~34, 39, 41~43, 59, 70, 71, 73, 76, 103, 105, 106, 108, 177, 231
　~ 글쓰기 246, 250
　~ 정치 43, 251
　~ 페미니스트 26, 27, 35

~ 페미니즘(cyborg feminism) 36, 229
「사이보그 선언」 26, 29, 30, 32, 34, 36, 39, 40
「사이보그와 공생체: 신세계 질서 안에서 함께 살기」 106
SF(science fiction) 155, 225, 227, 228, 235, 248
    ~ 글쓰기 232
    ~ 장르 249
    팁트리 주니어의 ~ 235, 240
상대주의 97
상업적 대리모 → 대리모
상황적 지식(situated knowledgs) 37, 77, 79, 80, 84, 96~98
샌도벌, 첼라(Chela Sandoval) 61
생물학 28
생식보조기술(assisted reproductive technologies, ARTs) 192, 198, 201, 210, 212, 215, 216, 218, 219, 222
생식시장 200
생식의 외주화 200
생체·임상노동 219
생태 255, 263
생태복원 255, 264, 266, 274, 326
샤핀, 스티븐(Steven Shapin) 64
섀퍼, 사이먼(Simon Schaffer) 64
세계 다시 짓기(reworlding) 104
세티(SETI) 프로젝트 283, 284, 295, 297
    세티 메시지 296
셀던, 라쿠나(Raccoona Sheldon) 234, 236, 237, 241, 244, 248
「서쪽으로 가는 배달 여행」 242
「체체파리의 비법」 241
셀던, 앨리스(Alice B. Sheldon) 233, 234, 236, 247, 249
소중한 타자(significant other) 108, 110, 114, 115
숄스 모델 163
스트래선, 메릴린(Marilyn Strathern) 137
스폴, 필리파(Philippa Spoel) 49
시각화 테크놀로지 94
시간저장장치 170
    텍스트와 악보 170
시간조작기술(Zeitmanipulationstechnik) 170
    알파벳 문자 170
시뮬라크르(simulacre) 269, 270
식물의 환경세계 307
『신기한 이야기들』(*Amazing Stories*) 226
신생식기술 195, 196, 213
실뜨기(string figures) 155
실뜨기 놀이(cat's cradle) 80, 82
실제적인 것(the actual) 28
실험동물 130, 132, 133
심포이에시스(sympoiesis) 148, 151, 310
싱어, 피터(Peter Singer) 123
쑬루세(Chthulucene) 145, 147, 153, 155
쓰레기 매립 316

쓰레기 산 320

【ㅇ】

아레시보 전파망원경 282~284, 295, 296
아레시보 전파 메시지 285
아우어바흐, 에리히(Erich Auerbach) 52~54
　『미메시스』 53
아이러니 37, 38, 41, 55
알로라와 칼사디야(Allora & Calzadilla) 281
　〈거대한 침묵〉(The Great Silence) 282
앙코마우스™(OncoMouse™) 74, 76, 77, 273
'@'라는 특수 부호 69
야고(野菰, Aeginetia indica L.) 329, 330, 331, 332
어머니 되기 211, 212
에스에프(SF) → [ㅅ항의] SF(science fiction)
에크리튀르(écriture, 글쓰기/문자) 185, 186
엠리, 머브(Merve Emre) 209
여성인간ⓒ(FemaleMan©) 73, 74, 77
연민의 덕(virtue of pity) 128
『영장류, 사이보그 그리고 여자』 (Simians, Cyborgs and Women, 1991) 25

『영장류의 시각: 근대과학 세계에서의 젠더, 인종 그리고 자연』 29, 30
월드비, 캐서린(Catherine Waldby) 199
위생매립 321~324
위치 80
윅스퀼, 야콥 폰(Jakob von Uexküll) 303, 306, 309
은유 28, 47
음성중심주의 181, 182
응답할 수 있는 능력(response-ability) 130
응답할 수 있음 131
인간 예외주의(human exceptionalism) 118, 119, 122, 143
인간의 침묵 289
인간중심주의(anthropocentrism) 121, 122, 125
인공 생식(artificial reproduction) 194
인공수정 195
인류세(Anthropocene) 139, 141, 142, 144
　~ 개념에 대한 반론 143
인터넷 62
임신중절 133

【ㅈ·ㅊ】

자런, 호프(Hope Jahren) 306
자본세(Capitalocene) 144

자연 254

　복원된 ~ 254

　~의 재발명(reinvention of nature) 245

자연™ 272~276

잘못 놓인/부적절한 구체성(misplaced concretness) 48

재생산 권리(reproductive rights) 208, 209, 222

재자연화 261, 265, 268

절대적 타자 126

　~의 관점 120

제2 천년 말 60, 62, 63, 69

제3 천년기(the 3rd Millennium) 103, 108

제노바, 주디스(Judith Genova) 245, 246

존재론적 안무(ontological choreography) 136

『종과 종이 만날 때』 117

지식의 고고학 166

창발적 존재론 114

창, 테드(Ted Chiang) 281

　「거대한 침묵」(The Great Silence) 281

책임(responsibility) 130

첨단 생식기술(new productive technologies) 195

첫번째 사이보그 71

청계천 253, 254, 255

　~ 복개 257~260, 262

　~ 복원 254, 255, 263~268, 270, 271, 276

　~ 생태복원 272

~의 자연™ 270

~의 재자연화 269

~ 정비계획의 역사 255

조선 시대의 ~ 256

체외수정 195, 216

체현적 수사학(embodied rhetorics) 49

초월적 관점 94, 99

초지공원 325

촉수사유 156

친족 만들기 153

침략종(invasive species)의 제거 134

침묵의 세계 290

침묵의 소리(The Sound of Silence) 284, 287, 301

칭, 애나(Anna Tsing) 309

【ㅋ】

카이노스(kainos) 138, 145

칼라코, 매슈(Matthew Calarco) 126

칼비노, 이탈로(Italo Calvino) 292, 332

코요테(coyote) 101

콘택트 콜(Contact Call) 284

쿠퍼, 멜린다(Melinda Cooper) 199

쿤, 토머스(Thomas Kuhn) 85, 87

퀴어 가족(queer family) 45

크로노스(chronos) 50, 51

크로노토프(chronotophe) 50, 51, 57, 60, 73, 105

『크리스탈, 직물, 그리고 장』 28
크리터들(critters) 117, 146, 148, 149, 300, 332
크툴루, 피모아(Pimos Cthulhu) 146
클라인, 네이선(Nathan Kline) 71
클라인스, 맨프레드(Manfred Clynes) 70
키틀러, 프리드리히(Friedrich Kittler) 164, 182
　～의 매체이론(Medientheorie) 165, 166, 183

【ㅌ】

타이프라이터(Typewriter) 161, 163, 164, 169, 174, 177~179, 181, 184~186, 188
　～의 젠더화 162
　～의 존재 방식 189
타자수 188
타자의 윤리 124, 126
태아 196~198
테라포밍(terraforming) 298
테라폴리스(Terrapolis) 299, 300
토포스(topos) 50
토픽(topic) 50
퇴비주의자 147, 328
트러블(trouble) 138
『트러블과 함께하기』 138
특수 구문부호 63

특수 부호 73
TM(trade mark) 75
팁트리 주니어, 제임스(James Tiptree Jr.) 232~237, 240, 244, 247, 248
　～의 페미니스트 시각 246
　「보이지 않는 여자들」 237, 240
　「휴스턴, 휴스턴, 들리는가?」 237~239, 241

【ㅍ】

파이어스톤, 슐라미스(Shulamith Firestone) 194
팔로마르(Palomar) 292
페르미, 엔리코(Enrico Fermi) 285
　～ 역설(Fermi Paradox) 286
페미니스트 경험론 86, 88
페미니스트 과학 89, 98
　～ 비판 87, 92
　～학자 86, 88
페미니스트 SF 229, 231, 232
페미니스트 입장론(feminist standpoint theory) 86, 89, 91
페미니스트 정치학 35, 36
페미니즘 98
폐지주의(abolitionists) 202
포스트젠더(postgender) 32
　～ 글쓰기 244
포스트휴먼(posthuman) 16~18, 147

~ 생태(posthuman ecology) 327, 328
포터, 엘리자베스(Elizabeth Potter) 68
표상공간(representational spaces) 262
푸코, 미셸(Michel Foucault) 166, 167
프랭크, 지피 브랜드(Zippi Brand Frank) 191
　〈구글 베이비(Google Baby)〉 191, 204
프로이트, 지크문트(Sigmund Freud) 119
프리드, 재닛(Janet Freed) 187, 188
플랜테이션세(Plantationocene) 144
피구라(figura) 53, 54
피어시, 마지(Marge Piercy) 72
　『시간의 경계에 선 여자』 72
피카르트, 막스(Max Picard) 290

형상화(figuration) 57
홀로바이온트(holobiont) 151, 152
홀로세(Holocene) 142
화이트헤드, 앨프리드 노스(Alfred North Whitehead) 48, 116
환경세계(Umwelt) 303, 304, 306, 309
회절(diffraction) 80, 81, 214
　~ 패턴 220
후계자 과학(successor science) 프로젝트 88

【ㅎ】

하늘공원 327, 332
하딩, 샌드라(Sandra Harding) 84, 86, 88, 89, 90
하이데거, 마르틴(Martin Heidegger) 169, 175
헌, 비키(Vicki Hearne) 115
헤일스, 캐서린(Katherine Hayles) 187
형상(figure) 46
형상적 리얼리즘(figurative realism) 52, 54, 56
형상적인 것(the figural) 28